KB129697

후쿠시마 너는 알고 있지

박기문 지음

목차

《후쿠시마 너는 알고 있지》를 출간하면서…

이 책을 출간을 하면서 많은 생각을 해 보게 됩니다. 핵폐기물 방사능 오염수를 왜 처리수라고 할까? 많은 의문이 들었습니다. 그리고 왜 나서서 일본의 핵폐기물 방사능 오염수 방류를 도와주려고 하는지 우리 돈을 들여서 유튜브를 방영하지를 않나 하루에 한 번의 정부브리핑을 하지 않나. 그렇다면 국가적으로 무슨 이익이 존재하는지를 또한 의심했고요. 제아무리 봐도 국가적 이익은 그 어디에도 없고 대한민국을 위기에 빠뜨릴 수 있다는 생각만 들었습니다.

저는 《택시 신문고》, 《국민청원》의 저자입니다. 《택시 신문고》는 제가 택시를 운전하면서 수많은 승객분에게 질문을 던져서 그 예시를 글로 써 달라고 해서 한 분 한 분의 글이 모여서 세상에 나온 것입니다. 《국민청원》은 청와대 국민청원이 존재할 때 어떤 문제나 고쳐야 할 것들, 문제점을 내고 해결 방법까지도 논했던 글 하나둘, 하나둘 쓴 게 책 한 권의 분량이 넘기에 책을 출간하게 된 것입니다.

저는 많이 부족합니다. 그렇지만 수산업, 어업을 하시는 분들의 앞으로의 미래가 그리 순탄해 보이지 않아서 외치고 싶었습니다. 후쿠시마 핵폐기물 방사능 오염수를 바다에 방류하지 말라고. 바다는 일본이 핵폐기물 방사능 오염수를 버리는 곳이 아닙니다.

방류를 하면 바다에 들어가서 물놀이를 할 수 있을까요? 비가 오면 혹 방사능비가 아닐까? 혹 일본산 수산물은 아닐까 우리는 의심을 하게 됩니다. 저 또한 의심을 품게 되겠죠. 두렵습니다. 후쿠시마 핵폐기물 방사능 오염수가 바다에 방류될까 봐. 후쿠시마 핵폐기물 방사능 오염수를 바다에 방류하지 마세요. 지금부터라도 정부도, 여당도 야당도 혼연일치가 되어서 핵폐기물 방사능 오염수를 방류해서는 안 된다고….

전 세계의 바다가 핵폐기물 방사능 오염수를 버리는 시작이 될 것이라고 경고와 방류를 멈추게 할 수 있는 어떤 수단도 강구해야만 할것이다 제소를 해서 멈출수 있다면 제소를 하기를 바라고 그렇지 않다면 할 수 있는 것은 뭐든 동원해서 저지해야만 할 것이다 그리하기를 바라면서….일본 후쿠시마 도쿄전력이 한 예가 되어서 어느 나라든지 원전이 터지면 방류를 하게 될 것이고 방류를 한다면 바다는 걷잡을 수 없이 핵폐기물 방사능 오염수로부터 자유로운 바다가 안전한 바다가 될 수 없을 것입니다.

바다는 온전히 보호되어야 하고 모든 나라는 런던협약서를 지켜야 합니다. 바다는 전 세계인이 공유하고 있기 때문입니다. 기성세대들만의 바다가 아닙니다. 새로운 시대를 꿈꾸는 이들의 바다이기에 결코 방사능에 오염된 바다를 물려줘서는 안 됩니다. 자라나는 아이들의 꿈을 짓밟지 말기를.

어부는 바다에 나가서 고기를 잡아 삶을 영위하고 내일의 희망을 꿈꾸면서 살 수 있는 바다, 해녀는 물질을 마음껏 해도 괜찮은 바다, 어린이는 어느 정도 성장 후에도 마음껏 수영할 수 있는 바다, 그런 바다! 즉 핵폐기물 방사능 오염수 방류가 없어야지만 가능합니다. 가능할 수 있도록 정부도, 여당도, 야당도 가능할 수 있게 해 주실 것을. 힘을 모아 주실 것을….

저는 삼화수소, 스트론튬, 세슘 등을 모릅니다. 그렇지만 방류를 해서는 안 된다는 것은 알고 있습니다. 꼭 우리 모두의 바다, 전 세계인들의 바다를 지켜 주세요. 후쿠시마 핵폐기물 방사능 오염수 과연 국익이 있는 것인가?

국가적 이익은 그 어디에서도 찾아볼 수 없다고 결론을 내고 미력하나마 글을 쓰고자 합니다. 과연 알프스 (다핵종 제거 설비) 믿을 수 있는 것인가?

도쿄 원전에서는 몰래 방류했던 전과가 있다. 믿음이 안 가고 알프스라는 장비 고장 등을 봤을 때 전혀 믿을 수가 없다. 그리고 IAEA는 원자력 발전을 위해서 조직된 조직이기에 형식적 검사가 될 수 뿐이 없다. WHO, 그린피스, 환경 단체 등이 참여해서 투명하게 했어야 했다. 검사를 할때에 누구든지 참여할 수 있는 길 또한 열어 두었어야 했다. 샘플 또한 저장된 수많은 탱크 중 두세 개가 아닌 여러 개를 채취했어야 하고 바닥까지도 휘저어서 가라앉아 있는 것을 시료를 채취해서 검사를 했어야 하는 것이다.

막걸리를 예로 들겠습니다. 막걸리를 사 와서 냉장고에 하루만 보관해도 가라앉아 있어서 내용물이 섞이게 여러 번 흔들어 줍니다. 그래야 섞이기에 샘플을 채취할 때 그냥 위에 있는 것을 그냥 채취하면 무엇을 분석하겠다는 것인지? 막걸리도 흔들지 않으면 맑아 보인다. 샘플 채취 방법 또한 잘못되었다. 눈 가리고 아웅 하는 격의 샘플 채취가 믿음이 안 가는 이유가 여기에 있다.어민들의 피해는 어떻게 어떤 방법으로 보상해 줄 것인가? 어민들에게 피해를 보상해 주는 주체는 어디이고 누구인가? 똥은 일본이 싸고 치우는 것은 우리의 세금으로 치운다. 어딘가 말이 맞지 않는 느낌이 드는 것은 왜일까?

그리고 많은 전문가는 피해를 밝혀낼 수가 없다고 한다. 피해를 밝혀내야만 보상이라는 것이 따를 터인데 원인을 밝혀내는 것 또한 어민들의 사비로 밝혀서 보상을 받으라고 할것이라고 한다. 정부는 뒷전에서 강 건너 불구경을 할 것이 뻔하다. 정부의 대처 방법이 틀렸다. 국민을 설득하기보다는 막무가내식으로 괜찮으니까 믿어라. 유튜브 등을 동원해서 국민을 우롱하는 듯한 모습들. 한 나라의 총리는 일본보다 더한 발언을 정화해서 기준에 맞으면 먹겠다. 그 기준이라는 것이 있기나 한 것인지?

믿음이 전혀 안 가는 상당수의 분이 있을 것이다. 우리는 구제역이라는 조류 인플루엔자 철새들이 옮기는 병이 와도 닭과 오리를 도살 처분한다. 소비자들의 소비는 말할 수 없이 줄어들기 일쑤다. 하물며 후쿠시마 핵폐기물 방사능 오염수를 바다에 방류한다면 우리 수산물의 소비는 거의 없다고 봐야 할 것이다. 어민들은 바다에 나갈 이유도 없게 된다. 소비가 있어야 바다에 나가서 고기를 잡기 때문이다. 어민들만의 문제가 아니다. 해루질을 하는 해녀들 또한 생계 걱정을 해야 한다.

그것만이 아니다. 바다에서 생계를 유지하는 낚싯배도 현저히 줄어 횟수가 줄어들 것이다. 또한 양식업을 하는 이들은 어떤가? 무엇이든 바다에 종사해서 먹고사는 업종 하나라도 온전한 것이 없을 것이다. 조선업도 특수 계층 아니고서는 고사할 수도 있다고 보게 된다. 배를 수리하는 수리업자 또한 함께 줄도산을 할 수밖에 없는 연결 고리가 있는 것이다.

김 양식 수출이 년간 9천억에 육박한다고 한다. 김 양식 또한 수출의 길이 막힐 것이 뻔하다. 전복은 어떠한가? 새우 양식장은 어떠한가? 모든 것이 뒤죽박죽, 살아갈 희망이 없는 세상으로 탈바꿈될 것이다. 후쿠시마 핵폐기물 방사능 오염수가 바다에 방류되어서는 너도 죽고 나도 죽을 수밖에 없는 연결 고리가 있는 것이다. 바다에 방류했다고 하면. 어떤 이들은 태평양을 거쳐서 우리 해협에 오기 때문에 희석되어서 괜찮다고 한다. 우리는 속을 사람들도 아니지만 교과서적인 말만을 하는 앵무새들의 합창에 휘둘려서도 안 된다.

일본이라는 어떤 나라인가? 생각해 볼 요지가 있다. 일본이라는 나라는 태풍이 잦은 나라이다. 태풍이 "나 태평양 쪽으로만 이동할 것이니까." 하지 않는다. 태풍은 방향은 어느 누구도 예측하기가 어렵다 어디로 튈 줄 모르는 게 태풍의 방향이고 핵폐기물 방류수를 방류했는데 우연히도 한반도 쪽으로 향하는 태풍이 있다고 가정했을때 태풍의 성질은 바다를 뒤집어삼켜서 온다. 바닷속에 가라앉아 있는 어느물질도 동반해서 온다.

후쿠시마 핵폐기물 오염수를 통째로 방류하면 제주도나 내 고향 진도 아니면 부산, 서해, 남해, 동해 어느 곳 하나라도 안전하지 못하다고 볼 수 있을 것이라고 생각합니다. 핵폐기물 방사능 오염수로부터 바다를 끼고 생활하고 있는 나라는 안전하다고 볼 수 없을 것이다.

후쿠시마 핵폐기물 오염수가 바다로 방류되어서 바닷물이 증발되어서 구름을 만났다면, 비구름이 되어서 한반도 상공에 비를 뿌렸다고 가정해봅니다. 그 비는 미약하나마 방사능비가 될 수도 있다고 보게됩니다. 방사능비가 온 누리에 골고루 적셨는데 방사능으로 적신 그 풀을 먹은 소는 방사능에 오염된 소가 될 것이고 방사능 소 또한 폐기처분으로 끌려가는 신세가 될 수도 있다고 봅니다.

그것만의 일은 아닐 것입니다. 채소는 어떠할까요? 우리는 건강을 최우선시로 생각하고 관리해 오지 않았는지요? 노지에 심어 있는 어떤 것 하나라도 안전하다고 볼 수가 없을 것입니다. 가장 큰 문제는 식수원에 유입이 된다면 가장 큰 문제일 것입니다. 수자원공사에서는 그물을 정화하기 위해서는 어마어마한 에너지, 즉 돈이 필요하게 될 것이고. 물값이 금값이 될 것입니다. 요금 폭탄이 아니라 요금 원자폭탄이 될 것입니다.

그렇게 되면 하루에 한 번의 샤워는 꿈도 꾸지 못하는 세상을 체험하게 될 것이라고 보게 됩니다. 중요한 일이 있을 때만 샤워를 하는 세상으로 탈바꿈되는 세상이 올 수도 없지 않아 있을 수도 있을 것입니다.

생수도 수입해 와야 하고 야채, 쇠고기, 이 모든 것을 수입해서 먹어야 하는 세상. 생각만 해도 끔찍합니다. 방사능을 측정할 수 있는 방사능 측정기를 항시 몸에 부착하고 다니는 세상이 올 수도 있다. 또한 방사능커버마스크도 필수 착용을 해야 외출이 가능한 세상이 올 수도 있다는 것에 울분이 솟습니다.

비 조짐이 보이면 방사능을 피할 수 있는 우비를 반드시 착용 준비해야 하는 풍경 아닌 풍경을 볼 수도 있을 것이다. 핵폐기물방사능 오염수는 방류되어서는 안 됩니다. 결단코 방류는... 노량진 수산시장에 가서 물고기가 수조에 싸 놓은 똥물을 시음하는 국회의원이 있나 하면 어느 국회의원들은 방류도 하기도 전에 횟집에 가서 회를 먹어 줘야 한다는 둥 내가 제일 좋아하는 것이 회라고 회 먹기를 언론에 흘리면서 국민들을 우롱하는 듯한 모습을 보이기도 했다. 어느 의원님이 "일본산도 있는데요." 하니 찝찝해하는 모습이 얼굴에 쓰여 있지 않았는지요?

국민들은 분노한다. 85%의 국민은 분노한다. 정부는 왜 일본에 방류하지 말라고 못 하는가? 일본은 체르노빌 원전 폐기물을 바다에 버리지 말라고 강력히 저지하지 않았는가. 고로 바다에 투기를 못 하게 하는 런던협약까지 만들지 않았는가.

런던협약의 요지는 이러하다. 런던협약은 비행기나 선박에서 나오는 쓰레기 투기를 규제하기 위한 협약이다. 1972년 런던에서 체결되어 1975년에 발효되었다. 이 협약은 쓰레기나 기타 물질을 버림으로써 발생하는 해양 오염을 지키기 위한 협약이기도 하다. 1996년 11월에는 1972년 협약의 실효성이 문제시되어 배출 조건을 강화한 '1996 의정서(1996 Protocol)'가 채택되었다. 해양 투기를 허용한 1972년 협약과 달리 '1996 의정서'는 해양 투기를 허용하되 특정 물질의 해양 투기는 금지하고 있다. 우리나라는 1993년 12월 21일에 런던협약에 가입하였고, 94년 1월 20일 발효하였다. '1996 의정서'에는 2009년 1월 22일 가입, 2009년 2월 21일 발효하였다.

지난 75년 발효, 현재 가입국이 미국, 일본, 러시아 등 71개국에 이르고 있는 런던협약에서는 방사능이 다량으로 함유된 고준위 핵폐기물 등 유해성 폐기물을 해양에 버릴 수 없도록 규정하고 있다.후쿠시마 핵폐기물 오염수 방류는 사실화가 되고 있고 일본은 방류 시기를 저울질하고 있다. 윤석열 정부가 방류를 도와주는 역할을 하고 있다. 지금부터라도 나서서 해양 투기를 적극 저지해야 할 것이다. 방류를 하게 되면 바다는 핵폐기물 오염수 해양 투기장이 될 것이다.

너도나도 방류를 미뤄 왔던 나라들은 방류하게 될 것이다. 그리고 혹 원자력발전소가 사고가 나면 응당 바다로 버리는 것이 당연시되고 말 것이다, 바다는 죽음의 바다가 될 것이고 인류 멸망의 시작이 될 수도 있다. 일본이 후쿠시마 핵폐기물 오염수의 방류를 서두르고 있는 또 다른 이유가 있다고 전문가들은 말한다.

일본 아오모리현에 롯카쇼무라라고 하는 재처리 시설의 완공을 앞두고 있다고 한다. 처리 시설에서 처리되는 양은 후쿠시마 원전의 삼화수소 배출량보다 15배가 넘는다고 한다. 말이 15배지 20배일지 누가 아는가? 더 될 수도 있겠죠?

롯카쇼무라 재처리 시설에서 발생되는 것을 해양 투기를 한다고 가정했을 때 바다는 죽음의 바다가 될 것이고 인구의 멸종 또한 일어날 수도 있다는 사실에 경악을 금치 못한다.2021년 국민의힘이 야당일 때 주호영 당시 대표, 원희룡 당시 제주지사, 성일종, 이만희, 김기현 의원 등 다수의 의원이 후쿠시마 핵폐기물 방사능 오염수는 바다에 방류되어서는 안 된다고 했는데 지금은 괴담이니 방류해도 괜찮다고 먹을 수 있다고 한다.

국민의 건강권을 가지고 국민을 우롱하는 행태는 참으로 있어서는 안 되는 것이었다. 국민의 건강권을 가지고 불목하는 여도 야도 있어서는 안 되는 것이다. 서로 힘을 모아서 후쿠시마 핵폐기물 방사능 오염수의 방류를 막아야 할 터인데 오히려 일본의 편에 서서 유튜브로 광고를 해주고 어떤 정신 나간 국무총리는 공수해 오면 일정량 희석해서 먹을 수 있다고 한다.

일본의 입장을 한 나라의 총리라는 이가 일본의 편에서있는 행태, 이를 국민들은 어떻게 받아들여야 하는 것인지…. 참으로 실소를 금치 못할 뿐이다. 정부는 일본에서 수입해 오는 수산물에 대해서 철저히 검증하겠다고 한다. 검증할 수 있는 장비는 현재는 태부족이다. 뭘 가지고 검증하겠다는 것인지? 보충하겠다고 말은 하지만 믿음이 안 간다. 일본 활어차들의 모습은 어떠한가? 일본에서 활어를 실어 나르는 활어차는 철저한 검증 없이 전국을 누비고 있는 상황이다. 아마도 수산물에 대한검열의 인원수 또한 태부족일 수도 있을 것이고 어차피 일본으로 활어를 하차 후 되돌아갈 것이기에 활어의 방사능 검사도 형식적이지 않을까?

또한 활어차는 활어 하차 후 일본에서 실어 온 바닷물을 도로 등 아무 곳에나 무작위로 배출하고 있는 것 또한 문제가 있다고 할 것이다. 후쿠시마 핵폐기물 오염수가 현재 방류되었다고 가정하자. 일본에서 실어 온 물은 핵폐기물 오염수라고도 봐도 무방할 것이다. 가장 문제는 일본에서 들어온 배의 문제이다. 배의 평형을 맞추기 위해서 배에는 평형수라는 것이 존재한다. 평형수 또한 하차 후에 부산항 등에 마구 배출하고 있다, 이 또한 핵폐기물 오염수가 방류되고 있을 때는 핵폐기물 오염수의 방류라고 봐야 할 것이다.

도쿄 원전의 이야기를 하고자 한다. 도쿄 원전의 알프스 장비는 믿을 만한가? 전문가들은 믿음이 안 간다고 한다. 도쿄 원전은 비밀리에 핵폐기물 방사능 오염수를 바다에 방류해 왔다. 얼마를 방류해 왔는지 조사 또한 제대로 이뤄지지 않았다. 알프스, 즉 다핵종 제거 설비 또한 잦은 고장으로 역할을 하지 못했다고 한다. 수많은 탱크의 어떤 물질이 어떻게 변해 있는지도 알 수 없는 일이다.

우리는 놓치고 있는 것이 있다. 정부가 일본의 방류를 묵인 및 도와왔으니 핵폐기물 오염수의 방류에 도움을 준 국가로 세계에 낙인이 찍힐 것이다. 어느 나라가 무엇을 방류해도 어떤 물질을 바다에 방류해도 우리는 하지 못하게 할 어떤 명분도 잃은 것이다.

후쿠시마 원전은 지금도 노심이 식지 않고 있다. 노심은 불타오르고 있다. 그 온도를 내리기 위해서 많은 바닷물이 유입되고 있다. 온도를 낮추기 위해선 바닷물이 하루에 100여 톤으로 알고 있다. 말이 100여 톤이지, 100여 톤이 훨씬 넘을 수도 있다고 본다. 아니지, 넘을 것이다. 100톤~200여 톤 가까이 될 수도. 저들은 어느 것 하나도 투명하게 밝히지 않았고 앞으로도 투명하게 이를 밝히지 않을 것이 뻔하다고 본다.

우리의 미래는 결코 안전하지 못할 것이다. 미래의 먹거리 또한 이를 보장받지 못하는 세상으로 도래하고 있다. 대불이라는 핵 잔해, 즉 연료찌꺼기가 있다. 고로 근접하면 죽는다. 대체로 근접할 수 있는 로봇을 만들었다. 그렇지만 위치에 들어가자마자 고장 나 버렸다.

삼중수소, 탄소-14는 여과기로도 다 걸러지지 않는다는 것을 시찰단도 알고 있을 것이다. 일본의 언론이 이를 보도도 했기에…. 알프스 여과기에는 핵 오염수를 정화시키는 장치 25개가 있는데 24개가 고장 났다고도 한다. 후쿠시마 핵폐기물 방사능 오염수 바다 방류를 적극 막으니 전국 연안어업인단체에서는 서균렬 교수를 고소, 고발을 했다.

신문에서 담배가 해로우니까 담배를 끊으라고 하니 신문을 끊으라고 한다. 해괴한 세상에 살고 있다. 방사능 수치 요오드 129, 반감기 1500만 년, 세슘, 삼화수소 등 정확한 수치는 정확히 모른다. 그리고 어떤 변화가 어떻게 변할지는 한 번도 겪어 보지 않았기에 모른다. 후쿠시마 핵폐기물 방사늘오염수의 방류는 사실화되고 있다.

핵폐기물 오염수 방류를 서두르는 것은 후쿠시마 핵물질 보관소, 즉 원전 1, 2, 3, 4호기 어느 것 하나 온전한 것은 없다고 보게 된다. 어떤 핵의 물질이 얼마나 들어 있는지도 투명하지도 않을뿐더러 도쿄 원전은 바다에 몰래 방류한 전적이 있기 때문에 더 그렇다. 알프스라는 것을 신뢰할 수 없다.

또한 인체에 해롭지 않게 바다에 방류한다고 하는데 얼마나 도쿄 원전 관계자와 일본을 믿어야 할까? 국민을 속여 왔고 전 세계를 속여 온 이들인데…. 그런데 핵폐기물 방사능 오염수를 30년 동안 방류를 한다. 말로만 30년이지, 50년이 걸릴지 100년이 걸릴지 아무도 모른다. 이러한 핵폐기물 방사능 오염수를 바다에 방류한다.

그럼 자라나는 아이들의 건강권과 미래는 앞을 보듯 뻔하다. 후쿠시마 근처에 사는 소아청소년과 어른들을 검사했는데 갑상샘암과 골수암, 백혈병 등이 발견되었다고 한다. 우리 아이들의 미래도 그리 밝지는 못해 보인다는 현실에 울분이 솟아오른다. 이 모든것이 기우가 되기를 진심으로 진심으로 바라면서 자라나는 아이들의 건강권은 누가 지킬 것인가? 아이들 또한 각자도생이 될 수도 있다. 국가는 부재중이기 때문이다. 세월호 참사도 이태원 참사도 오송 지하차도 참사도 국가는 부재중이다. 부재중인 대한민국은 희망을 잃고 대한민국에서 고향을 버리고 조국을 버리고 떠나려는 분들이 줄을 이을 수도 있다는 생각을 해 본다.

괴담 소리 하지 마라. 글의 모든 내용이 괴담이라고 외친 자가 괴담이라고 대변하고 있다. 경고한다. 핵폐기물 방사능 오염수를 바다에 방류하지 마라. 방류를 도운 자가 공범자이고 공모자이다. 방류를 도운 자는 대한민국에서 떠나라. 국민의 건강권과 자라나는 아이들의 미래를 위해서 여도 야도 혼연일치가 되어서 지금이라도 강력히 저지해야 할 것이다. 그것이 국민을 위한 길이기에. 또한 이 강산을 온전히 보존할 수 있다

많은 분들이 대한민국에는 희망이 없다고 한다. 그 희망을 혼연일치가 되어서 여도 야도 후쿠시마 핵 폐기물 방사능 오염수의 방류를 막아내야만 할것이다. MBC, KBS, JTBC, YTN, EBS, 한겨레, 평화방송, 오마이TV, CBS, BBC 등 후쿠시마 핵폐기물 방사능 오염수 관련 동영상을 올리신 모든 분들에게 감사드립니다.

2021년에는 오염수 방류를 적극 반대했는데….

원희룡 / 제주지사, 현재 국토교통부 장관

일본 정부는 자국민뿐만 아니라 한국과 중국 등 이웃 나라들과 해당 국민들에게 오염수에 대한 정확한 정보를 공유할 의무가 있습니다. 제주도와 대한민국은 단 한 방울의 후쿠시마 오염수도 용납할 수 없습니다. 제주도는 그 오염수가 닿는 모든 당사자들과 연대해 모든 수단을 동원해 강력 대응하겠습니다. 일본 정부가 후쿠시마 오염수 방류를 강행할 경우 한일 양국 법정과 국제 재판소에 제주도가 앞장서서 소송을 제기하겠습니다.

성일종 / 국민의힘

강력한 우려를 전달해야 합니다. 또한 외계 채널을 가동해 방류 피해가 예상되는 주변국들과 공조해 일본을 압박해야 합니다.

이만희 / 국민의힘

과학계에 따르면 아무리 정화조를 한다고 해도 삼중수소를 포함한 방사성 물질의 제거는 불가능하다고 알려지고 있습니다.

주호영 / 국민의힘 당시 대표

오염수를 쏟아 내려는 일본 정부는 분명하게 해명해야 할 것입니다. 일본 따위에요. 일본 따위에게…. 오염수 방출을 합리화하고 정당화할 수 있는 어떤 빌미도 우리가 먼저 제공해서는 안 될 것입니다. 일본의 원전 오염수 방출은 어떤 이유로도 결코 타협할 여지가 없는 것입니다. 대단히 불쾌하고 참을 수 없는 일입니다. 주변국의 예상되는 피해에 대해서 양해를 구해도 모자랄 판에 진짜 적반하장도 유분수지, 이런 적반하장도 없습니다. 일본 정부가 단독으로 결정할 사항이 됩니다. 분통이 터질 지경입니다.

김기현 / 현 국민의힘 대표

알프스라고 하면 다핵종 제거 설비를 예고했다고는 하지만 여전히 삼중수소 트리튬이 남아 있고 이것은 각종 암을 유발한다고 알려져 있습니다.

이래 왔던 사람들이 과연 현재는? 현재는 적극 방류 찬성. 그리고 괴담이랍니다.

홍준표 대구 시장과 이언주 전 의원은 과연 후쿠시마 핵폐기물 방사능 오염수를 어떻게 생각하는가?

원전 오염수 방류가 사실상 초읽기에 들어간 가운데 홍준표 대구시장이 정부 여당과 달리 오염수 방류에 단호하게 반대하는 입장을 냈습니다. 홍 시장은 자신의 SNS에 글을 올려 우리나라는 일본 후쿠시마 원전 오염수 해양 투기를 찬성하지도 않을 것이고, 찬성해서도 안 된다고 밝혔습니다. 그는 오염수 방류는 한미일 경제 안보 동맹과는 별개인 세계인의 건강권 문제라며 그럼에도 해양 투기를 자행하면 그건 일본의 자해 행위가 될 것이라고 지적했습니다. 이어 후쿠시마 오염수를 주변국들이 반대하는 데도 방류한다면, 일본 해산물의 해외 수출은 불가능해질 것이라며 이미 하수 처리 과정에서 발생하는 침전물인 오니의 해양 투기가 금지됐는데 그보다 훨씬 위해 가능성이 큰 원전 오염수를 해양 투기하겠다는 것은 큰 잘못이라고 강하게 비판했습니다.

국민의힘 이언주 전 의원도 SNS에 글을 올려 정부와 여당은 오염수 방류를 끝까지 반대해야 한다고 거듭 강조했습니다. 이 전 의원은 주권자의 위임을 받은 정치인이라면 영해 주권과 국민의 건강권을 위한 입장에 서는 것은 너무나 당연한 일이라며 정부가 마치 오염수에 아무 문제가 없다거나 그걸 걱정하는 것이 마치 괴담이나 퍼뜨리는 걸로 폄훼하는 것은 본분을 망각한 태도라고 비판했습니다. 그러면서 국민의힘은 불과 2년 전 야당일 때 주호영 원내대표, 원일용 제주지사, 성일종, 이만희 등 수많은 의원이 오염수 방류에 격렬히 반대했다며 정말 낯뜨겁지 않은지 왜 뻔히 드러날 자기 양심도 속이고 국민도 속이는지 국민을 개돼지 취급하는 게 아니라면, 이럴 순 없다고 성토했습니다. 이 전 의원은 앞서 올린 글에서도 국민의힘 소속인 게 부끄럽다며 어느 나라 정당인지 누굴 대변하는지 대통령은 누굴 대변하는지 우리 국민인지 일본 정부인지 반문하기도 했습니다.

나흘 전 후쿠시마 오염수 방류 터널에 바닷물을 채우는 데 성공한 도쿄전력이 모레 월요일부터 방사성 오염수 해양 방류를 위한 시운전에 본격적으로 들어갑니다. 해저 터널뿐만 아니라 육지의 방류 설비가 모두 완공되면서 오염수 방류 장치들이 제대로 작동하는지 최종 확인하겠다는 겁니다. 시운전은 먼저 방사성 물질이 포함되지 않은 일반 담수를 바닷물과 섞는 작업부터 시작합니다. 방사성 물질인 트리튬 삼중수소를 바닷물에 희석시키는 작업을 위한 예행연습입니다. 그리고 나서 담수와 섞은 바닷물을 미리 정해 놓은 양만큼 약 1킬로미터 길이의 해저 터널을 통해 목표 지점까지 흘려보내는 작업을 실시할 예정입니다.

이 과정에서 특히 해저 터널 차단 장치가 제대로 동작하는지 중점적으로 살펴볼 방침입니다. 방사성 오염수 희석 과정에 심각한 문제가 있을 경우, 즉시 오염수 방류를 중단해야 하기 때문입니다. 도쿄전력은 이 같은 오염수 방류 시운전을 월요일부터 2주일 동안 실시할 계획이라고 밝혔습니다. 보름 뒤면 후쿠시마 방사성 오염수 방류를 위한 모든 준비가 끝난다는 뜻입니다. 이런 속도라면 후쿠시마 오염수 방류는 다음 달을 넘기지 않을 걸로 보입니다. 우리 정부는 아직까지 오염수 방류에 찬성하는지 아니면 반대하는지 분명한 입장을 내놓지 못하고 있습니다. 도쿄에서 MBC 뉴스 현영준입니다.

이언주 의원과의 대화

신장식(진행자): 오늘 만날 정치권 고수는 이언주 전 국민의힘 의원입니다. 어서 오세요.

이언주(전 국민의힘 속속 의원): 네. 아유, 할 얘기가 많은데 오염수 얘기 먼저 해야 될 것 같아요.

신장식: 네

이언주: 우리 정부는 그 정부나 여당은 오염수 괜찮다는 얘기를 다른 연사들이나 뭐 이런 사람들 불러서 얘기를 하게 하고 나오실 때 그래서 기자들이 이렇게 마이크를 냅니다. 그래서 오염수 방류에 찬성하시는 건가요? 그러면 그건 아니라고 얘기를 하지요. 찬성하는 걸로 국민들은 알고 있을걸요. 근데 만일에 공식적으로 방류에 찬성한 적 한 번도 없다. 이렇게 말씀을 하시는데 어제는 근데 오염수 방류 관련해서 177억 예비비 의결을 했어요. 저도 그거 너무 분개거든요. 아니 이게 지금 그러니까 사실은 이 문제가요. 엄밀히 말하면요. 환경 안보 문제예요.

환경 안보, 환경 주권의 문제 문제거든요. 이 개념은 이제 요즘에 외교나 이런 안보 쪽에서 새롭게 나오는 개념들인데 경제 안보라는 얘기 많이 들어 보셨죠. 그런 것처럼 환경 안보, 환경 주권 이 문제가 이제 최근에 어떤 트렌드로 등장하는 어떤 흐름이죠. 그런 측면에서 봤을 때 사실 우리는 대통령과 집권 세력들한테 환경 안보, 환경 주권을 지키라고 맡긴 거 아니에요. 쉽게 말하자면, 그렇죠? 그런데 이거를 갖다가 침해하는 데 앞장서는 것처럼 돼 버렸죠, 그렇죠? 일본이 이제 그걸 자기들 위주로 진행하면서 그리고 전부 비밀로 하고 있잖아요, 그렇죠? 공개를 안 하잖아요. 그러면서 사실은 공해상에 뿌리는 거 아닙니까, 그렇죠?

그리고 그것을 우리 바로 옆에 있는 우리나라의 의견은 매우 중요하잖아요. 근데 우리나라에도 어쨌든 피해가 오는데 그것을 우리는 문제 제기하는 게 아니라, 오히려 두둔하니까 그러고 나니까요? 그래도 그런데 이제 말하자면, 국민들에 대한 저는 배신행위에 가깝다 이렇게 보죠. 근데 이걸 심지어는요. 문제 제기하는 국민들을 겁박해요, 그렇죠? 겁박하고 뭐 또 무슨 뭐라고 그랬죠. 뭐 그러면서 괴담이다. 그럼 먹방하면서 조롱하죠. 이거 말이 돼요. 국민들을 먹방을 하면서 그걸 문제 제기하는 국민들을 조롱해요. 자기들 보고 환경 주권 지키라고 맡겨 놨더니, 근데 알고 봤더니, 이제 그 돈까지 국민 혈세로 쓴다네. 이게 무슨 일이냐. 이게 그래서 이 국민 혈세는요 주권자의 국민 거잖아요. 그래서 권력자 쌈짓돈이 아니에요. 근데 국민을 배신하는 것도 모자라 가지고 국민들 돈으로 배신행위에 쓴다. 어쨌든 국민들의 이익에 반하는 건 확실하잖아요. 얼마큼 반하냐를 가지고 논쟁할 수는 있어도 우리 국민들의 이익에 반하는 건 확실하죠.

이거는 그렇죠? 이걸 어떤 전혀 해롭지 않다 무해하다 완전히 안전하다고 누가 큰소리칠 수 있습니까? 그래서 이게요. DNA 방사능 문제는 DNA 대한 변형 문제잖아요. 이거 사실 한 50세 정도 넘어가면 크게 변형에 큰 영향을 안 미친대요. 전문가들 얘기가 그러더라고요. 근데 어린

아이들, 이제 임산부, 이런 경우 굉장히 심각할 수 있다. 근데 이런 게 또 축적이 되고, 물고기 안에도 다 축적되고 먹이사슬에 의해서 다 축적되잖아요. 그게 심각한 거거든요. 그것을 또 누군가는 먹는 거고요. 그래서 이게 일종의 민폐인데 저는 예를 들어서, 우리가 만약에 폐수를 갖다가 누군가 버리는 걸 목격을 했어요. 굉장히 유해한 것들을 갖고 있는 폐수를. 근데 이게 물속, 근데 뭐라고 해. 그거 오염 안 됐으니까. 내가 물 탈게. 뭐 그런 거죠. 지금 물을 타서 희석되니까. 괜찮아. 절대량은 똑같은데, 물론 걸러지는 것도 있겠지만, 안 걸러지는 것도 있다는 거고. 그건 일본 정부가 스스로 얘기한 거 아닙니까.

도쿄전력에서 그리고 실제로 그 사람들이 또 고장이 날 수도 있다. 또 고장 난 적도 있구요. 우리 정부에서도 그렇게 얘기를 했죠. 근데 뭘 믿나요? 그리고 일본 정부가 이걸 공개하지 않아요. 저는 제일 심각한 건 첫째, 모든 것이 일본 정부한테 맡겨져 있다. 우리 국제사회에다가 또는 특히 옆에 있는 우리나라에다가 이걸 공유하거나 우리의 도움을 청하지 않았다. 우리가 가서 도와줄 수도 있는 거 아닙니까. 근데 전부 비밀리에 하고 있는 거예요. 그런 상태에서 어떤 공개적인 논쟁조차도 지금 겁박을 통해서 또는 뭐 예산 같은 거 압박하지 않겠습니까?

신장식(진행자): 근데 이제 정부에서는 두 가지 오늘까지 이제 나온 걸 보면 두 가지예요. 본인들이 오염수가 안전하다고 얘기하는 것은 별문제 없다고 얘기하는 것은 과학이고, 기타 위험하다, 인체에 유해하다 유해할 수 있다, 확신할 수 없다, 이건 괴담이라는 거고요. 그다음에 지금 오염수 방류에 반대하는 것은 반일민족주의다. 말하자면, 죽창과 시즌 투다. 그렇게 오늘 얘기를 했어요. 반일 민족주의다. 이리 이야기했다.

이언주: 아니, 그거는 제가 볼 때는 거의 매국적 행위인 것 같은데, 사

람들 하는 행동들이 지금 누구 어느 나라 어느 국민을 대변하고 있나요? 그리고 일단 이건 일본 국민한테도 좋은 건 아니지만, 뭐 그거는 그들의 판단 문제니까요? 그런데 안전하다. 어떻게 안전하죠? 아까 말씀 이게 다 걸러지는 게 아니고 또 고장 날 때도 있고 그다음 축적되는 건데 이 확률에 대해서는 논쟁할 수 있다고 저는 생각해요. 과학적으로 얼마나 위험한가에 대해서. 그리고 그것은 나이와 여러 가지 상황에 따라서 조금 다르게 느껴질 수 있잖아요. 그렇죠?

예를 들어서, 내가 만약에 임산부면 난 엄청나게 걱정할 것 같아요. 다르단 말이에요. 그런데 안전하다. 어떻게 그렇게 얘기하죠. 괴담이라고 얘기를 하니까. 예를 들어서, 방사능 오염수가 안전하다고 어떤 의사 선생님이 얘기한 적을 못 들어 봤어요. 의사 선생님들은 아마 다 문제가 있다. 다만 이건 축적되는 거라서 단정적으로 얘기할 수는 없지만, 예를 들어서, 우리가 암에 걸리는 것도 확률의 문제잖아요. 그런 거죠.

신장식: 그래서 저희들이 내일은 서울대 보건대학원의 백도명 교수님 의사 선생님 이야기를 한번 좀 들어 보려고 해요. 인체 피폭 영향이나 이런 건 사실은 의사 선생님들이나 생물학 하시는 분들이 더 잘 아실 것 같아서.

이언주: 개인적으로 그분들, 생물학 하시거나 의사 선생님들한테 여쭤 봤는데요 다 문제가 있다는 거예요. 다만 피폭량에 따라서 또 축적되는 정도에 따라서 실제로 이것이 그 사람한테 개인적으로 얼마나 영향을 미치는지 얼마나 위험한지 이거는 생각마다 다를 수 있고 예를 들어서, 크게 개의치 않은 사람도 있을 수 있겠지만, 절대 안전하다고 말할 수는 없다는 거죠.

신장식: 어쨌든 오늘은 국민회의 국방위원들이 수산물 시장에서 오찬

을 했구요. 상임위별로 소위 횟집 챌린지를 해서 계속해서 회 드시러 다닌다고 하는데, 아까 얘기한 대로 먹방을 하시는 거예요, 이 여당이.

이언주: 문제 제기하는, 문제 제기하고 걱정하는 우리 국민들의 정당한 걱정을 조롱하는 거 아닙니까? 굉장히 모욕적이라고 생각하고요. 지금 자신들은 환경 주권과 환경 그다음에 우리 국민의 건강 주권 이런 걸 지키라고 위임을 받았는데 거기에 대해서 강력하게 대변을 못 할지언정 그냥 차라리 가만히 있던지요. 힘이 없으면요. 그런데 의욕이 없거나 힘이 없거나 의지가 없으면 차라리 가만히 있던지 눈치 보면서 근데 그게 아니라, 적극적으로 이 침해하는 쪽을 대변하잖아요. 왜 그러는지 모르겠어요.

신장식: 그러면서 오늘 성일종 우리바다 지키기 검증 TF 위원장은 오염수 방류 이후 5개월에서 7개월 뒤에 한국 해역에서 기준치 이상의 방사능 물질이 나오면 정치적 책임을 지겠다. 나는 그러니까 민주당도 방사능 물질 안 나오면 니들도 책임을 져라.

이언주: 이게 뭐예요? 기준치 이상의 자, 기준치 이상이 예를 들어서, 기준치 이상이 안 된다 쳐요. 만약에 그럼 오염수 방사능 물질이 안 나온다는 얘기는 아니거든요. 근데 그리고 그것이 30년간 계속돼요. 그럼 지금 당장은 약해도 나중에 점점 세질 수 있는 거구요. 또 우리가 걱정하는 건 일본을 이렇게 하는 것을 우리가 놔둬 버리면 나중에 일본에서 또 다른 일이 생겼어요. 그때 혹은 다른 나라에 또 다른 일이 생겼을 때 우린 막지 못한다. 그리고 나중에 물고기나 이런 어떤 수산물에 대해서 수입을 하라고 우리한테 강요를 할 때 그때 가서 일본이 마음이 상황이 변해 가지고 일본이 강요를 하면 니네 괜찮다 그랬잖아. 안전하다면서 왜 수입 안 하는 거지 하고 WTA 제소하면 어떡할 거예요. 그다음에 저는 미래 30년 후를 어

떻게 압니까? 그때 가서 어떻게 책임지실 건지 난 모르겠어.

네, 아무도 없을 거예요. 정치권에 계속 있을까요? 저는 그리고 책임지면 어떻게 책임질 건데요. 본인이 문제가 만약에 있다. 그리고 이게 누군가가 어떤 문제가 생겼어요. DNA 변형이 생겼어요. 어떤 사람이 이게 오염수 때문이다, 아니다. 그거 어떻게 밝혀냅니까?

역학 조사를 통해서 밝혀내는 것, 이거랑 똑같은 거예요. 오염된 바다에다가 오염된 것들을 버리고 나서 '이게 바닷물의 태평양에 다 섞여 가지고 이것이 희석됐으니까. 아무도 모를 것이야.'라고 지금 생각하는 거 아니에요. 어떻게 보면 누구도 밝혀낼 수 없을 것이에요. 왜냐하면, 다 섞이니까.

이 자체가 저는요, 굉장히 부도덕한 행태고 굉장히 무책임하고 미래에 대해서 어떠한 걱정도 하지 않는 매우 진짜 근시안적인 행태다. 우리 아이들과 미래에 대해서는 전혀 걱정하지 않는 이 태도에 대해서 그리고 일본의 부도덕함에 대해서 규탄하지 않는 이 태도에 대해서 저는 정말 국민들이 분개하고 있다.

신장식: 알겠습니다. 뭐 지금 또 일본에서는, 또 우리 한국 언론에서도 일본 정부와 IAEA 사이에 모종의 물밑에서 특정한 거래를 통해서 보고서가 이미 다 일본 정부가 원하는 도쿄전력이 원하는 대로 작성돼 있는 것 아니냐고 하면서 아직 나오지도 않은 보고서에 목차와 표지 이런 것들이 폭로되고 이러고 있어요. 이게 어디까지 흘러갈지 저희들도 지금 예의 주시하고 있습니다.

이언주: 저는 이 IAEA의 문제에 대해서도 우리 언론이나 정치권이 분명하게 국민한테 정확하게 얘기해 줘야 되는 게 IAEA는 이런 안전성을 검증하는 기관이 아닙니다. 그리고 지금 안전성 검증하는 것도 아니구

요. 아마 이렇게 나올 거예요. 일본 정부의 분석을 우리는 신뢰한다. 뭐 이렇게 나올 거예요. 직접 검증을 제대로 하는 것도 아닐 거예요. 그러면 자 일본 정부의 검증이나 말을 우리 신뢰할 수 있습니까? 아무것도 공개 안 하는데요.

이언주 전 국민의힘 의원과 함께했습니다. 감사합니다.
고맙습니다.

하루 종일 기다려지는 진짜 시사 평일 저녁 6시 5분
MBC 〈신장식의 뉴스 하이킥〉

MBC 뉴스-1

후쿠시마 핵폐기물 오염수가 임박했다는 관측이 나오는 가운데 국민의힘 유승민 전 의원이 우리 정부가 일본의 대변인이냐며 강한 어조로 비판했습니다 . 유 전 의원은 자신의 페이스북에서 정부가 국민의 걱정과 불안은 안중에도 없는 태도를 보이고 있다며 이틀 전 정부 관계자의 발언을 지목했습니다.

박구연 / 국무 1차장(지난 6월 26일)

현재 방식이 과학적 신뢰나 여러 가지 측면 또 안전성 측면을 종합 고려했을 때 가장 현실적인 대안이라고 이미 IAEA와 협의를 거쳐서 현재 안으로 확정이 되어 있는 상태입니다. 국제적인 관점에서 방류 자체를 다시 되돌려서 옛날 논의를 다시 하자. 이걸 공식적으로 IAEA나 제안하는 것은 신의성실 원칙상 맞지 않는 태도라고 생각을 합니다.

이 대목을 거론하면서 도대체 누구에 대한 신의성실이냐며 우리 정부가 왜 일본의 앞잡이 노릇을 하고 있냐고 지적한 겁니다. 유 전 의원은 정부는 이미 방류 찬성으로 결론을 내리고 타이밍만 재고 있는 듯하다며 IAEA가 최종 보고서를 발표하면 이를 근거로 찬성 발표를 할 가능성이 99.9%로 판단된다고 진단했습니다. 하지만 유 전 의원은 우리 국민의 약 85%는 일본의 오염수 방류에 반대한다며 이런 반대를 괴담으로 치부하는 건 국민을 개돼지로 취급하는 오만이라고 말했습니다. 유 전 의원은 폭발한 원전의 오염수를 바다에 투기하는 건 세계 최초라며 정상 가동을 하는 한국과 중국의 원전에서는 세슘이나 스트론튬 같은 강력한 방사성 물질이 나오지 않는다고 지적했습니다. 그러면서 인류가 한 번도 경험하거나 검증을 못 한 일에 대해서는 과학자들도 걸핏하면 과학을 외치며 방류에 찬성하는 분들도 겸손해야 한다며 과학을 모르고 괴담에 휘둘리는 미개한 국민이라고 탓하지 말라고 경고했습니다. 유 전 의원은 최소한 우리 정부가 앞장서서 오염수 방류에 찬성하진 말아야 한다며 태평양 국가들과 연대해 처리 비용 분담 같은 방법을 갖고 일본을 설득해야 한다고 주장했습니다.

MBC 뉴스

이것이 괴담일까?

김혜정 전 한국원자력안전재단 이사장과의 대화

신장식(진행자): 네, 이번에는 원자력 전문가와 IAEA의 최종 보고서, 무엇이 문제인지 하나하나 따져 보는 시간 갖겠습니다. 김혜정 전 한국원자력안전재단 이사장님 스튜디오로 나와 계십니다. 안녕하세요. 제가 잠시 전에 성일종 의원과 이야기하면서 오염수 확률을 국민 78%가 우려한다고 언급한 여론조사는요. 한국 갤럽이 지난달 27일에서 29일 자체 조사한 내용이고요. 자세한 사항은 중앙선거여론조사 심의위원회 홈페이지를 참고하시기 바랍니다. 자, 먼저 보니까 한국원자력안전재단 전 이사장님이시잖아요. 2018년부터 2021년까지 그렇게 3년 하셨더라고요. 한국원자력안전재단은 국책기관이던데, 〈원자력안전법〉 에 따라서 설립된 기관이던데 무슨 일을 하는 기관입니까?

김혜정(전 한국원자력안전재단 이사장): 2011년에 후쿠시마 원전 사고 이후에 지금 오염수가 문제가 되고 있는데, 이후에 우리나라에서 원자력 안전 규제 기간이 예전에는 다 과학기술부 원자력기능부처에 규제기관이 통합돼 있었어요. 근데 후쿠시마 사고 이후에 원자력안전위원회 규제기관이 독립하면서 이 원자력안전재단을 만들었구요. 그래서 뭐 원자력 안전 규제와 관련한 R&D 연구개발 뭐 기획이나 평가하는 거 그다음에 정책개발 원자력안전규제에 관한 정책개발 또 방사선 종사자의 교육이나 피폭 기록 관리 뭐 이런 일들을 하고 있는 곳입니다. 그러니까 원자력 안전 규제 기반을 조성하는, 그러니까 한국원자력안전기술원하고 똑같은 그 원자력안전위원회 산하의 공공기관이라고 보시면 돼요.

신장식: 그러니까 설립의 이유 자체가 설립 동기가 후쿠시마 원전 사고, 예. 이후에 원안위가 만들어지고 이후에 이제 원자력안전재단을 만든 거죠. 그래서 원자력 안정과 관련된 일을 하는 공공기관이다. 〈원자력안전법〉 의 설립 근거가 있더라고요. 7조에 이 한국원자력안전재단을 설립해 가지고 어떤 일을 해라. 이런 게 규정이 돼 있는 공공기관입니다. 거기서 3년간 이사장으로 계셨으니까. 전문가 중 전문가라고 할 수 있으실 텐데, 지금 앞서서 성일종 국민의힘 우리바다 지키기 검증 TF 단장님이 말씀하시는 거 들으셨죠? 뭐, 좀 어떤 말씀 주시겠습니까? 과학을 부정하는 건 괴담이고 대선 불복이고 그다음에 문명국가로서 과학적 결론을 받아들여야 된다는 게 결론적인 말씀이신 것 같습니다.

김혜정: IAEA의 최종 보고서가 과학적이 객관적으로 작성됐다. 그러면 뭐 그런 주장을 하실 수 있는데, 실제로 제가 이제 최종 보고서를 살펴봤구요. 최종 보고서 내용을 보면 실제로 이 IAEA 최종 보고서나 그동안의 안전성 검토 과정이 과학적이거나 객관성을 가지고 있다고 볼 수가 없습니다.

신장식: 과학적이지 않다는 말씀.

김혜정: 이사장아니 과학적이지도 않았지만 객관성은 더더욱 상실을 했고요. 예를 들면, 지금 이제 최종 보고서가 이미 다 알려진 대로 후쿠시마 오염수를 해양 방류하더라도 안전하고 국제 안전기준에 부합하고 또 주변 국가에 미치는 영향은 없다. 이렇게 단정적으로 얘기를 했잖아요.

신장식: 네, 알겠습니다. 지금 무엇이 구체적으로 이 보고서가 무엇이 문제인지 잠시 광고 듣고 와서 계속 자세한 말씀 나누도록 하겠습니다. 잠시만요. 네, 〈신장식의 뉴스 하이킥〉 김혜정 전 한국원자력안전재단 이사장님, 그리고 전에는 원자력안전위원회에서도 위원으로 한 5년 정도 일을 하셨던 전문가와 말씀 나누고 있습니다. 자, 광고 전에 IAEA 보고서 소위 최종보고서라는 이름을 다 알고 나온 보고서가 과학적이지도 객관적이지도 않다는 말씀 주셨구요. 어떤 면에서 과학적이지도 않고 객관적이지도 않다고 평가를 하시는지 이유를 좀 말씀해 주시면 좋을 것 같아요.

김혜정: 우선객관적이지 않다고 하는 부분은 그 IAEA가 21년 7월에 일본 정부하고 협약을 맺어서 일본 정부가 물론 요청을 했죠. 오염수 해양 방류와 관련한 기술적 지원을 목적으로 하는 안전성 검토팀을 꾸렸습니다. 그런데 이 IAEA가 실제로 21년 7월에 일본 정부 요청대로 협약을 맺기 전에 20년 2월에 이미 IAEA 사무총장이 후쿠시마 오염수 해양 방류 방향은 국제기준에 합치한다. 이렇게 결정을 했어요. 그러니까 입장을 밝혔어요. 그러니까 사실은 해양 방류 결정을 같이한 선수가 갑자기 심판으로 등장을 한 거라고 저는 봅니다. 그런 점에서 객관성을 이미 상실했다. 출발부터.

신장식: 출발선부터 같이 뛰던 한 팀에서 같이 뛰던 선수가 갑자기 심판인 척하고 등장을 한 거다.

김혜정: 그리고 이 업무의 범위도 일본 정부가 요청한 범위 그러니까 후쿠시마 오염수가 알프스에서 정상적으로 처리된 걸 전제로 한 30년 동안 방류되는 거에 대한 안전성 검토 그리고 정말 중요한 원전 폐로 종합 활동은 업무 범위에서 제외하고 실제로 이 안전성 검토팀의 목적을

안전, 안정적으로 해양 방류를 잘 할 수 있도록 기술적 지원을 하는 것이 안전성 검토팀의 목적이라고 명시를 하고 있습니다.

그러니까 사실 이것은 과학적으로 객관성을 확고한 검토라기보다는 해양 방류를 목적에 두고 이 기술적 지원 기술적 검토를 해 온 보고서이고요. 지금 아까, 잠깐 뭐 사회자께서 성일종 의원 이렇게 여쭤봤지만 주변 국가에 미치는 영향은 무시된다. 이렇게 얘기를 했는데 실제로 환경 시료라는 게 바닷물 뭐 해저 퇴적물 그다음에 어류라든가 해저류 그야말로 이제 주변 환경에 환경 시료가 얼마나 오염됐는지 방사선의 영향을 받고 있는지 이걸 봐야 되는데 시료 결과가 나오지 않았어요.

작년 11월에 채취했는데 그리고 지금 탱크가 1,070개잖아요. 1,070개 중에 그나마 그것도 세 개의 탱크에서 샘플을 채취했는데 그중에 한 개의 샘플만 검사 분석한 결과가 나와 있고 두세 개 샘플은 올해 연말에나 나온다. 그러면 이거는 상식적으로 생각할 때 일본 정부가 올여름에 방류하겠다고 계속 주장해 왔기 때문에 거기에 맞춤해서 만들어진 보고서라고 볼 수밖에 없는 거죠.

왜냐하면, 환경 시료 분석 결과가 나오지도 않았고 또 실제로 지금 이제 뭐 주변 국가에 미치는 영향이 없다고 근거로 삼는 거는 도쿄전력이 만든 방사선 환경 영향 평가서를 기초로 하고 있는데, 그거 뭐 해양 생태계에 미치는 영향이나 생물 축적에 대한 검토를 안 했거든요. 없습니다. 그런 거를 하고 또 결과는 굉장히 단정적으로 안전 기준에 부합하고 주변 국가에 미치는 영향을 무시해도 좋다. 이렇게 얘기를 했는데 또 뭐 다 알려져 있지만 우리는 결과에 책임은 못 진다.

신장식: 그렇게 앞에 이제 딱 맨 앞에 나와 있더라고요. 책임지지 않겠다.

김혜정: 회원국의 견해를 대표하는 것도 아니다. 그리고 해양 방류를

지지하는 것도 아니고 권고하지도 않는다. 이런 무책임한 보고서를 어떻게 우리가 신뢰받을 만한 보고서로 받아들일 수 있겠어요.

신장식: 아니, 근데 저는 아까 제일 궁금했던 점은 뭐냐면, 그래서 좀 여쭤보는 건데 소위 환경 시료 관련된 말씀을 하셨잖아요. 근데 성일종 우리바다 지키기 검증 TF 단장님은 지금 들어갈 필요 없는 자료다.

김혜정: 그렇다면 계획에 왜 들어갔죠? 제가 저도 보고서 봤거든요. 환경 시료는 필요하니까 분석을 한 거고. 그게 결국은 뭐 해양 환경에 미치는 영향, 또 그게 또 인체에 미치는 영향을 다 그 과학적으로 분석할 수 있는 시료가 되는 거잖아요. 왜냐하면, 우리가 해양 생물 축적이라는 게 해조류라든가 어류가 얼마나 방사능 그 물질에 농축되는가 이런 거를 보여 주는 시료의 표본이 될 텐데, 그런 부분들을 분석해서 그 결과를 반영한 최종 보고서가 나와야 되는 게 너무나 지극히 정상적이고 그리고 원래 IAEA에서는 시료를 그 적어도 3차례 한다고 그랬어요. 세 차례, 예.

신장식: 근데 한 번밖에 안 했단 말이죠. 분석을. 예, 그러니까 저는 궁금한 거는 그건 업무 범위 안에 들어가 있었잖아요. 세 차례 한다. 환경 시료 분석한다. 업무 범위 안에 들어가 있어요. 건축에서 하는 걸로 하자면 시방서 안에 들어가 있어요. 예, 설계도 안 해. 주문서, 발주서 안에 들어가 있는 얘기야. 근데 안 했어. 근데 왜 거기다가 최종이라는 말을 붙였을까?

김혜정: 그건 좀, 이해가 좀. 저, 제가 한 가지 좀 핵심적인 거 빠뜨렸는데 이제 우리 국민들도 가장 관심이 있는 게 알프스잖아요. 알프스 성능이 지금 의심이 되고 있는 것 아닙니까.

신장식: 뭐 몇 번 고장 났는지도 정확하게 잘 모르겠어요.

김혜정: 기준치를 72% 초과했고 그러면 적어도 IAEA의 보고서가 가

학성을 담보하려고 그러면 이 72% 기준치를 초과한 핵종은 어떤 방식으로 처리하겠다. 그리고 알프스 성능은 뭐 그러면 30년 동안 안전성을 어떻게 보장하겠다. 이런 내용이 있어요. 그런 내용도 언급이 없습니다.

신장식: 이거 뭐 발주서대로도 안 했다. 이런 얘기인데, 자 근데 정부 여당에서는 IAEA가 방사능 관련해서는 세계적인 전문기관이고 UN 산하기관의 성일종 의원도 계속 얘기를 하세요. UN 산하기관이기 때문에 문명국가에는 한국이 이거를 받아들여야 수용해야 된다는 게 첫 번째, 두 번째 한국 전문가 한 분, 11개 국가에서 쭉 이렇게 보냈던 전문가 중에 한국 전문가도 있습니다. 그러니까 믿어야지. 한국인도 있고 원래 국제적으로 권위 있는 기구인데 믿어야지. 이렇게 이야기하신단 말이에요. 이건 어떻게 받아들여야 됩니까?

김혜정: 그 IAEA 보고서를 뭐 많은 분들이 보셨겠는데 보면, 이 안전성 검토팀에 전문가들은 그냥 조언을 하는 위치로 그 기록이 돼 있고 전문가의 자문 조언을 받았다. 이렇게 돼 있구요. 전문가들이 국가를 대표하는 게 아니에요.

신장식: 개인입니까?

김혜정: 네, 그러니까 국제전문가가 참여했다. 조언을 받았다. 자문을 받았다. 이렇게 돼 있습니다. 우리나라 전문가도 지금 원자력안전위원회 산하 원자력안전기술원의 책임연구원인데, 예. 이분은 한국에 근무를 하고 있어요. 지금도 그리고 IAEA에서 이제 일본에서 회의가 있거나 현장에 가게 되면 출장을 가는 거죠. IAEA에서 상주하시는 분이 아닙니다. 아니에요. 모든 전문가들이 그렇구요. 왜냐하면, 이 안전성 검토팀이 지금까지 일본에 실제로 방문한 건 네다섯 차례예요. 그래요. 예. 그리고 가서 날짜도 보낸 날짜도 약 5일 내외입니다. 가서.

신장식: 아니, 그럼 누가 분석한 거죠? 저는 그분들이 다 분석한 건 줄 알았어요.

김혜정: IAEA는 사실 기술적 검토라고 계속 강조하고 있는데, 도쿄전력과 일본 정부가 작성한 문서를 리뷰하고 거기 컨설팅을 해 주는 거죠. 이러이러한 점은 보완을 해라. 그렇게 한 거예요. 그래서.

신장식: 독자적으로 분석한 것도 아니네.

김혜정: 예, 그러니까 제가 말씀드렸잖아요. 도쿄전력이 작성한 자료를 전적으로 가지고 검토해서 기술적으로 뭐랄까. 보완하라는 그런 일종의 컨설팅 같은 일을 했고요. 예를 들어, 우리나라 시찰단이 갔잖아요. 그건 국민들에게 많이 알려져 있잖아요. 일정이 사실 그와 유사한 일정을 했습니다. 한 번씩 갈 때마다 한 번은 가서 경제 산업성과 도쿄전력을 만나고 그래서 이제, 뭐 서면 아니 만나서 회의를 하고 또 현장에서 한 이틀 보내고 그리고 또 한 번은 가서 원자력규제위원회하고 만나서 뭐 회의를 한 이틀 하고 현장에서 이틀 보내고 오는 식이에요.

신장식: 시찰단도 가서 이거 뭐 진짜 뭐 관광하고 온 거냐. 실제로 뭐 제대로 검증할 수 있는 그런 일정이 아니었다는 비판을 많이 언론에서 했는데, 그럼 시찰단이랑 별다를 게 없네요.

김혜정: 제가 볼 때는 뭐 그보다 조금 더 확장된 형태로 일을 한 가수의 일정을 보면 그런 게 다 공개돼 있거든요.

신장식: 그 국민들은 뭐 일정에서 무슨 일이 벌어졌는지 몰랐고 그다음에 김홍석 박사 등 소위 전문가 열한 명이 상주하면서.

김혜정: 근무하고 있습니다. 출장 가는 거예요.신장식분석하고 이런 줄 알았더니, 그냥 도쿄전력의 보고서를 리뷰하면서 컨설팅을 해 주는 게 그분들의 역할이었다. 왜냐하면, 기술적 지원이나 검토라는 게 그런

내용이죠. 우아하게 말하면 기술적 검토 지원인데 실제로 이제 뭐 도쿄 조약이 작성한 보고서 뭐 기준에 어떤 게 뭐 부족하니까 이걸 보완해라. 이런 식으로 리뷰 활동이 주되게 되고 현장에 가서 시설 돌아보고 그렇게 네다섯 차례 다녀온 거죠.

신장식: 이게 약간 자꾸 뭐가 뭘 알면 알수록 더 불안해지죠. 알면 알수록 조금 더 설득이 됐으면 좋겠는데. 자, IAEA가요. 이런 얘기를 했습니다. 그로시 사무총장 이분은 또 외교관 출신이더라고요. 과학자가 아니라. 그 이 방류가 끝날 때까지 일본에 상주하겠다. 이렇게 얘기를 했고 또 오염수 시료에 대한 추가 분석을 우리나라 원자력안전기술원과 공동으로 진행하기로 했다. 이거 왜 공동으로 하려고 합니까? 최종 보고서라 그러는데.김혜정 / 전 한국원자력안전재단 이사장아니, 그거는 이제 지난번에 1차 샘플 분석도 그 여러 국가에 나눠서 국가기관에 있는 분석기관에서 교차 분석을 했잖아요. 그런 거의 이상도 이하도 아니에요. 왜냐하면, 2차, 3차 샘플도 그런 식으로 하겠다 했는데 지금 이제 한국이 가장 이렇게 이렇게 반대를 시민들이 많이 하고 있잖아요. 그러니까 아마 총장이 그걸 강조해서 얘기한 거 아닌가 생각이 되고, 뭐 분석을 같이 한다는 거는 또 뭐 이런 해양 방류의 정당성을 부여하는 거에 좀 의미를 부여하려고 그러지 않았을까? 이렇게 생각이 들고요.

저는 사실은 그 샘플 분석을 같이 하는 거는 결국 원수, 그러니까 샘플이 어떤 샘플이냐가 핵심이지, 뭐 분석을 하는 거는 뭐 그거 다 뜬 거 가지고 교차 분석하는 거는 큰 의미가 없다.

왜냐하면, 오히려 IAEA에는 교차 분석한 거를 가지고 뭐 일본 도쿄전력이 뭐 분석 능력이 뛰어나고 뭐 실효를 채취하는 것도 너무나 적절하다. 이런 식으로 본질을 벗어난 걸 얘기하는데 1,070개 중에서 그 탱크

세 개의 탱크에서 샘플을 뜬 게 그나마 첫 번째 했던 거는 이렇게 다 휘젓는 교반 작업을 했지만, 두세 개 샘플에서는 그거 안 한 거거든요.

신장식: 그거는 도쿄전력 관계자가 일본 의회에 나와서 얘기를 했어요. 교반 작업 제대로 안 했다고.

김혜정: 그러니까 샘플은 이미 다 방류 준비가 돼 있는 데서 그것도 도쿄전력이 뜬 거를 아예 2년 참관만 한 거거든요. 그래서 저는 더 핵심 핵심은 원 샘플 그게 더 핵심이다. 근데 그거가 1,070개 중에서 대표성이 있느냐. 저는 대표성이 없다고 보구요. 균질성은 이거를 다 휘저어 갖고 해야 되는데 그렇지 않은 두세 개 샘플의 균질성이 어떻게 확보될 수 있을까? 이런 문제가 더 제기돼야 된다고 생각합니다.

신장식: 예. 자, 이런 얘기를 누군가 하더라고요. 왜 한국의 원자력 핵공학자들은 이걸 찬성을 하고 심지어는 며칠 전에는 이번에 절대 방류를 늦춰서는 안 된다. 우리나라 원자력안전위원회 부위원장인가요? 아니, 원자력학회. 원자력학회 부회장님께서 공격의 빌미를 주니까 반드시 방류해야 된다. 이렇게 얘기를 하는데 이렇게 적극적으로 나서는 게.

김혜정: 그분들은 사실은 우리나라 국민 안전 주권보다 자신들의 이익기반이 더 중요한 거죠. 그냥 단정적으로 얘기하면 왜냐하면, 저는 일본이 후쿠시마 오염수를 왜 이렇게 국제적인 논쟁이 되는데도 방류하려고 할까. 물론 뭐 값싸고 쉬운 방식, 뭐 후쿠시마의 부흥 이런 목적이 있지만 가장 본질적으로는 오염수를 바다로 폐기시켜 가지고 원전 사고는 끝났다. 사고 수습이 다 됐다. 이런 거짓 수단을 만들고 싶은 정말 숨은 목적이 있다고 생각해요.

신장식: 후쿠시마는 다 정리됐다. 그래서 원전은 후쿠시마에도 불구하고, 안전하다.

김혜정: 그렇죠. 그런 신화를 다시 쓰고 싶은 거죠. 사고 수습이 다 됐다는. 그런데 이해를 한국원자력계가 같이 하고 있다고 생각해요. 왜냐하면, 오염수가 안전하고 그리고 또 방사능 물질을 위험하지 않다. 인체에 미치는 영향이 없다. 그렇게 해야 사실은 원자력 산업이 계속 발전할 수 있는 거잖아요. 그리고 그 후쿠시마 원전 사고는 일본의 원자력계나 우리나라 원자력계 다 아킬레스건 같은 거였어요. 왜냐하면, 후쿠시마 원전 사고가 나기 전까지는 한국 일본 원자력계가 우리 체르노빌과 같은 사고 날 확률은 100만에 한 번도 있을까 말까. 예. 절대 없다고 그러셨어요.

근데 서방세계에서 원전 사고가 났잖아요. 그것도 3기의 완전히 해결력과 녹아내리고 그 네 개가 결국 수소 폭발을 하는 3기의 원전이 폭발하는 그런 수소 폭발 사고가 일어났으니까. 이것을 빨리 사고가 수습되고 이제 사고는 다 마무리됐다는 거를 하려고 하는 그 공동의 목적, 뭐 공동의 이해관계가 맞다고 생각을 하고 결국 후쿠시마 원전이 우리나라에 미치는 영향 이런 거를 차단하고 싶은 거, 뭐 이런 것도 있다고 저는 생각해요. 왜냐하면, 원자력발전소는 아무리 안전하게 가동하더라도 방사능 물질을 배출하잖아요. 왜냐하면, 이제 삼중수소는 다 인정된 거 아닙니까. 그러니까 그게 예를 들어서, 뭐 체내에 들어가면 뭐, 뭐 DNA 구조를 파괴해서 유전자 변형을 일으킨다. 이런 것들이 다 계속해서 뭐 논란이 되고, 긍정이 되면 결국 우리 국내 원자력 발전에도 영향을 미치니까.

신장식: 한 가지만 더, 저는 궁금한 게 위험한 걸 알면서도 자신의 어떤 직업적 이해관계 때문에 그러시는 건지 아니면 정말로 그렇게 뭐 신이 내린 불이라고까지 얘기를 하던데 원자력을 그런 신념을 가지고 후자인가요?

김혜정: 아니요. 한국의 뭐 원자력을 전공한 모든 분들이 그러시지는 않겠지만, 적어도 이제 그런 발언을 나와서 하시는 분들 얘기도 저는 많이 들어보니까, 그러면 그 사람들은 그렇게 믿고 싶은 게 되게 강한 것 같아요. 듣고 싶다.

신장식: 이건 절대로 안전하고 깨끗한 에너지라는 그리고 그런 방사능 물질 뭐 인체에 미치는 영향은 거의 없다. 이렇게. 그러면 의사들이 엑스레이 찍는 것도 이렇게 최대한 줄이고 생활에서 방사성 피폭도 최대한 줄이려고 노력하는 것도 그분들이 보기엔 다 무서워 보이게 그렇게 얘기하는 분들도 계시죠. 진짜요.

김혜정: 옛날에 뭐 예전에 오래됐지만 방사능 중저준이 방사능 폐기물 안고 잘 수도 있다. 이렇게 말씀하시는 분도 계셨어요.

신장식: 그런 분들의 이해관계는 일본의 원자력학회, 원자력 업계 원자력계와 일치한다. 정부의 그런, 뭐 저는 그렇게 추정이 됩니다. 주권이나 뭐 이런 것보다는 그게 더 중요하실 수도 있겠다. 그런 추정은 해 볼 수 있다. 한 10년 원자력 안전 관련된 일을 해 보니.

자, 지금까지 김혜정 전 한국원자력안전재단 이사장이었습니다.

감사합니다.

하루 종일 기다려지는 진짜 시사 평일 저녁 6시 5분

MBC 〈신장식의 뉴스 하이킥〉

삼중수소는 인체에 해롭지 않다?

방사성 물질 삼중수소는 인체에 해롭지 않다는 일본의 홍보 영상입니다. 비판 여론이 거세지자 일본 정부는 공개 하루 만에 영상을 삭제했습니다. 삼중수소는 정말 안전한 걸까. 티머시 무스도 미국 사우스캐롤라이나 대학 생물학 교수는 삼중수소가 공기나 음식물을 통해 체내에 들어오면 내부 피폭 위험이 다른 방사성 물질보다 두 배 이상 강하다고 밝혔습니다. 20년간 체르노빌과 후쿠시마에서 방사능이 노출된 생물의 DNA 영향 등을 연구한 결과입니다. 삼중수소에 피폭된 실험용 쥐에서 정자와 난자 그리고 생식기 손상이 관찰됐으며, 유전자 고리가 단절되면서 유전자 변이도 나타났다고 밝혔습니다.

티머시무쏘 / 미국 사우스 캐놀라이나 대학교 생물학과 교수

삼중수소는 DNA뿐만 아니라 단백질, 정자에도 영향을 미쳤으며 다른 것들에도 영향을 미치는 것으로 확인됐습니다.

또 오랜 시간 체내에 축적되면 유전자 변형을 가져올 수 있다면서 후쿠시마 오염수 방류 시 주변 생태계의 많은 생물의 유전 정보가 바뀔 가능성이 높다고 설명했습니다. 일본 정부는 원전 오염수가 방류되면 생태계에 어떤 영향을 미칠지 아직 제대로 된 데이터를 제공하지 않고 있습니다. 도쿄전력은 어제 후쿠시마 원전 오염수를 방류할 해저 터널의 굴착을 마무리하고 사실상 방류 초읽기에 들어갔습니다. 국제환경단체 그린피스는 일본의 오염수 방류는 과학에 기반한 생물학적 안전성 검토가 결여됐다며 방류 계획은 전면 제고돼야 한다고 주장했습니다. MBC 뉴스 임현주입니다.

일본 부흥청이 만든 후쿠시마 오염수 홍보 영상입니다. 삼중수소를 귀여운 캐릭터로 그려 놓고 인체에 해롭지 않다고 주장합니다. 또 다른 나라 원자력 발전소들도 삼중수소를 배출하고 있다고 강조합니다. 과학적 근거에 기초한 정보를 전달하고 있다는 게 일본 정부의 주장입니다. 일본 보수 언론들도 한국 등이 삼중수소를 더 버린다며 여론전에 가세했고 아소다로 부총리도 나섰습니다. 과연 정말 그럴까요. 먼저 인체에 무해하다는 주장에 대해 전문가들의 의견은 다릅니다.

서균렬 / 서울대학교 원자핵공학과 명예교수

(일본 정부 주장처럼) 그냥 치유되는 게 아니고 건강한 남성일 경우에 병약자다, 임산부다, 태아, 유아, 영아 다 달라요. 임상적으로 증명하는 것은 시간이 걸리죠.삼중수소의 유해성 입증에 시간이 걸리는 점을 일본 정부가 악용한다는 겁니다. 다른 나라 원전들도 삼중수소를 배출한다는 주장 역시 억지라고 반박합니다.

사고 원전에서 나온 오염수는 삼중수소 외에도 여러 가지 고위험 방사성 물질들이 있기 때문에 사고가 나지 않은 원전에서 나온 물과는 비교 대상이 안 된다는 겁니다. 한국 원전에서 나온 거는 그냥 깨끗해요. 삼중수소 빼고는. 근데 일본은 사고도 났고 연료가 녹았고 그리고 부서지고 그 안에 있던 여러 가지 방사성 물질들이 많습니다.

일본 내 반응도 싸늘합니다. 정부가 국민을 바보로 알고 있다고 차라리 청산가리를 캐릭터로 만들라며 비난을 쏟아 냈습니다.

시민 / 일본 후쿠시마

저는 오염수 해양 방류는 절대 반대입니다. 후쿠시마를 어떻게 생각하는 건지 얕잡아 보네요.일본 정부가 오염수의 안전성을 홍보하겠다며 책정한 예산은 우리 돈 200억 원. 지난해보다 4배나 많습니다.

MBC 뉴스 조효정입니다. 주요 7개국 장관들이 모인 G7 기자회견 자리에서 회의 성과를 설명하는 일본 측의 주장에 독일 장관이 정면으로 반박하는 이례적인 일이 벌어졌습니다. 슈테피 램케 독일 환경부 장관은 어제 일본 삿포로에서 폐막한 G7 기후 에너지 환경 장관의 기자회견에서 일본의 후쿠시마 원전 오염수 방류를 환영할 수 없다고 밝혔습니다. 교토통신 등 일본 현지 매체에 따르면 램케 장관은 후쿠시마 원전 오염수 처리와 관련한 도쿄전력과 일본 정부의 노력에 비상한 경의를 표한다면서도 오염수의 해양 방류에 관해선 환영한다고 할 수 없다고 말했습니다.

앞서 니시무라 일본 경제산업상이 이번 회의의 성과를 소개하면서 오염수의 바다 방출을 포함한 일본의 투명성 있는 노력을 각국이 환영한다는 입장을 밝혔다고 언급하자 옆자리에 앉아 있던 독일 장관이 그건 아니라고, 즉각 반박하고 나선 겁니다. 실제 이번에 발표된 공동성명에 따르면 국제원자력기구의 검증을 동반한 일본의 투명한 원전 대응을 환영한다고 했지만, 오염수의 해양 방류에 대한 언급은 없었습니다. 니시무라 경제산업상은 회견 이후 취재진에 잘못 말했다며 자신의 발언이 과장됐음을 인정했습니다. 일본은 원래 이번 공동성명에 해양 방류를 위한 일본의 투명성 있는 프로세스를 환영한다는 문구를 넣으려 했지만, 다른 국가들의 반발로 실패한 것으로 알려졌습니다.

일본 정부는 올여름 안으로 후쿠시마 원전 오염수를 바다로 방출할 계획을 가지고 있습니다.

MBC 디지털 뉴스 제작팀

충격 그 이상
후쿠시마 농수산물 방사성 물질 검출 결과

지난 5월 20일 일본 히로시마에서 열린 주요 7개국 지세븐 정상의 만찬 식탁에 후쿠시마산 사케가 올랐다. 또한 취재를 위해 모인 세계 각국 기자들에게도 후쿠시마산 사케와 후쿠시마산 복숭아 주스 등 가공식품을 제공했다고 한다. 그동안 일본 정부가 후쿠시마산 농수산물을 유명인들이 먹는 모습을 보여 주며 이른바 먹어서 응원하자를 외친 것은 하루 이틀의 일이 아니다. 2021년 도쿄올림픽에서도 후쿠시마산 식자재를 선수촌 식당에 제공해 논란을 빚은 바 있다.

일본 정부는 후코시마의 부흥을 외치며 후쿠시마 핵 사고를 완벽하게 수습하고 있다고 주장하는데 현실은 어떤 후쿠시마산 식품들은 정말 안전할까? 일본 정부는 후쿠시마산 식품이 안전하다고 하지만 방사성 물질 검출 결과는 일본산 농수축산물이 위험하다고 말한다. 시민방사능감시센터와 환경운동연합은 2019년부터 매년 일본 후생노동성이 발표하는 전년도 농수축산물 방사성 물질 검사 결과 자료를 분석해 발표하고 있다. 일본 정부는 2022년에 총 3만 6155건의 농수축산 식품을 대상으로 방사성 물질 세슘에 대한 검사를 진행해 발표했다. 일본 정부는 후쿠시마 핵 사고를 수습했다고 주장하면서 식품의 방사능 검사를 점차 줄이고 있는 추세이다. 그러나 식품에서의 검출률은 오히려 늘고 있다. 식품별 방사성 물질 검사 결과를 보면 농산물에서는 2022년 세슘 21.1%의 검출률을 보이고 있다. 2020년 16.7% 2021년 18.7%에 이어 지속적으로 증가 중이다. 수산물 5.3%, 축산물 2.6%, 야생육 29.0%, 가공식품 6.3%, 유제품 0.3%에서 세슘이 검출되었다. 후쿠시마현의 경우 복숭아는 전국 2위, 배는 전국 4위의 생산량을 자랑할 만큼 과일의 왕국이었다. G7 취재기자단에게 후쿠시마산 복숭아주스를 대접하는 일은 자연스러울 수 있으나 복숭아주스가 방사능에서 안전하냐는 질문엔 답을 할 수가 없다.

일본 정부의 주장을 믿기 어렵다. 매년 일본산 식품 분석 보고서를 발표하지만, 후생노동성의 검사 결과를 있는 그대로 받아들일 수 없다. 일본 정부는 방사성 물질 검사를 진행할 때 검출한계치가 10베크렐, 25베크렐 등 제각각인 검사 기계를 사용하고 있어 정확도를 장담할 수 없다 **('검출한계치'는 방사성 물질이 검출 가능한 최솟값을 의미하며 검출한계치 미만 값은 측정 불가)**. 또한 시료 선정에 대한 기준도 없고 품목과 검사 수량도 제각각이다. 후쿠시마산 과일의 경우에는 검사 결과가 거의 없어 안전 여부 자체를 판단할 수 없다.

후쿠시마 원전 오염수 방류를 앞두고 가장 우려되는 수산물의 경우 2022년 검출률은 5.3%였다. 2022년 1월 후쿠시마현 앞바다에서 잡힌 우럭에서 300Bq / kg, 1400Bq / kg의 세슘이 검출되었던 이력이 있고, 지난 2월에는 후쿠시마 어협이 잡은 농어에서 85.5Bq / kg이 검출되어 출하가 정지되었다. 일본 정부가 바라는 것처럼 수산물의 방사성 물질 오염이 안정되고 있지 않다는 것이다. 특히 눈에 띄는 부분은 후쿠시마산 수산물에서의 세슘 검출보다 인근 현 수산물에서의 세슘 검출이 늘어났다는 것이다. 2022년 후생노동성의 자료 중 농어의 세슘 검사만 보면 241건의 농어를 검사하고 116건에서 세슘이 검출되었으나, 후쿠시마산 농어에서는 검출 건수가 한 건도 없다. 농어뿐 아니라 해수어 검사 전체에서 후쿠시마산 해수어의 검출률이 0%이다. 일본 정부가 후쿠시마 원전 방사성 오염수를 과학적이고 안전하게 관리하고 있다고 주장하지만 사실이 아니다. 방사성 물질에 오염된 강과 하천의 물이 바다로 흘러들고, 통제하지 못하는 방사성 물질에 오염된 지하수 중 일부가 여전히 바다로 흘러 들어가고 있다.

후쿠시마 앞바다의 방사성 오염이 사고 초기보다 안정되었다고는 하지만, 방사성 물질이 흘러들고 있는 가운데 후쿠시마산 해수어에서만 세슘이 검출되지 않는 것에 대해 의문을 갖지 않을 수 없다. 일본 정부 역시 이에 대한 해답을 제대로 내놓지 못하고 있으니, 방사성 물질 오염 식품을 과학적이고 안전하게 관리한다는 일본 정부의 주장을 믿기 어렵다. 여러 가지 문제점이 있지만 후쿠시마현을 포함한 8개 현의 수산물 수입 금지 조치는 유지되어야 한다. 일본산 수산물 수입 금지 지역 수산물의 방사성 물질 검출률이 5.83%로 수입 허용 지역 0.83%보다 약 7배 높게 나와 여전히 수입 금지 지역의 세슘 검출률이 높았다.

후쿠시마 핵 사고를 진정으로 책임지려면. 일본 정부의 '먹어서 응원하자' 캠페인은 2011년 동일본 대지진이 벌어지고 한 달여 뒤부터 시작됐다. '먹어서 응원하자'는 후쿠시마현 등 동일본 재해 지역의 식품을 적극적으로 먹어서 지역 경제의 부흥을 꾀하자는 운동이다. 일본 정부는 유명 정치인, 연예인, 운동선수 등을 동원해 후쿠시마산 식재료에 대한 전방위적 홍보에 나서 왔으나, 우리나라 등에서는 오히려 부정적인 이미지로 작용했다. 특히 '먹어서 응원하자'에 참여했던 사람들 중 백혈병과 유방암에 걸린 사람도 있어서 부정적 이미지가 강화되었는데, 병에 걸린 것과 후쿠시마산 식재료를 먹은 것의 인과관계를 증명할 수 없다 해도, 두 가지 사실을 완전히 분리해 생각하기는 어렵다.

일본 내에서도 후쿠시마산 식품에 대한 인식은 좋지 않다. 지난해 9~10월 일본원자력문화재단이 전국의 15~79세 남녀를 대상으로 방문 조사(응답자 1,200명)를 실시해 4월 초에 발표한 조사 결과를 보면 그런 분위기가 감지된다. '오염수의 바다 방류 이후 일본 소비자가 후쿠시마현 등의 농수산물 구입을 주저할 것으로 생각하냐'는 질문에 '그렇다(34.5%)'가 '그렇지 않다(10.8%)'보다 3배가량 높았다. '다른 나라가 일본산 농림수산물 수입을 주저할 것인가'라는 질문에도 '그렇다(38.3%)'가 '그렇지 않다(4.2%)'보다 높게 나타났다. 일본 정부는 이런 부정적 여론을 최대한 불식시켜 오염수 해양 투기도 추진하고 후쿠시마 핵 사고에 대한 책임에서 벗어나려 하고 있기에 '먹어서 응원하기'를 포기할 수 없어 보인다.

후쿠시마를 비롯한 동일본 재해지에서 생산되는 방사능 오염 식품에 대해 원전 사고 당사국으로서 어느 정도 책임을 질 수밖에 없을 것이다. 그러나 이웃 나라에게까지 후쿠시마산 식품을 먹으라고 강요해서는 안 된다.후쿠시마 원전 오염수 해양 투기를 앞두고 방사성 오염수가 제대로 관리되는지, 안전성에는 문제가 없는지 알아보기 위해 지난 21일 한국 정부 시찰단이 파견되었다. 그런데 시찰단이 도착하자마자 일본 정부가 요구한 것은 현재 후쿠시마현을 포함한 8개 현의 수산물 수입 금지 조치를 해제해 주길 원한다는 소식이었다.

이는 굉장히 무례할 뿐만 아니라 우리나라 검역 주권을 무시하는 행태로 결코 들어줄 수 없는 요구사항이다.일본 정부는 후쿠시마 핵 사고를 수습한 척하기 위해 진행하고 있는 '먹어서 응원하기'나 '오염수 해양 투기' 같은 모든 정책을 중단해야 한다. 지금이라도 후쿠시마 핵 사고의 피해 사항과 식품에서의 방사성 물질 검출을 인정하고 식품의 방사성 물질 검사를 강화해야 한다. 그래서 아이들이 방사성 오염 식품에 노출되지 않도록 해야 한다. 그것이 후쿠시마 핵 사고를 진정으로 책임지는 일이다.

쏙쏙뉴스 오마이TV

일본에서 들어오는 활어차 방사능 검사는 어떻게 할까?
KBS 〈밥상 위의 후쿠시마〉

환경스페셜 MC: 다음 날에도 어김없이 일본 활어차들이 나타납니다. 그런데 그중에 한 활어차의 움직임이 수상합니다. 다가가 보니 수산물과 함께 실려 온 일본의 바닷물을 그대로 방류합니다. 제작진을 보자 당황한 기색이 역력한 운전사. 무단 방류는 엄연한 불법이지만 이렇게 일본 활어차가 버린 해수가 지난해만도 하루 평균 53톤에 달합니다.

PD: 바다에 방류하는 것은 금지돼 있지 않습니까? 방금 물을 어디에 방류한 것이죠? 바다에?

일본 활어차 기사: 나한테 물어봤자 모르니까 더 높은 사람한테 이야기해요.

PD: 매번 이런 식으로 하고 있습니다. 방류하면 바다에 영향을 끼치잖아요.

일본 활어차 기사: 몰라요.

PD: 어떤 걸 모르겠다는 것인가요?

환경스페셜 MC: 상황이 이런데 여기에는 감시자가 한 명이 없는 건가요?

송기호(변호사): 일본 어느 곳에서 담긴 물인지 모르는 상태에서 일본에서 들어온 해수가 우리 자연 생태계에 무단 방류 되는 것도 심각한데 이런 것을 다 종합적으로 본다면 현재 일본산 활어의 통관 절차라는게 우리 국민의 건강과 생태계의 보호에 대해서 무시하고 일본 수출자와 국내 수입자만의 경제적 편익에 지나치게 치중하고 있다고 봅니다.

쓸모 없어 버리는 물이 뭐 그리 대수냐고 되물을 수 있습니다. 하지만 이것을 관리하는 시스템이 제대로 작동하지 못한다면 국민들은 일본산 수산물을 마음 놓고 먹을 수 있을까요? 부산에 그렇게 많은 일본 활어차가 들어온다는 사실도, 그것도 방사능 검사 결과가 나오기도 전에 도로를 누빈다는 것도 정말 너무 충격적인데요. 적어도 일본 수산물 만큼은 입항과 동시에 방사능 검사가 이루워 지면 어떨까 하는 아쉬움이 많이 남는 것 같습니다.

WTO 권고 사항

오염이 발생한 위험이 발생한 곳에 최대한 가까이 가서 검역하고 검사를 하는 것이 원칙이다.

동일본 지진이 일어난 지 10년 헤일과 원전 폭발의 기억이 아직도 생생합니다. 그런데 일본 정부가 방사능 오염수를바다에 방류할 수 있다는 소식이 들려 옵니다. 만일 그렇게 된다면 이게 정말 일본 바다만의 문제일까요.

KBS환경 스페셜

하나뿐인 지구 –방사능 보이지 않는 공포
후쿠시마 방사능의 실체

믿을 수 없는 일이 일어났습니다. 2011년 3월 11일, 일본 동북부를 강타한 진도 9.0의 대지진은 순식간에 모든 것을 삼켜 버렸습니다. 일본이 후쿠시마 원전 사고를 최악의 수준인 7등급의 원전 사고로 인정했습니다. 쓰나미 후에는 더 큰 재앙이 기다리고 있었습니다. 원전 폭발로 대량의 방사성 물질이 인근 바다와 토양으로 흘러 들어갔습니다. 사람이 더 이상 살 수 없는 땅, 후쿠시마. 주민들은 죽음의 땅으로 변해 버린 고향을 떠났습니다. 실제로 무시무시한 원전 사고 현장을 보면 시간이 많이 흘렀지만 아직도 변하지 않았구나. 이웃 나라 일본에서 시작된 방사능 공포는 한국으로 이어지고 있습니다. 그중에서도 사람들이 가장 불안해하는 건 일본에서 건너온 먹거리입니다. 일본산 시금치는 물론 수산물과 분유에서도 기준치를 넘는 방사성 물질이 검출됐는데요. 이러니 더 불안할 수밖에요.

김수연 / 주부

아무리 검사를 했다 하더라도 아무 일단 오염이 된 건 사실이니까. 그래도 불안한데 또 안 먹을 순 없으니까.

윤정예 / 직장인

시간이 많이 지났다고 해도 아직은 영향이 있다고 생각을 해서….일본산 수산물은 물론 농산물과 공산품에 이르기까지 방사능의 오염이 돼도 눈으로 확인할 수가 없기 때문에 소비자들은 더 불안합니다. 과연 이대로 괜찮을까요?

김익중 / 동국대학교 의과대학 교수

일본 땅의 지금 한 70% 정도가 방사능에 오염이 돼 버렸습니다. 꾸준히 방사능에 오염된 음식을 먹고 내부 피폭이 될 텐데 결과가 어떻게 될까 생각하면 끔찍합니다.

강건욱 / 서울대학교 핵의학과 교수

일본산 수입되는 것이 이제 일본 내에서도 (방사능 검사) 굉장히 검사를 까다롭게 하고 있구요. 뭐 크게 위험한 수준이라고 얘기할 수가 없습니다.누구의 말을 들어야 할까요? 특히 어린아이를 둔 부모들은 더욱 궁금합니다.

백미영 / 주부

후쿠시마 핵 발전소가 사고 나면서부터 직감적으로 너무 불안했거든요. 그때 둘째, 아이 출산하고 산후조리 중이었는데. 그때 그거를 보면서 이 아이들한테 앞으로 닥칠 일들이 과연 뭐가 있을까?

불안감이 좀처럼 가시지 않는 일본산 방사능 오염, 과연 실체일까요? 아니면 근거 없는 공포일 뿐일까요? 후쿠시마 원전 사고가 난 지 1년 8개월이 지난 2012년 11월 후쿠시마에서 200킬로미터 떨어진 일본의 수도 도쿄를 찾았습니다. 그동안 일본은 방사능 오염에서 얼마나 벗어났을까요? 휴대용 측정기로 대기 중의 방사능을 측정해 봤는데요. 수치는 0.13, 서울과 비슷한 수준입니다. 사고 당시에 비하면 사람들도 차분해 보이는데요. 하지만 이 가운데서도 먹거리에 대한 불신은 여전히 계속되고 있습니다.

우에하라 토모미 / 대학생

후쿠시마산 채소가 저렴해졌는데 아무래도 사고 싶단 마음이 들지 않고요. 이바라기현 것도 안 사요.

요시다 미나코 / 주부

후쿠시마산 음식은 조심하고 있습니다. 후쿠시마산 음식은 안 먹으려고 조심하고 있어요. 원산지가 일본의 것인지 어디 것인지 그런 것을 신경 써서 장을 보고 있어요. 태평양에서 잡힌 생선은 좀 꺼려져요.

도쿄에서 50킬로미터 떨어진 한 어촌 마을을 찾았습니다. 사고가 났던 후쿠시마와는 꽤 떨어져 있는 곳인데요. 과연 이곳도 원전 사고의 영향을 받고 있을까요? 겉보기엔 평화로워 보이기만 하는 마을. 그러나 쉴 새 없이 배가 드나들던 예전 모습은 찾아볼 수 없습니다. 마침 배 한 대가 항구를 향해 들어오고 있는데요. 어쩐 일인지 어획량이 만족스러운 정도는 아닙니다. 수산물 수출도 반 정도로 줄었다고 하는데요.어획량만 줄어든 건 아닙니다. 원전 사고 이후 이상한 징후들이 속속 드러나고 있는데요. 도쿄 인근에서 잡힌 기형 물고기에 이어 날개가 작고 눈이 발달하지 않은 기형 나비도 발견됐습니다.

일본 미야기현에서 포획된 야생 멧돼지에선 기준치의 네 배에 달하는 방사성 세슘이 검출됐는가 하면 세슘 송어까지 발견돼 충격을 줬습니다. 이런 가운데서도 일본 정부는 먹어서 응원하자며 후쿠시마산을 비롯한 일본 동북부 재해 지역 농산물 먹기 캠페인을 벌이고 있습니다.

카즈키 이와오카 / 일본 후생노동성 담당자

방사능 잠정 규정치인 5밀리시버트를 넘지 않으면 건강에 지장이 없기 때문에 안전하지만 식품의 안전성을 확보하고 국민을 안심시키기 위해 올해 4월 1일에 방사능 잠정 규정치로 허용했던 연간 5밀리시버트를 1밀리시버트 수준으로 낮췄습니다.

엄격하게 관리했다고 하나 피해는 막지 못했습니다. 얼마 전 갑상샘암이 의심되는 환자가 처음으로 발생했는데요. 후쿠시마 주변 어린이 중 40%에서 갑상샘 응어리가 발견됐다는 조사도 있었습니다. 이 정도가 끝이 아닙니다. 일본 동북부 지역 농산물 먹기 CF를 찍은 일본의 한 아이돌 그룹 멤버는 최근 세슘 내부 피폭 판정을 받기도 했습니다.

또 있습니다. 2011년 4월부터 한 프로그램에서 후쿠시마산 농산물을 시식해 왔던 방송인 오츠카 노리카즈는 급성 백혈병 진단을 받았습니다. 먹어도 괜찮다더니 이건 그냥 우연의 일치일까요? 일본 방사능 오염

검사에 대해 들어 봤습니다.

카와노라 히로시 / 일본 농림수산성 증식추진과 계장

방사능 기준치를 넘는 수산물은 기본적으로 각 자치단체가 회수하도록 합니다. 그 후에도 수산물이 기준치를 넘을 가능성이 있으면 각 담당 지역 내에서 제재를 하거나 정부가 출하를 금지시킵니다.

일본에서는 방사능 오염으로부터 스스로 가족의 건강을 지키겠다는 이들이 점점 더 늘어나고 있습니다. 세키이 마모루 씨도 그중 한 명인데요. 그는 원전 사고 이후 다니던 회사를 그만두고 도쿄에 개인 방사능 측정소를 차렸습니다. 가족은 물론 이웃들의 건강을 지키고 싶다는 것이 이유인데요. 과연 일본에서 유통되고 있는 음식의 방사성 물질은 얼마나 있을까요? 제작진이 직접 생산지가 각기 다른 식품 네 가지를 무작위로 선정해 방사성 물질 측정을 의뢰해 봤습니다. 검사 품목은 버섯과 배, 고구마, 우유. 즐겨 먹을 뿐만 아니라 마트에서 누구나 손쉽게 구할 수 있는 식품들인데요. 과연 결과는 어떻게 나왔을까요? 검사 결과 후쿠시마에서 약 120킬로미터 떨어진 이바라키산 고구마에서만 세슘이 미량 검출됐습니다.

세키이 마모루 / 개인 방사능 측정소 닛코리관 대표

현재 일본에서의 방사능 기준치는 흑미 등 보통 음식이 100베크렐로 되고 있고요. 방사능이 1킬로그램당 100베크렐 이하면 판매할 수 있는데 이에 대해 여러 전문가들의 의견이 다릅니다. 그 정도면 안전하다고 하는 전문가도 있지만 기준이 느슨해 너무 위험하다고 하는 전문가도 있습니다. 어린아이를 키우는 어머니들은 정부가 더 엄격하게 기준을 세워서 검사해야 안심할 수 있다고 목소리를 높입니다.

일본산 음식물의 방사능 오염은 정말 심각한 것일까요? 수십 년간 일본인의 식생활을 연구해 온 코아카 주니치 씨를 만났습니다. 그는 후쿠시마 사고 이후로는 음식의 방사능 오염을 집중적으로 연구하고 있는데요. 일본인에겐 이보다 더 중대한 문제가 없다는 게 그의 지론입니다.

코와카 쥰이치 / 식품과 생활안전 대표

방사능 물질이 물에 흘러 들어간 게 후쿠시마산 사고의 특징이기 때문에 수질 오염은 상당히 심각합니다. 그런 의미에서 한국에도 폐를 끼치고 있고요. 특히 태평양에서 잡힌 수산물은 위험합니다. 방사능 유전자의 피해를 입히고요. 오랜 세월에 걸쳐 일본인을 괴롭힐 것입니다. 한국에서도 어느 정도 피해가 나올 수 있습니다.

불안한 사람들과 안심하라는 정부, 과연 누구의 편에 서야 할까요? 일본산 수산물이 국내로 들어오면서 우리 역시 혼란스럽기는 마찬가지입니다. 국내 최대의 수산물 전문 시장인 부산 국제 수산물 도매 시장 일본산 수산물의 대부분이 바로 이곳에서 거래됩니다. 우리나라는 일본에 이어 두 번째로, 수산물 소비량이 많은 나라인데요. 국내로 들어오는 일본산 생선은 연간 3만 톤에 달합니다. 그중에서는 국내에선 잘 잡히지 않는 생태나 대구 같은 생선이 많은데요. 혹시 일본산이라고 기피하진 않는지 한 유통업자를 만나 봤습니다.

수산물 유통업자

일본 거는 거의 주문이 필요한 만큼 식당 같은 데서 주문하고요. 그래서 다 소진이 돼요. 그건 이제 못 팔면 빙장(냉동 저장)되거나 부패가 되고 하니까 미리미리 필요한 만큼 주문해서 나가죠.생태찌개 식당에 찾아가 조심스럽게 원산지를 물어봤습니다.

생태 전문점 사장

일본산은 없어요. 지금 일본산은 좀 약간 꺼려져 가지고…. 저희도 마찬가지고 다른 손님들 도 다 똑같아요. 꺼리기에 우리나라의 대표적인 수산물 거래지 노량진 수산시장 예전에 비하면 이곳에서도 일본산을 찾아보기가 쉽지 않습니다.

수산시장 상인

안 드신다고 하더라고요. 거의 손님들이 일본산이라고 하면 특히 임산부라든가 어린 자녀를 둔 손님들은 그런 분들은 거의 일본산을 안 드시려고 했어요.

내 아이에게 좋은 걸 먹이고 싶은 마음이야 어느 부모나 다 같을 텐데요. 네 살 된 딸을 둔 엄마 전선경 씨는 요즘 장을 보는 시간이 부쩍 길어졌다고 합니다. "아주머니 동태 어디 거예요." "원산지가 동태 러시아예요." 원전 사고 이후로 아예 일본산 수산물은 사지 않는다고 합니다. 방사능 검사를 하고 들어오는 거예요. 그럼 그러겠죠. 뭐 그럼 다 먹게끔 돼 있는데….

전선경 / 주부

아이들 과자 하나 고를 때도 원재료를 볼 때 뚫어지게 보느라고 시간이 너무 많이 걸리는 거예요. 어차피 지금 누가 우리 아이들을 지켜 줄 게 아니기 때문에 부모가 지금 신경을 쓰고 주의를 해야 되는 거는 맞다고 생각해요.

한 가지 궁금증이 생기는데요. 방사능 오염에 있어 유독 먹는 것을 조심하는 이유는 뭘까요?

김익중 / 동국대학교 의과대학 교수

방사능이라는 것은 우리 전 세계를 이루고 있는 물질에 가장 적은 단위가 원자인데 이 원자에서 어떤 변화가 있을 때 나오는 에너지입니다. 가장 중요한 게 음식을 통한 내부 피폭입니다. 외부 피폭은 피폭되는 그 시간 동안만 피폭이 돼요. 근데 내부 피폭은 방사능 물질 우리 몸에 들어와서 24시간 손상을 시키는 거예요. 이건 비교할 수가 없습니다. 내부 피폭이 훨씬 위험해요.

음식을 통해 몸 안에 방사능이 침투한 경우를 내부 피폭이라고 하는데요. 방사성 물질이 몸 안에 들어오면 우리 몸의 다양한 조직으로 이동하면서 DNA를 파괴하고 세포 재생을 방해하기 때문에 인체에 미치는 영향이 매우 큽니다. 또 방사능은 금방 해독되는 것이 아니라 일정 기간 몸 안에 쌓여 보이지 않게 해를 끼치는데요. 방사성 물질에 장기간 꾸준히 노출될 경우 갑상샘이나 생식기, 골수나 근육 등 인체 각 부위가 손상을 입게 됩니다. 무색무취의 방사능이 공포인 것도 바로 이런 이유 때문이죠. 내부 피폭의 위험성을 극명하게 보여 주는 것이 바로 1986년 체르노빌 원전 사고입니다.

당시 우크라이나에서 피폭된 아이들 95%가 음식물을 통한 내부 피폭이었는데요. 체르노빌과 달리 일본은 대량의 방사성 물질이 바다로 흘러 들어갔으니 수산물이 좀 꺼려지는 게 당연한지도 모릅니다.

이시마루 타카시 / 도쿄 해양대학교 교수

물고기는 돌아다니기 때문에 위험 지역과 떨어진 곳에서도 잡혀서 문제가 되고요. 반면에 토양이 오염된 지역은 농산물을 전혀 생산하고 있지 않기 때문에 통제할 수 있어요.

그렇다면 실제 국내에 들어오고 있는 일본산 수산물의 방사능 오염도는 어떨까요? 원전 사고 이후 국내로 수입된 수산물은 약 6만 3,000톤. 그중 방사능 검사가 이뤄진 수산물 약 3만 4,000톤에서 방사성 세슘이 검출된 양은 전체 약 10%에 달하는 약 2,800톤이었는데요. 2011년 3월 이후 2012년 8월까지 방사성 세슘이 검출된 건 총 백16건 42건이 냉장 명태에서 그다음 냉동 고등어에서 38건, 냉장 대구에서 13건이 검출됐습니다. 이 중 가장 높은 검출 수치를 기록한 것은 냉장 대구로 기준치 100베크렐에 육박하는 97.9베크렐이 검출되기도 했습니다. 검출이 되긴 했지만, 모두 기준치 이하이기 때문에 유통의 걸림돌이 되지는 않습니다.

양정규 / 농림수산식품부 검역정책과 사무관

일본 내에서 또는 우리 정부에서 검사를 하더라도 기준치보다 훨씬 낮은 어떤 수준의 방사능이 검출이 되고 있고 검출된 건수 자체도 전체 양에 비해 가지고는 많다고 보기는 좀 어려운 상황입니다.

이번에는 제작진이 직접 일본산 수산물의 방사능 검사를 의뢰해 봤습니다. 일본산 생태와 도미의 방사성 물질을 확인하기 전 일일이 살을 다진 뒤 게르마늄 감마선 분광기에 넣었는데요. 과연 결과는 어떻게 나왔을까요?

한정희 / 한국기초과학지원연구원 오창센터 연구관

측정 결과는 생태 살에서 세슘137이 0.7베크렐 / kg으로 측정되었구요. 그 외에 다른 검사 대상에서는 요오드 131, 세슘134, 세슘137 등이 검출되지 않았습니다.역시 제작진이 의뢰한 검사에서도 방사성 물질은 미량 발견됐습니다.

그렇다면 미량이면 먹어도 될까요?

김익중 / 동국대학교 의과대학 교수

기준치 이하라는 이유로 모두 유통이 됐는데요. 일본산 수산물 수입이 우리 국민 건강들의 가장 큰 위협이 되고 있다고 생각합니다.

하승수 / 녹색당 사무처장

검사 방법도 어쨌든 그게 충분하다고 볼 수는 없을 것 같고요. 그런 식의 샘플 검사가 충분히 전체 물량의 어떤 방사능 물질 함유 농도 같은 것들을 보증해 주지는 못하지 않습니까? 그럼에도 불구하고, 의혹은 쉽게 가시지 않는데요. 일본산 수산물의 방사능 검사가 실제 어떻게 이루어지는지 검사 현장에 동행해 봤습니다. 방사능 검사를 하기 전 먼저 수입된 양부터 살핍니다. 오늘 ○○수산 명태는 950상자 들어와서 총 10,300kg. 여기서부터 저 끝에 있는 박스까지 이 중에서 무작위로 1킬로그램의 샘플을 채취하는데요.

김상용 / 농수산식품부 영남지역본부 감천항 사무소 검사 팀장

우리가 오늘 신고된 게 950개니까 이걸 다 방사능 검사할 수 없거든요. 그래서 지금 임의로 지금 뽑아 가지고 대표성 있는 검체를 이제 뽑을 겁니다.샘플을 뽑은 뒤 수산물의 외관과 색깔, 선도 등을 확인하는 관능 검사가 이루어집니다. 관능 검사 후 샘플을 채취합니다. 검사가 끝나면 지금 냉장고 있죠. 한 1도시 정도 여기다 지금 다 보관할 겁니다. 방사능 검사 같은 경우는 2 박 3일 정도 걸려요. 채취한 시료는 이제 실험실로 이동합니다.

가져온 수산물의 방사성 물질이 기준치를 넘지 않아야 시장에 유통될 수 있습니다. 먼저 먹을 수 있는 부위만 발라낸 뒤 아주 잘게 다지는데요. 고순도 게르마늄 검출기를 이용해 방사성 물질을 측정하게 됩니다. 이 과정에서 방사능 검출 수치가 세슘은 370베크렐, 요오드는 100베크렐이 넘지 않으면 합격점을 받아 시중에 유통됩니다. 과연 이 기준치는 낮은 걸까요, 높은 걸까요? 방사성 세슘 기준치의 경우 미국, 유럽은 물론 국제식품규격위원회와 비교해 봐도 낮은 편입니다.

또 일본 식품 검사 시 일본 현지 기준치는 100베크렐을 그대로 적용하고 있습니다. 안전한 수준입니다. 지금 현재 국제적으로 유럽 같은 경우에 1,000베크렐로 정한 데도 있고요. 대부분 다 굉장히 높습니다. 일본 같은 경우에는 사고 지역이라서 자기들이 100베크렐로 하고 있고 여기에 또 하나의 안전장치가 있다는데요. 일본은 수산물을 수출할 때 원산지 증명서를 제출하고 있으며 특히 후쿠시마 등 위험 지역은 1차 방사능 검사를 마쳤다는 걸 증명하는 검사증명서를 의무적으로 첨부해야 합니다. 이런 과정을 거쳐 기준치 이하인 것만 수출하고 있습니다.

그렇다면 기준치는 과연 안전한 것일까요?

하미나 / 단국대학교 의과대학 교수

기준치를 정해 놓는 것은 이제 우리 사회가 그 정도는 관리할 수 있고 정도는 피할 수 있다고 생각하는 수준에서 잡은 것이기 때문에 과학적인 차원에서는 완전한 안전을 보장하는 수준은 아니죠. 그러니까 미량의 방사선이라 하더라도 어쨌든지 암을 발생시킬 수 있는 위험이 사라지는 것은 아니기 때문에 관리를 위한 기준치이지 안전기준치라는 건 아예 존재하지 않는다는 의견도 있습니다. 미과학아카데미는 방사선에 노출되는 양과 암 발생률은 비례한다는 자료를 발표했습니다. 이 그래프에 따르면 아무리 적은 양이어도 그 양만큼 암 발생 위험이 존재하는 것입니다.

논란은 여기서 멈추지 않습니다. 방사성 물질이 우리 몸속에 들어와도 미량일 경우에는 우리 몸이 이를 극복할 수 있다는 것입니다.

강건욱 / 서울대학교 핵의학과 교수

우리 몸속은 세포가 늘 죽은 것을 다시 재생하고 이렇게 하고 있거든요. 그렇기 때문에 그런 그니까 뭐 아주 미량의 위험이 있다고 하는 게 우리 몸에 치명적이 되지 않는 이유가 우리 몸을 스스로 복구하는 능력이 있기 때문에….

우리는 살아가면서 알게 모르게 방사선에 노출되고 있습니다. 방사선은 자연에도 존재하는데요. 대지에서 받는 자연 방사능은 0.4밀리시버트. 공기를 흡입할 때나 아스팔트에도 눈에 보이지 않는 방사능이 존재하기도 합니다. 뿐만 아니라 매 끼니 먹는 음식에도 방사성 물질이 조금씩 들어있는데요. 드물게 일반인이 인공 방사능에 노출되는 경우는 엑스레이를 촬영할 때입니다. 이렇게 우리는 일상 속에서 방사능의 영향을 받으며 살아가고 있습니다.

이재기 / 한양대학교 원자력공학과 교수

우리가 일상적으로 자연계에서 매년 3밀리시버트를 받고 있어요. 그러니깐 태어나면서부터 매년 3밀리시버트를 받고 있는데, 거기에 후쿠시마 사고 때문에 1년에 0.1~0.2밀리시버트, 이 정도씩을 몇 년간 더 받는다는 것은 거기에 추가되는 게 거의 없거든요. 그래서 실제로 전체적인 영향이 아무런 효과가 없습니다.

하미나 / 단국대학교 의과대학 교수

그래서 우리가 암이 생기는 거예요. 자연 방자선도 맞고 이것도 맞고 저것도 맞고 하니까 아무리 미량이라도 암이 발생할 위험이 존재하는 겁니다. 아이들의 경우는 어른들과 문제가 조금 다릅니다. 어른과 달리 세포분열이 왕성한 아이들의 경우 소량의 방사능도 치명적일 수 있습니다.

김익중 / 동국대학교 의과대학 교수

의학적으로 영유아의 경우는 성인보다 방사능에 더 민감한 것으로 되어 있습니다. 대개 30세 성인하고 1세 미만의 영유아하고는 6배 내지 7배 정도 민감도의 차이가 있다. 체르노빌 사고 당시 아이들을 보면 소량이라고 결코 안심할 수만은 없습니다.원전 사고 인근 벨라로스 지방 아이들의 심장병 원인을 조사한 결과 당시 아이들의 몸에서 발견된 방사성 물질은 매우 소량이었다고 합니다.

코와카 쥰이치 / 식품과 생활안전 대표

체르노빌 원전 사고 지역에서 멀리 떨어진 방사능 비오염 지대에 갔습니다. 그곳의 방사능 수치는 0.08나노시버트로 지금 여기와 똑같았는데요.우리 아이들도 방사능 안전지대에 있는 것은 아닙니다.

한 국회의원회 조사에 따르면 생태, 대구 등 일본산 수산물이 아이들이 먹는 학교 급식 재료로 상당 부분 납품되고 있었다고 합니다. 급식 재료 납품 현황을 조사한 결과 일본산 수산물은 2,231킬로그램이 들어갔으며 이 중에는 방사성 물질이 검출된 생선도 포함돼 있었다고 하는데요. 지금처럼 먹어도 우리 아이들 괜찮을까요?

임무혁 / 식품의약품안전청 식품기준과 보건연구관

유아 영아의 섭취량을 우선적으로 평가를 하고 나서 그다음에 성인하고 같이 합니다. 그래서 가장 취약한 계층을 평가를 해서 되기 때문에 아주 안전한 수치입니다.

세계 각국이 다르게 정하고 있는 방사능 기준치. 안전한 기준치가 과연 있기는 한 건지 이에 대한 논란은 쉽게 사그라지지 않을 것 같습니다. 그렇다면 수산물 외에 다른 일본 수입품에 대한 소비자들의 생각은 어떨까요?

김정숙 / 주부

일본 거는 하나도 없어요. 일본 원전 사고 이후에는 일본 제품은 쳐다보지도 않고 지나갔던 것 같아요.

백승혜 / 주부

아기 때문에 구매하지 않는 이유가 제일 가장 큰 것 같고요. 물티슈도 일본 거는 쓰지 않고요.

꺼려지는 건 먹거리뿐만이 아니었군요. 부천에 사는 백미영 씨. 그녀는 5살과 두 살 난 아이 둘을 키우고 있는 주부입니다. 사과를 먹기 전 팍팍 문질러 씻는 건 기본. 미리 식초에 담가 두기까지 합니다.

백미영 / 주부

식초는 거의 항상 꺼내 놓고 써요. 그래서 여기에 하나가 더 있는데요. 소금물에 소금하고 식초, 푸른 물에다가 이렇게 담가 놓으면 방사능 성분이 많이 빠져나온대요. 녹아 나온다고 하더라구요. 그래서 이렇게 해서 좀 담가 놨다가 먹이는 편이에요. 아이 키우는 엄마에게 먹는 것만 걱정되는 건 아닙니다. 기저귀도 일본 거가 되게 인기가 많아요. 그래서 엄마들 사이에 뭐 구매 대행 같은 거 해서 많이 쓰거든요. 근데 사실 검사가 제대로 이루어지는지 이것도 알 수가 없고 그래서 저는 지금 안 쓰고 있어요.

지금은 국내 제품으로 바꿨다는데요. 이뿐만이 아닙니다. 피부에 바르는 화장품 역시 꼼꼼하게 성분과 제조 날짜를 살피는 게 버릇이 돼 버렸습니다. 더불어 후쿠시마 원전 사고 전 제조된 화장품만을 골라 사 두었습니다.

백미영 / 주부

좀 이제 제조된 지가 2010년 12월 2일이거든요. 그리고 화장품의 유통 기한이 미개봉 3년, 개봉 후 1년이라고 제가 이 제품의 유통 기한이 그렇게 알아가지고. 2010년이면 2013년 12월까지는 사용할 수 있을 것 같아서 그냥 좀 넉넉하게 구입을 해 놨어요.

매일같이 쓰던 화장품까지 지금은 버리지도 쓰지도 못하는 신세가 돼 버렸습니다. 이처럼 방사능 공포는 일본산 수입품 전체로 확대되고 있는데요. 정말 걱정할 만한 수준일까요? 제작진이 직접 방사능 측정을 해 봤습니다. 인지도가 높은 일본 맥주와 통풍이 잘 돼 엄마들이 선호하는 일본 기저귀 그리고 화장품을 실험해 봤는데요. 어떤 물건에서도 방사성 물질은 검출되지 않았습니다. 일본산 수입품 중에서 농산물과 가공식품, 식품원료 등은 식약청에서 직접 검사를 하는데요. 수산물과 달리 미량이라도 검출이 되면 무조건 일본으로 다시 보낸다고 합니다.

임무혁 / 식품의약품안전청 식품기준과보건관리학 박사

일본 후쿠시마 원전 사고 이후에는 일본산 식품에서 세슘이나 요오드가 조금이라도 검출이 되면 이 원전에서는 여러 핵종이 나올 수 있기 때문에 오염될 수 있기 때문에 플루토늄, 스트론튬등 다른 13가지 핵종검사를 추가로 요구합니다. 요구를 하게 됩니다. 그래서 정 수입을 하고 싶으면 다른 핵종도 안전하다고 검사 성적을 제출해야 되는데 이런 이유 때문에 이제 다른 핵종의 검사는 부담이 되니까 자진 반송을 하는 경우가 대부분입니다.

즉, 소량이라도 검출되면 아예 유통이 되지 않는 건데요. 불안이 조금은 해소가 되는 것 같습니다. 그런데 수산물은 왜 돌려보낼 수 없는 걸까요?

양정규 / 농림수산식품부 검역정책과 사무관

수산물에서 세슘이 기준치 이하의 미량이 나왔다, 기준치 이하 나왔다 해 가지고 그거를 부르티드 플루토늄 검사해 와라 요구하면 그럼 고거는 회로 횟감으로 못 쓴다, 쓰지 말라는 이야기밖에 안 돼요. 일본산 수산물이 기준치가 넘어간다 하면은 반송을 시키든 폐기를 시키든 뭐 다른 핵종에 대한 어떤 검사 결과를 요구하든 그건 할 수가 있는데, 그것도 아닌 상황에서 또 다른 어떤 무역 장벽을 만드는 거죠.

현실적인 어려움이 있어서 그렇지 정부도 할 만큼은 한다는데요. 그래도 시민들은 아직 믿을 수가 없습니다. 지난해 녹색당은 이런 불만의 목소리를 모아서 정부의 방사능 무대책에 대한 국민 소송을 제기했습니다.

하승수 / 녹색당 사무처장

시민들은 알길 원할 겁니다. 자기가 먹는 뭐 식품에서 방사능 물질이 들어가 있는지 들어가 있다면 어느 정도 농도로 들어가 있는지 시민들은 알고 싶어 할 것 같고요. 시민들이 알고 싶어하는 정보를 알려 주는 것이 사실은 국가가 해야 될 일인 거죠.

시민단체도 스스로 움직이고 있습니다. 30만 명의 최대 생활협동조합인 한살림은 최근 독자적인 방사능 기준치를 만들었습니다. 국가 기준보다 무려 90배 낮은 수치입니다. 이렇게까지 하게 된 이유는 무엇일까요?

조완형 / 한살림 전무이사

국가도 정확한 우리가 기대하는 안전 기준치를 설정해 두질 않고 또 다른 기관이나 전문가들도 정확히 안 돼 있는 거를 우리 스스로 이런 독자적인 기준치를 지키면서 우리 건강과 환경을 지켜 내야 되겠다는 그런 뜻이에요. 이제 얘기하는 거죠.

이곳에서 판매되는 물건에는 방사성 물질 검출 여부는 물론 수치까지 표시돼 있었습니다.

박가영 / 주부

한살림의 자체 기준치가 아무래도 좀 더 믿음이 가죠. 아무래도 검사하는 범위가 국가에서 하는 것보다 더 작기 때문에 여기서 유통되는 상품을 가지고 검사를 하는 거기 때문에 좀 더 믿게 되네요.

누구도 믿을 수 없다. 그래서 스스로 전문가가 된 주부들의 모임도 있습니다.

차일드세이브 / 방사능으로부터 아이들을 지키기 위한 모임

일본에서도 일본 생협에서도 감자를 캤는데 안 팔렸대요. 사람들이 무서우니까 안 사는 거지. 소비를 더 소비가 더 위축되는 거죠. 무서우니까 근데 이거를 데크로 표시를 한 거예요. 그랬더니, 다 품절됐대요.

정기적인 모임을 갖고 방사능에 대한 정보를 서로 공유하고 있는데요. 엄마들은 모임을 갖고 스스로 공부를 하면서 막연했던 방사능에 대한 공포로부터 오히려 자유로워질 수 있었다고 합니다.

최경숙 / 주부

부모라면 내 자식에게 좋은 거, 제일 좋은 것만 주고 싶은데 방사능 물질이라는 게 특히 인공 방사능이라는 게 결코 안전하지 않거든요. 알고 있어요. 안전하지 않다. 안전하지 않지만, 미량이라 안 미량이라 안전하다는 건 모순이죠. 그런데 독인 걸 알면서 아무리 조금 들었다고 해서 그걸 자식에게 주고 싶은 부모는 없어요.

백미영 / 주부

이게 우리 아이들의 문제가 아니더라도 아이들만의 문제가 아니더라도요. 다음 세대는 정말 그렇게 불안하게 살면 안 되잖아요. 막고 싶었어요.

EBS 〈골라듄다큐〉

KBS 뉴스-1

일본 정부가 후쿠시마 오염수 방류 설비의 시운전을 시작했습니다. 우리 수산업계의 심각한 위기가 예상되는데 정작 어민 단체들은 침묵하고 있습니다. 2년 전 방류 결정이 내려졌을 때 대규모 해상 시위까지 벌였던 것과 비교하면 대조적인 모습입니다. 첫 소식 정성호 기자입니다.

지난 2021년 4월 일본이 오염수 해양 방류를 결정하자 남해안 어민들은 대규모 해상 시위에 나섰습니다. 수협을 비롯한 어민 단체들도 참여해 우리 수산업계의 괴멸적 피해를 걱정했습니다.

이윤수 / 경남어류양식협회장(2021년 4월 14일)

중앙정부 차원에서 정말 안전한 어떤 저희들이 해역을 갖다 지킬 수 있도록 앞으로 후손들에게 이런 해역을 갖다 물려줄 수 있는 그런….

박천주 / 통협수협 지도상무(2021년 4월14일)

우리 어업인 및 수여 수사한 단체에서는 어떠한 일이 있어도 이걸 꼭 생계가 달려 있는 문제이기 때문에 막을 수밖에 없는 그런 입장입니다.

나아가 전 세계 수산업을 위협하는 무책임한 행위라고 규탄했습니다. 하지만 강경하게 지속되던 반대 기류는 윤석열 대통령이 통영을 방문한 지난 3월부터 달라지기 시작했습니다. 4월에 예정돼 있던 대규모 규탄 집회는 흐지부지 사라졌고 어민단체들은 침묵하고 있습니다. 일본 정부가 설비 시운전을 마치고 조만간 바다에 오염수를 흘려보낼 기세인데도 방류 결정 당시만 해도 들끓었던 분위기는 오히려 가라앉았습니다.

지욱철 / 통영거제환경운동연합 대표

정부만 바뀌었을 뿐인데 몇 년 전에는 자발적으로 예산을 내서 반대 시위도 하고 했는데, 침묵으로 일관하니까 왜 그런지, 왜 그런 사회 분위기가 됐는지 이해할 수 없습니다.

실제 인체에 미치는 유해성을 떠나 오염수 방류 사실 자체만으로 수산물 소비는 급격히 위축될 수밖에 없다는 지적입니다. 제주연구원이 지난해 내놓은 자료에 따르면 1,000명을 대상으로 한 설문 조사에서 응답자의 83.4%가 오염수가 방류되면 수산물 소비를 줄이겠다고 답했습니다. MBC 뉴스 정성호입니다.

“바다는 더이상 희망 아니에요”

직접 찾아간 후쿠시마 상황. 후쿠시마 제1원전이 자리 잡은 일본 후쿠시마현 후타바 지역 도로에 진입하자 전광판이 방사선량을 알립니다. 원전과 가까워지자 일부 구간 진입이 통제됐고 오랜 시간 사람 손길이 닿지 않은 건물들이 눈에 띕니다. 마치 시간이 멈춘 듯 저마다 사고 흔적을 고스란히 간직하고 있습니다. 이곳은 2011년 사고가 난 후쿠시마 제1원전에서 4킬로미터가량 떨어진 곳. 여전히 원전 인근 지역은 귀환 곤란 구역으로 지정돼 일반인들의 침입이 통제돼 있습니다.

원전 사고로 달라진 건 말 풍경만이 아닙니다. 4대째 조업해 온 어민 오노 하루오 씨. 2011년 당시 쓰나미가 사고 지점으로부터 60여 킬로미터 떨어진 이곳 마을까지 겹치면서 전 재산을 잃었습니다. 날마다 바다에 나가던 그의 일과도 원전 사고 뒤 커질 후쿠시마 수산물에 대한 우려에 송두리째 망가졌습니다. 예전으로 돌아갈 수 있다는 희망으로 약을 먹으며 버텨 온 10년의 세월. 그에게 원전 오염수 방류는 청천벽력 같은 소식입니다.

오노 하루오 / 어민

지금부터 괜찮아지겠다 싶은 시기에 이번에는 오염수를 방류한다고 하니 저희로서는 정말로 무엇을 위해 12년을 열심히 버텨 왔는지 분합니다.가업을 잇는 세 아들과 어민들을 생각하면 덜컥 겁이 날 정도입니다.

우리가 잡은 생선을 아이들이 먹고 싶다고 해서 먹었는데 만에 하나 병에 걸리거나 하면 누가 책임을 집니까? 쌀농사를 짓는 농부는 수확까지 1년이 걸리는데 어부는 오늘 빈털터리라도 내일이 있다고 합니다. 어부는 꿈이 있는 직업이에요. 지금은 없습니다. 내일이 안 보입니다.

원전 오염수가 방류되면 그에게 바다는 더 이상 희망의 장소가 아니라고 말합니다.

KBS 뉴스

오염수 방류 저지 위해 일본 압박하는 중국
일본 후쿠시마 오염수 방류 중국 대응은?

앵커: 지난 4일에 국제기준에 부합한다는 국제원자력기구 IAEA의 최종 보고서가 발표됐는데요. 일본이 이 보고서를 바탕으로 이번 여름 안에 오염수를 바다에 방류하겠다는 입장입니다. 그래서 우리도 우려가 큰 상황인데 중국에서 굉장히 강하게 반대를 하고 있거든요. 태평양은 일본의 하수도가 아니다. 이러면서 강하게 반대를 하고 있는데요. 중국이 어떤 이유를 들어서 이렇게 반대를 하고 또 어떤 방식으로 대응을 하려고 하는지 방류를 저지하려고 하는지 한번 살펴보려고 합니다. 이야기에 앞서서 주제 영상을 먼저 보시겠습니다.

자오리엔 / 중국 외교부 전 대변인

바다는 일본의 '쓰레기통'이 아니며 태평양은 일본의 '하수도'가 아닙니다.

아소다로 / 일본 전 부총리

'태평양이 일본의 하수도냐' 말하는 중국이라는 나라가 있는데 그럼 태평양은 중국의 '하수도'입니까?

종식되지 않는 원전 오염수 안정성 논란

오염수 방류 저지 위해 일본 압박하는 중국

일본 후쿠시마 오염수 방류 중국 대응은?

앵커: 오염수를 방류하겠다고 하는 일본의 중국은 수산물 수입을 규제하겠다는 조치에 맞서고 있는데 정확하게 어떤 식으로 규제를 하겠다고 발표를 한 것입니까?

기자: 네, 그 중국의 세관 당국이 그 일본산 수입 수산물에 대해서 검사를 할 때 방사성 물질을 검사할 때 이전에는 표본 검사를 했거든요. 예, 일부만 이제 검사를 했는데 이번에는 전수 감사로 바뀌었습니다. 그러다 보니까 시간이 많이 걸려서 일본산 냉장 수산물은 세관을 통과하는데 2주가량 소요가 되고요. 냉동 수산물도 한 달 정도 소요가 됩니다. 수산물이 신선도가 생명이잖아요. 이렇게 길어지면 신선도도 떨어지고 상품성도 떨어지기 때문에 사실상 수입 규제라는 해석이 나옵니다.

앵커: 네, 실제로 중국 시장의 풍경도 많이 달라졌다고 하는데요 중국 상인들의 목소리를 직접 한번 들어 보시죠?

시장 / 상인

(일본산 수산물 있나요?)

일본 조개가 어디 있어요? 지금은 일본 수산물을 들여오지 못하게 하잖아요.

중국 수산물 상인

(이제 일본산 수산물을 수입하지 말라는 겁니까?)

명확한 규정도 없어요. 우리 국산 수산물도 많으니까….

앵커: 실제로 중국 시장에서는 일본산 수산물을 찾아보기가 어려워진 모양이네요.

기자: 네, 보신 영상이 이제 베이징 최대 있는 수입 수산 시장인데요. 노량진 수산시장과 비교하면 두 배 가까이 큰 시장입니다. 네, 여기서 일본산 수산물이 거의 사라졌다고 하고요. 원래는 일본산 수산물이 빠르면 이틀 안에도 도착할 정도였는데 지금은 냉장 기준으로 빨라도 2주, 길게는 한 달 가까이 늦게 도착한다고 하니까요. 사실상 수입이 어려워진 셈입니다.

앵커: 일본의 수산물 시장이 중국인 걸로 저도 알고 있는데 만약 이렇게 사실상 수입 금지 조치가 이루어진다면 일본의 이 어민들 입장도 상당히 반발이 있겠네요.

기자: 당연히 달갑지 않은 상황인데요. 일본 농림수산성 집계를 보면 지난해 일반산 수산물의 총수출액 중에 한 22% 정도 우리 돈으로 하면 중국**(수출액 한화로 약 7천 900억 원)** 정도를 중국이 차지하고 있습니다. 중국은 일본산 수당들이 최대 수입국이기 때문에 수익 규제를 하는 일본 어민들이 당연히 큰 타격을 받을 수밖에 없게 되는데요. 이 때문에 반발도 클 수밖에 없습니다. 그래서 후쿠시마 방류에 대해서 어민들은 또 어떤 입장인지 인터뷰를 직접 보시겠습니다.

데라자와 / 미아기현 어업 협동조합장

처리수(**오염수**)에 관해선 안전. 안심이라고는 알려져 있지만 풍평(**소문 피해**)은 일어나고 있습니다. 대책을 마련하지 못하면 우리로서는 결코 그런 방류를 용납할 수 없습니다.

시카모토 / 일본 전국어업협동조합 연합회장

방류 여부는 결정하겠지만 모든 책임을 져야 한다고 의견을 전달했습니다. 아무래도 이제 어민들은 '오염수를 둘러싼 여러 가지 소문들로 인해 피해를 받고 있는 입장이다, 용납할 수 없다.' 이런 입장이네요.

기자: 일본 정부 관계자들이 계속해서 어업인들을 설득하고 있지만 어민들 반응이 좀 싸늘합니다. 그래서 29일에는 일본의 경제산업상 이 직접 어민들을 만났는데 어민들을 만나서 한 말이 손님에 따른 피해도 정부가 지원하겠다는 입장을 밝혔습니다.

어민들이 중국이나 홍콩에 일본산 수입규제로 이미 가격이 하락하는 피해를 보니까 여기에 피해에 대비해서 3억 엔, 우리 돈으로 하면 1억~2억 7000억 원의 기금이나 배상 등 조치를 하겠다. 이런 입장까지 내놨습니다. 사실상 대내외적인 반발에도 불구하고 일본 정부의 입장은 변화가 없다고 이해를 하면 되겠네요. 네, 맞아요. 그래서 일본 해상 방출은 IAEA가 제시한 보고서의 결론을 토대로 국제적인 기준이나 국제적인 관행에 따라 하는 것이라는 입장인데요. 한마디로 이 보고서 결론을 과학적인 사실이라는 점을 강조를 하면서 이를 토대로 국제사회의 설명을 해 나갈 것이라는 입장입니다. 기시다 총리도 직접 나섰는데요. 중국 측에는 과학적인 근거에 입장을 입각해서 논의를 해 나가자. 이렇게 강력히 요구를 했다고 합니다. 이건 좀 반대로 보면은 오염수 방류에 반대하는 중국 측 주장이 과학적이지 않다고 말하는 것으로도 해석이 가능하죠.

앵커: 중국 측 주장이 과학적이지 않다는 일본의 이야기도 중국은 중국은 어떻게 반박하고 있나요?

기자: 중국은 이 문제가 과학 문제이기도 하지만 태도의 문제이기도 하다. 이런 입장을 밝히고 있는데요. 그리고 또 IAEA 보고서가 해양 방류의 패스를 사용돼서는 안 된다. 이런 입장을 밝히고 있습니다.

그리고 중국 이관용 언론 신화사통신이 일본 정부가 제기하는 네 가지 의문을 요약해서 이제 발표를 했는데요. 여기에는 중국이 반대하는 이유가 무엇인지가 명확하게 드러납니다. 아시겠지만 신화사통신은 중국 정부의 입장 그리고 통제하에 하기 때문에 중국의 공식 입장을 반영하는 것이라고 볼 수 있습니다.

앵커: 이 매체에서 일본 정부가 제기하는 4가지 의문에 대해서 정리가 되어 있었다고 하는데요. 4가지 그 의문점을 짚어 주시죠?

기자: 일단 신화사통신에서 제기한 첫 번째 의문을 보면 마실 수 있다고 하는 일본 정부의 처리수, 정말 안전한가. 이것이 첫 번째입니다. 그러니까 중국은 도쿄전력의 자료를 인용해서 오염수 에는 표준치를 초과하는 삼중수소 농도를 포함해서 60종 이상의 방사성 물질이 포함되어 있는데 그중 70% 이상이 표준치를 초과한다. 또 일부 핵종은 현재 효과적인 정화 처리 기술이 없기 때문에 처리수의 분출은 여전히 오염수다. 이렇게 주장을 하고 있습니다.

일본이 후쿠시마 원전을 30년에서 40년 정도에 걸쳐서 해체할 계획인데 이 해체 기간 동안 오염수는 하루에 150톤에서 170톤 정도를 방출할 예정이라고 해요. 그런데 이 일부 방사성 물질은 반감기가 수백 년에서 수천 년에 이르기 때문에 이렇게 방출하는 동안 해양생물의 몸에 축적이 되거나 해저에 정착을 해서 다양한 경로로 또 생태계를 파괴할 수 있다. 이렇게 주장을 하고 있습니다.

또 모니터링에 사용한 어종 숫자가 굉장히 작기 때문에 반감기까지 체크하기가 어렵다. 믿을 수가 없다는 입장입니다. 이제 중국에서 가장 많이 사용하는 인용하는 정보가 있는데요. 독일 연구소가 방류하면 방류를 시작하면 57일 내에 태평양 대부분에서 방사선 물질이 확산된다. 이런 결과를 대단히 중국에서는 많이 인용하면서 증거로 내놓고 있습니다.

앵커: 신화통신사에서 제기한 두 번째 의무는 어떤 내용일까요.

기자: 네, 그 불상사가 계속되고 있는 도쿄 전력을 믿을 수 있느냐. 이것이 두 번째 의문점인데요. 후쿠시마 원전 오염수 처리는 도쿄전력이 낫잖아요. 도쿄전력 이전에 신뢰할 수 없는 행동을 많이 했기 때문에 믿을 수가 없다. 이런 입장입니다. 원전의 안전 운영 면에서도 좋지 않은 기록들이 많고 정보를 은닉하거나 허위 보고를 하는 조작 전과가 있기 때문에 신뢰성과 투명성을 믿을 수가 없다. 이런 주장입니다. 이와 관련해서 도쿄전력이 어떤 회사인지 최근 KBS 〈추적 60분〉에 방송된 전 도쿄전력의 직원 인터뷰가 있는데요. 영상을 한번 보실까요?

이치이 다다후미 / 전 도쿄전력 직원(사고 당시 본사 근무)

'후쿠시마 제1원전이 위험하다.' 이런 식으로 사고 당일 저녁부터 이야기가 들려왔습니다. 당시 보도는 되지 않은 상태였습니다. 정보를 알고 있는 관계자는 도망쳤고 주민들은 아무것도 몰랐습니다.

기무라 도시오 / 전 도쿄전력 직원(사고 당시 본사 근무)

문제를 숨기는 건 일상다반사입니다. 예를 들어 핵 연료봉을 교체할 때, 크레인으로 옮기다 떨어져서 부서졌다거나 그런 일도 꽤 많았는데 그런 건 전부 숨겼습니다. 은폐는 도쿄전력에게 어떤 의미냐 하면 뭐랄까, 특기랄까.

앵커: 어, 상당한 내부 정보를 인터뷰를 통해서 〈추적 60분〉에서 가져왔는데 한마디로 중국은 이런 인터뷰를 근거로 했을 때 도쿄전력에 이런 여러 가지 과학적인 수치에 근거를 했다는 말을 믿을 수 없다고 이해를 해야겠네요.

기자: 네, 맞습니다. 신화사통신은 2011년에도 동일본 대지진이 발생했을 때 원전 사고 처리 과정에서 보면 문제점이 굉장히 많이 드러났기 때문에 이 점을 지적하면서 지금까지 부정행위를 봤을 때 도쿄전력의 주도하고 있는 오염수 방류 계획을 어떻게 신뢰하고 안심할 수 있겠느냐. 이런 주장을 펼치고 있습니다.

앵커: 도쿄전력에 대한 신뢰성 문제까지 살펴봤고요. 세 번째 의문점은 어디에 있을까요.

기자: 그 일본 정부가 태도를 바꿨다는 점에 의문을 표하고 있는데요. 원래는 오염수를 버리지 않겠다고 했다가 나중에 바꾼 이유가 무엇이냐. 이런 점을 집중 파고들고 있습니다. 2015년에 일본 정부와 도쿄전력이 후쿠시마 수협 연합의 관계자들이 이해 없이는 어떤 조치도 취하지 않겠다. 이러면서 서면으로는 약속을 했었거든요. 근데 2년 뒤에 2017년에 도쿄전력이 후쿠시마 원전의 부지가 제한돼 있기 때문에 많은 수량의 탱크를 건설할 수가 없다. 그렇기 때문에 방사성 오염수를 여과 정

화해서 바다로 희석해야 된다고 말을 바꿨다고 주장을 하고 있습니다. 마지막 문제 제기는 일본이 국제법을 왜 거절, 무시하냐 이런 정도 좀 지적을 하고 있는데요. 많은 싱크탱크와 전문가들이 후쿠시마 오염수 방류 결정이 국제 협약을 위반한 것이다. 이런 주장입니다.

앵커: 정확한 국제협약은 어떻게 규정을 하고 있나요?

기자: 네, 호주의 노이국제정책연구소의 분석을 보면 유엔해양법협약 그리고 런던협약 · 의정서라는 이 국제협약에서 해상 폐기물 투기를 명확히 규제하고 또 금지하고 있습니다. 이 중에서 특히 유엔해양법협약 제217조를 보면 각국 당국의 허가 없이는 투기해서는 안 된다는 것을 보장해야 된다. 이렇게 명시를 하고 있는데요. 유엔해양법 제210조. 국가들은 폐기물 투기에 의한 해양오염을 방지, 경감, 통제하기 위한 법령을 만들어야 하고 또한 책임 있는 당국의 사전 허가제를 포함시켜야 한다. 일본이 사전에 그 주변에 있는 연안 국의 허가를 받지 않고 오염수 방류를 결정한 것은 바로 이 협약을 위반한 것이라고 미국 중국이 이제 문제를 제기하고 있습니다.

앵커: 그러면 실제로 일본의 연안국들은 오염수 방류에 대해서 어떤 입장인가요?

기자: 예, 예민하게 반응하는 국가들이 있습니다. 중국과 의견을 같이 하고 있는 홍콩에서도 이 오염수 문제에 적극적으로 반대를 하고 있는데 중국과 마찬가지로 일본산 수산물에 대해서 검역을 강화하고 있고 채소에 대한 검역도 했다고 합니다. 또 태평양 섬나라들을 가입한 태평양 도서국 포럼은요. 사무총장 헨리 푸나 사무총장이 지난달에 성명을 냈는데 우리가 일본의 방류 계획을 방류 계획으로부터 얻는 것도 없고 몇 세대 걸쳐서 위험을 안고 있다면서 반대입 장을 분명히 밝혔습니다.

헨리 푸나 / 태평양도서국포럼(PIF) 사무총장

우리가 일본의 방류 계획으로부터 얻는 것은 없고 몇 세대에 걸쳐 위험을 안고 있다.

앵커: 그런데 포럼에 17개 섬나라들이 속해 있거든요? 이 나라들 사이에서도 경제력이라든지 일본과의 관계들이 다 차이가 나기 때문에 의견이 서로 엇갈린 것으로 알고 있습니다. 태평양 도서국 내에서도 오염수 방류에 대해 찬반 나뉘어 실제로 현재 중국은 섬나라들 포함해서 다른 나라들의 뜻을 모아서 이렇게 일본의 오염수 범위를 압박하는 모양새를 취하기 시작했더라고요.

기자: 맞습니다. 외교전, 외교를 상당히 공을 들이고 있는데요. 이렇게 실제로 태평양 섬나라 방류 반대에 동참할 것을 실제로 요청한다는 보도도 있었습니다. 28일에 일본의 《산케이신문》 보도를 보니까요 피지에 있는 중국 대사가 지난달 현지의 언론과 학자들이 참석한 모임에서 태평양은 일본의 하수도가 아니라면서 정부와 언론이 목소리를 높여서 안전을 위협하는 행위에 No라고 반대해야 된다. 이렇게 말을 했습니다. 동참을 좀 요구한 거죠.

이달 중순에 인도네시아에서 아세안 관련 장관회의가 열렸는데 여기서는 당시 친당 당시 외교부장 대신 갔던 왕위 정치국 위원이 오염수 방류 반대를 굉장히 크게 주장을 했습니다. 아세안 플러스 한일중 이제 삼국 회의가 열렸는데 다자회의인데도 불구하고 왕위 위원이 현재 부장이 굉장히 강하게 이제 후쿠시마 방류를 반대의 입장을 밝혔어요. 근데 이게 비공개회의였거든요. 그래서 이제 공개가 되지 않았는데 일본 외무성이 그런데 회의 이후에 왕위부장이 이렇게 이렇게 주장을 했지만 일본은 그렇게 생각하지 않는다. 이것은 과학적이지 않다면서 반박을 하면서 이 사실이 공개되기도 했습니다. 이후에 중일 회담도 열렸는데 여러 이야기를 했지만 후쿠시마에 대해서는 의견을 강하게 드러냈습니다. 그러니까 중국이 저도 여기에 회의에 갔었는데 중국은 여기서는 아세안 지역 ARF를 의정 성명에 반대를 넣고 싶어 했는데 사실은 결과적으로는 좀 실패를 했습니다. 아세안 국가들 사이에서도 좀 의견이 다르기 때문에 그래서 최종적으로는 성사가 되지는 못했습니다.

아무래도 중국에 이렇게 반발을 하는 상황에서 오염수 방류로 강행하는 것도 일본한테는 부담일 거잖아요. 중국과 논의 테이블에 앉으려고 노력을 할 것 같은데요. 일본은 오염수 문제와 관련해서 중국의 전문가나 실무자가 참여하는 논의를 하자. 이렇게 제안을 했는데요. 중국은 일단 좀 반대하는 입장인 것 같습니다. 《환구시보》 사설에 그런 입장들이 드러나는데 방류하기 전에 의미 있는 협상이 이루어져야 하는데 일본이 반대에도 불구하고 충분한 협의를 하지 않았다. 그래서 진정 협상할 의지가 있다면 방류 계획을 먼저 중단하고 주변국들과 오염수에 대한 독립적인 분석을 할 수 있게 돼야 한다. 이렇게 주장을 하고 있습니다. 그러니까 일본의 쇼에는 협력하지 않겠다는 입장입니다.

앵커: 일본이 방류 계획을 중단하지 않는 한 중국도 물러서지 않겠다는 이야긴데요. 하지만 그래도 불구하고 만약에 일본이 계획대로 오염수 방류 절차에 들어가게 된다면 일본과 중국, 중국과 일본의 외교적인 관계에도 영향을 끼칠 수밖에 없겠죠.

기자: 네, 사실은 지금도 중국 관계가 좋지는 않잖아요. 더 악화될 가능성은 높아 보이는데요. 그동안 미국이 중국을 견제하면서 일본을 비롯해서 동맹국들을 좀 끌어당겨서 연합 전선을 좀 구축을 했잖아요. 그

런 게 이제 여기서 오염수 방류 문제까지 더해지면서 중일 관계가 더 악화될 수 있을 것으로 보입니다. 그래서 최근에 중국 학자들이 나보도에서 신문들 언론에서 굉장히 강하게 관련된 대응 조치들을 얘기들을 하고 있는데 이것들을 보면 좀 중국에서 주장을 하는 것은 핵 오염수, 오염수 관련해서 일본이 정치적 거래를 하고 있는데 이 정치적 거래에 동참하는 나라들은 인류의 공동의 이익에 대해 배신한 국가다. 이렇게 규정을 하면서 미국을 간접적으로 언급하고 있거든요. 오염수 문제를 바탕으로 일본을 일본에 대해서 반박을 하면서 일본과 같이 동의하는 것으로 보이는 미국도 함께 겨냥하는 것으로 보입니다. 그러면서 내부 정치적으로 보면 일본에 대한 반감을 부각시키면서 내부적인 결속을 만들고 단결을 하고 민족주의를 일으키려는 움직임들도 보이고 있습니다.

앵커: 중국이 이렇게 강경하게 반대를 하고 있고 국제 사회 우려도 제기되고 있기도 하지만 일본은 여전히 오염수 방류를 강행하겠다. 이런 입장인 거죠?

기자: 네, 맞아요. 일본이 8월 말 정도 방류를 할 것으로 보이는 어떤 합리적인 분석들이 나오고 있는데요. 왜 8월 말이냐를 보면 국내적인 어떤 정치 일정, 국제적인 정치 일정과도 좀 연관이 돼 있습니다. 기시다 총리가 다음 달 중순에 한미일 정상회담을 워싱턴 미국에서 갖잖아요. 9월 초에는 아세안 정상회의가있고 G20 회의도 외교 일정들이 굉장히 잇따라 있거든요. 그러면은 외교 일정이 없는 기간이 8월 말이나 9월 초 사이가 될 것으로 보인다. 이르면 8월 말이 방류 시점으로 예측이 되고 있는 이유이기도 합니다. 기시다 총리는 빠른 시일 내에 방류에 반대하고 있는 어민들을 만나서 설득할 예정인데요. 이것 역시 방류로 가는 단계에서 나오는 어떤 과정으로 보입니다.

불안 심리로 수산물 소비가 줄어드니까 이런 피해를 일본 정부가 지원하겠다는 방침도 밝히고 있는데요. 방류를 하려면 국제사회의 동의도 얻어야 되잖아요. 그래서 국제사회를 실득하기 위해서도 동분서주하고 있습니다. 지난 25일 일본 외무성이 오염수 관련한 이제 영문으로 안전성 관련 동영상을 올리니까 기시다 총리가 리트윗을 하면서 다시 SNS 여론전에 나서는 듯한 분위기도 보이고 있습니다. 우리나라에서도 과학자들 사이에서도 안전하다. 불안한것도 사실이다. 설왕설래 오가고 있는데 중국에서는 어쨌거나 수산물에 대한 수입 금지 조치로 대응을 했습니다.

앵커: 그렇다면은 수입 규제 외에도 중국이 또 다른 카드를 꺼내서 압박을 할 가능성은 있을까요.

기자: 여러 가능성이 나오고 있는데요. 지금 현재로 보면 수산물뿐만 아니라 쌀이나 가공식품에 대해서도 직접적인 연관이 상대적으로 적은 식품에 대해서도 이런 조사를 꼼꼼히 하고 있습니다. 그러면서 이제 통관이 좀 늦어지는 결과가 나타나고 있는데 그러다 보니까 이것에 대해서 일본 정부는 강하게 항의를 하면서 이것에 대해서 조사를 하고 있는 것으로 알려졌거든요. 근데 중국 내부에서 굉장히 학자들이라든지 학술회의, 언론적으로 봤을 때도 후쿠시마 오염수 문제에 어떻게 대응해야 하느냐 하는 여러 의견들이 나오고 있는데 다수의 의견은 아니지만 소수의 의견으로는 우리가 더 강한 조치를 취해야 된다 하면서 일본이 정말 아플 만한 곳을 때려야 된다고 나오는 이야기가 자동차나 반도체 부품, 소재에 대한 얘기들도 나옵니다. 그러니까 일본이 가장 아플 만한 그쪽 소재나 아니면 자동차에 대한 부재를 좀 높여야 한다는 얘기도 나오고요. 내일부터 갈륨과 게르마륨는 중국 수출 통제를 하잖아요 그래서

이거 관련해서 소재에 통제를 또 높일, 배제할 가능성은 없을 것 같습니다. 고맙습니다. 감사합니다.

오염수 방류에 화난 중국, 일본산 수산물 금지
KBS 230731 방송
후쿠시마 오염수 방류, 앞으로 우리는 무엇을 할 것인가?

과학을 믿어야 할까요, 말아야 할까요?

진희관(교수, 진행자): 후쿠시마 오염수 방류, 앞으로 우리는 어떻게 해야 되나. 굉장히 중요한 문제 아니겠습니까? 특히 여러 바다를 끼고 있는 우리나라 지역들도 지금 걱정이 많고 뿐만 아니라 뭐 모든 국민들이 다 걱정이 많습니다. 여러 우려 속에 지금 방류가 되는 것 아니냐. 이제 방류는 이미 결정된 것이라고 보는 게 맞지 않냐 싶은데요. 지금 일본은 아마 8월 말쯤 방류를 하지 않을 이렇게 보고 있습니다. 물론 일본 내부에서도 반대 여론이 많이 있는 걸로 알고 있는데, 이걸 어떻게 봐야 될까요? 김영호 교수님, 여기 관련된 뭐 문서도 있고 그렇다 말씀들었습니다

김영호(교수): 사실은 이제 오염수가 계속 나오고 있기 때문에 오염수를 어떻게 처리할까 요런 부분에 대해서 조금 고민들을 좀 해 왔던 것 같은데요. 이게 이제 저장 탱크에 저장을 하는 걸로 이미 결정이 났고 근데 문제는 이제 저장 탱크가 이미 한계에 와 있기 때문에 그 한계에 도달한 요 시점에서 방류를 좀 피하기는 좀 어렵지 않을까 하는 생각은 듭니다. 근데 일본 정부 입장에서도 사실 난감한 게 어민들의 좀 반발이 좀 큰 걸로 알고 있구요. 그래서 어민들하고 2015년인가요? 그때 문서로 약속한 게 있습니다. 이 어민들의 어업연합인가요? 어업연합과의 어떤 협의

없이는 그런 방류를 하지 않겠다고 문서로 약속한 게 있기 때문에 그런 부분 때문에 좀 방류를 늦추고 있는 거 같긴 한데 오염수가 좀 생성되는 게 조금 줄어들어서 조금 한계치에 다다랐지만, 조금 여유가 있는 것 같긴 한데 방류를 피하기는 좀 어렵지 않을까? 그런 생각을 좀 해요.

진희관: 김해창 교수님, 그러니까 막을 방법은 없습니까? 아니면 그대로 지켜봐야 되는 건가요? 아니면 뭐 안심해도 되는 건지. 아직 이렇습니까?

김해창(교수): 그 일단 일본이 2년 전에 일단 올해 정도의 봄 또는 여름에 방류하겠다고 이야기를 했고 그때 IAEA 이런 걸 우리가 국제적인 어떤 안정 기준이 되느냐고 요청을 했고 2차, 3차 시료가 안 나왔지만 여름에 요청한 데 맞춰서 약간 맞춤형으로 지난번에 IAEA에게 그로시 총장이 일본의 총리한테 사실상 뭐 보고하러 간 거지요. 그런데 이제 문제는 원래 당초 같으면 올여름 되면 거의 거의 90% 다 차야 되는데 그게 전 방금 우리 김 교수님 말씀하셨듯이 비가 적게 오고 또 그다음에 철저하게 줄여야 되는 관리를 함으로써 지금 내년 2월에서 6월까지 그러니까 적어도 최소 6에서 길게는 한 1년 가까이 조금 여유가 있단 말이죠.

그래서 지금 일본에서는 또 이런 것도 후쿠시마현의 이와키 시장 같은 경우는 해수욕 좀 다 하고 8월 말, 9월 정도에 보냈으면 이런 일본에서 욕구도 있고 주민들이 반대하는 것 중에 가장 큰 것이 2015년에 약속을 한 것은 그전에 2011년에는 할 수 없이 원전 사고로 의해서 뭐 오염수가 아니라 그냥 모든 게 바다로 나갔다면 이제 2013년도에 그때부터는 이제 알프스 처리를 아주 초기 단계를 했거든요. 그런데 그때 일부러 비밀 방류를 했어요. 그것이 언론에 났고 그것이 잡혀서 2015년에 어민들에게 앞으로 어민들 동의를 받지 않는 한 해양 방출이든 어떤 형태든지 받아야 내지 않겠다. 그리 큰 약속을 한 겁니다. 문서로 약속을 한 것입니다.

김희관: 어민들은 반대하고 있죠?

김해창: 당연히 반대하고 있죠. 그렇게 되면 일본 수산업은 우리보다 훨씬 타격을 많이 받지요. 일본 회를 누가 먹겠습니까? 스시를 그랬는데도 이제 볼 때 일본 정부가 지금 결정하는 것은 단순하게 그 수산업 정도 문제가 아니라 원전이라든가 일본이 지금 여기에 방류하지 않으면 자기들이 원전 어떤 전체적인 어떤 일에 지장을 초래하기 때문에 선결과제로 다른 방법이 몇 개 있을 수 있는데, 거기에 대한 조언을 듣지 않고 일단 해양 방류부터 해 보자 하는 것이 지금 가기 때문에 나를 딱 특정 잡지도 못하죠. 예를 들어서, 떳떳하다면 우리는 8월 일부터 또는 9월 1일부터 내겠다든지 뭐 이런 것이 있어야 되는데 지금 눈치 보면서 하고 그중에 하나가 IAEA의 면죄부를 조금 받은 것같이 그것만 이야기를 하고 있는 것이죠.

진희관: 자네, 근데 국제원자력기구 IAEA의 본연의 역할이 있지 않습니까? 이게 해양 방류를 해도 되는지 안 되는지를 과연 아이의 이해가 판단할 그런 위치에 있는가 이런 생각도 들고요. 진 교수님, 그 국제사회라든가 이런 일본의 방류에 대해서 방류 주체는 물론 일본이겠지만, 이거를 국제사회가 과연 용인할 수 있는 문제인지 또 간섭을 할 수 있는 문제인지 어떻게 봐야 될까요?

진시원(교수): 이게 뭐 방류가 이미 결정이 저는 낮다고 봅니다. 일본 정부가 방류를 결정하고 지금까지 끌어온 것이잖아요. 저는 이제 정치학자니까 정치적으로 본다면 국내 정치나 국제정치 영역으로 좀 분류해서 볼 수 있을 텐데 국제정치 영역으로 본다면은 일단 뭐 국제적인 기구란 말이죠. 왜 공신력 있는 기구 IAEA를 끌고 들어왔고 거기서 뭐 문제가 없다는 얘기가 났고 게다가 이제 주변국들의 문제란 말이죠. 이해관계국들인데 이게 뭐 해류가 돌아나가는 방향에서 가장 먼저 영향력을 받게 되는 북미 국가들, 미국이나 캐나다는 이거 뭐 문제가 안 된다는 입장이고, 그다음에 동남아시아 국가들, 뭐 나중에 들어오겠지만, 동남아시아 국가들도 그렇게 지금 상황에서는 크게 문제를 삼고 있지 않는 상황인 것 같고, 그러면은 지금 문제를 삼고 있는 쪽은 중국하고 우리 대한민국 국민들 그다음에 태평양에 있는 섬나라 이 정도인데 이런 국제정치적인 측면에서 본다면 일본은 이미 방류를 하기 위한 근거를 마련을 한 것이죠. 일본 국내 정치적으로 볼 때는 정치권과 일반 국민들은 상당 부분이 지금 방류 쪽에 이미 마음이 가 있는 것 같고, 정부는 뭐 완전히 뭐 방류하겠다고 결정을 한 것 같고, 일본 정부는 여기까지 일을 벌여 온 것이고. 문제가 있다면 이제 뭐 김해창 교수님도 말씀하셨지만, 일본 수산업계 어민들과의 이 약속을 해 놓은 문제, 이 부분이 이제 남아 있는 것이죠.

그래서 일본 정부는 투랩의 게임을 해야 돼요. 국제정치, 국내정치 두 가지 레벨 게임을 해야 되는데 국제정치 쪽에서는 이미 방류를 해도 되는 상황으로까지 간 거 아니냐. 지금 상황에서는 그렇지만 국내적인 영역에서는 이 수산업 계통의 지지를 어떻게 끌어낼 것인가. 이 문제가 좀 남아 있지 않겠나. 정치적으로만 본다면 이런 판단을 할 수 있겠다고.

진희관: 김해창 교수님 유튜브 영상을 보면 시청자 여러분들도 많이 한번 꼭 좀 들어가 보시면 좋을 것 같은데, 국제원자력기구가 시료를 분석을 완료하지 않은 상태, 즉 1차, 2차, 3차 실효가 있는데, 1차 시료만 가지고 지금 2, 3차 실효 분석도 끝나지 않았는데 안전성을 보고서를 냈단 말이에요. 그 과정에 대해서 한번 좀 더 설명해 주시겠습니까?

김해창: IAEA는 뭐 시료의 문제가 아니라 일본이 주는 시료 중심인데 2년 전에 벌써 일본이 방류하겠다고 의혹, 거의 할 때 해도 된다고 미

리 이야기했고 그것은 왜냐하면, IAEA 자체가 이 핵 사찰 정도 핵무기를 미,소, 미국이 중심으로 관리하는 그런 기구이고요. UN 산하기구 중에서도 이것은 산하기구가 아니에요. 원전을 하는 업계나 이쪽이 중심이 돼서 만든 자치기구예요. 조금 성격이 다릅니다. 그렇기 때문에 먼저 그 보고서가 최종 보고서가 나왔습니다만 자기들이 한 그렇게 이야기를 해 놓고, 여기에 대해서는 우리가 직접 책임이 없다고를 제일 앞에 밝히고 있고 그리고 알프스 성능에 대해서도 그것을 제대로 자기들이 어떤 볼 권한이 있다든가 이렇게 생각을 하지 않는다고 이야기를 했어요. 다 일본이 충분하게 국제적인 어떤 안정 기준에 낸다고 이야기하고 우리가 가서 보니까, 그렇게 하고 있는 것 같아 정도의 이야기를 했고 그다음 정당화 원칙이라고 하는 게 일본이 이런 어떤 오염수를 해양 배출을 할 때 거기에서 얻는 이익과 그다음에 국내 수산업보다 중국, 한국 이런 어떤 주변의 나라의 어떤 해양에 입히는 피해에 대한 어떤 피해 조사라든가 이걸 형량을 해야 되는데 그런 것 자체를 할 수 있는 기구가 아니에요.

엄밀하게 이야기하면, 예를 들면, 세계보건기구 WHO 같은 데서 예를 들어서, 건강 문제를 이야기하면 되는데 원전에 관한 한 원전관리기구인데 원전 안전을 이제 중요시하지 안전하지 않으면 원전을 더 할 수 없다는 그런 정도에서 하기 때문에 제가 볼 때는 그리고 전 세계적으로 WHO가 방사능 문제는 IAEA가 우리한테만 맡겨 달라 해서 그걸 터치를 하고 있지 않습니다. 그런 문제가 있어요. 세계보건기구가 방사능 문제에 대해서 발언을 제대로 할 수가 없어요.

방사능 문제는 IAEA가 우리가 하는 걸로 그리고는 세계 뭐 방사능 협회라든가 보호의 뼈 이런 데가 있어서 대부분 우호적인 단체가 많습니다. 그래서 저는 이런 식으로 조금 비유를 하자면 우리가 국제 스포츠 경기할 때

부당한 심판이 있지 않습니까? 그러면 제가 보면 분명히 지난번에 중국 같은 경우에 분명히 이것은 아웃인데도 세입이라고 선언하고 이러면은 축구할 때도 축구도 그렇고 그렇게 했어요. 그렇게 그런 것이 있을 때 우리는 심판이지만 사람 편파적이라고 이야기할 수 있고 결론적으로 좀 심한 경우에 교통사고가 나서 또 경찰이 왔는데 경찰이 가해자의 친인척이 되고, 겉으로는 드러나지 않지만 속으로는 그런 정도 관계라면 우리는 불신을 해야 되고 재판부도 기피 신청을 할 수 있는 게 있잖아요. 일본이 나중에 이야기를 더 드릴 수 있습니다만 일본 정부나 일본 도쿄전력은 많은 걸 속여 왔습니다.

그것은 전부 기사로도 나와 있기 때문에 우리가 커닝을 하나 했다면, 과목 점수가 문제가 아니라 그런 논문을 표준했다면은 논문만의 문제가 아니라 사람의 인격이라든가 전체적으로 문제를 삼아야 되는 거죠. 신뢰할 수 없는 부분이 많다. 이 정도로 이야기를 했습니다.

진희관: 또 궁금한데요. 일본 정부하고 도쿄전력하고의 관계가 있지 않잖습니까? 도쿄전력은 하나의 사기업이라고 볼 수 있는 건데 지금 일본하고 도쿄전력을 우리가 구분하지 않고 얘기하는 부분도.

김해창: 아닙니다. 일본 정부가 원래는 우리나라같이 한수원이 한국전력에서 원래 하다가 한수원이라든가 화력발전이 나누어졌듯이 일본에는 원래 처음에는 정부에서 하던 것이 민영화되면서 8개로 전력 회사가 나뉘어 있는데, 그중에 이제 도쿄전력 같은 경우는 이제 사기업화가 되었지만은 사실은 국영기업, 사실상 한수원과 같은 비슷한 거지만 우리보다는 훨씬 민간 영역으로 되어 있다고 볼 수 있죠.

진희관: 아무튼 이 국제원자력기구의 보고서를 보면서 상당히 제한적이다는 생각이 많이 드는데도 이게 마치 공신력 있는 것처럼 그렇게 알

려지고 있는데, 물론 걱정은 많이 됩니다만 또 과학적으로 따지고 보면은 이 방류되는 게 그렇게 심각하게 영향을 안 미칠 수도 있다. 뭐 이런 주장들도 많이 있잖습니까? 그건 어떤 근거에서 그런 얘기가 나올까요?

김영호: 그게 이제 우리가 사실은 방사능에 전혀 노출이 안 되고 살면 좋겠는데 사실은 노출이 되면서 살고 있거든요. 그래서 그런 측면에서 우리가 얼마만큼 노출이 되어 있고, 그다음에 이제 후쿠시마 원전에서 방사능 물질이 방출되었을 때 그게 우리한테 얼마만큼 영향을 줄 건가. 고런 부분을 이제 따져 봐야 되거든요. 고런 부분을 따져 봤을 때 그러니까 들어온다 안 들어온다 이런 측면도 사실 중요하긴 하지만 들어오면 얼마가 들어올 건가. 요게 이제 사실은 좀 중요한 부분입니다. 사실은 2011년도에 딱 터졌을 때 제일 문제가 됐던 게 이제 우리나라에 7개월 만에 들어온다, 9개월 만에 들어온다, 요게 굉장히 큰 이슈였거든요. 근데 들어온다는 양 자체가 얼마였냐면 0.0000001 100킬로퍼 / 큐빅미터였어요. 근데 지금 현재 우리의 우리 앞바다에 이미 세슘이라는 방사능 물질이 한 1에서 2정도 이미 존재를 하고 있거든요.

근데 거기에 한 1000만 분의 일, 한 100만 분의 일, 1000만 분의 일, 1000만 분의 일 정도는 고 정도 되는 양이 들어오는 거를 과연 들어온다고 해야 될지 안 들어오지 않는다고 해야 될지 그러니까 그게 우리나라에 영향을 우리 인체에 영향을 준다고 해야 될지 고런 부분에 대해서 상당히 생각은 안 하고 그냥 수치 모델에서 나온다는 그런 사실 때문에 동영상이 사실 컬러로 표시가 되거든요. 멋있게 표시가 되는데 그런 부분 때문에 국민들께서 9개월 만에 들어오는데 이거 큰일 난 거 아니냐. 이렇게 이제 많이 걱정을 많이 하셨거든요.

그런데 문제는 우리가 이미 방사능 물질에 노출이 되어 있었고, 이미 미국이라든가 구소련에서 핵 실험들을 바다에서 많이 했단 말입니다. 그래도 이미 세슘이 태평양 바다에 많이 있었어요. 근데 이 반감기가 30년이기 때문에 계속 줄어 왔던 겁니다. 그래서 2000년 20세기 중반에 이미 지금보다 한 10배 정도 넘는 그런 세슘이 있었고, 이미 좀 나이 드신 분들은 이미 지금보다 한 10배 정도 넘는 그런 방사능 물질이 노출이 돼서 살아왔었어요. 근데 지금 현재 있는 10배가 줄어들었고 이미 근데 거기에 한 1000만 분의 일 정도 되는 게 더 들어온다고 했을 때 그게 과연 우리는 영향을 줄 수 있을까? 고런 부분도 사실 생각을 해야 된다는 거죠. 그리고 이제 해류 자체 방향이 이게 저는 이제 딱 2011년도에 터졌을 때 그나마 다행이다 생각을 했던 게 해류가 다 동쪽으로 올라가는 방향이라서 우리나라에 직접적으로 영향을 주지는 않습니다. 고런 부분에 대해서 이제 해양학자들의 자료들과 또는 원자력 쪽에 종사하시는 분들이 그래도 우리나라는 좀 좀 안전하지 않은가. 고런 부분에서 이제 많이 평가를 하고 있는 부분이 있습니다.

진희관: 김해창 교수님이 하실 말씀이

김해창: 굉장히 많아요. 그냥 저도 제기를 하는 겁니다. 예를 들어서, 자연 방사능 자체는 우리가 지구적으로 평균 한 2.3밀리시버터 정도가 다 있어요. 그렇기 때문에 우리가 사람이 100세 이상 뭐 살기 힘든데 이제 우리 일반인은 1밀리시버트를 얽메이지 말자. 뭐 그런 이제 관리 기준이 있단 말이죠. 그렇기 때문에 사람들이 자연 방사능이 조금 더 들어간다는 이런 개념보다는 더 이상 인공 방사능을 더 하면 안 좋은 거는 원칙이고요. 그다음에 이제 앞서 2011년에 많이 바다로 일방적으로 컨트롤 안 되고 방류됐는데 계속 쌓아 가면 우리도 술도 뭐 웬만한 사람 몇 병 마셔도 괜찮은데 뒤에 끝에 가서 몇 잔 잘못 마시면 확 가는 수가

있잖아요. 그걸 우리는 이제 그런 걸 연구가 제대로 된 게 없어요. 그다음에 중요한 게 이제 지금은 방금 우리 교수님들 잘 정상적인 약이 맞는 것 같아요. 그런데 이게 희석학적인 거는 하면 전부 다 이게 비디에 의하면 일조 분의 일로 희석이 되니까. 0.0, 0.2 이렇게 가는데 문제는 여기에 화학적인 이야기만 하지, 생물 이야기를 안 한 거예요.

그것이 첫 번째 갔을 때는 특정 생물이 그걸 피폭을 받게 돼요. 그러면 그게 이제 예를 들어서, 식물성 플랑크톤, 동물성 플랑크톤, 멍치, 잔고기부터 나중에 더 윗단계인 상어같이 가면은 전체적으로 올라가면은 안 좋아진다는 거 맞구요. 그다음에 이거는 먹는다 해서 당장 죽지 않아요. 질병으로 10년, 20년 뒤에 나타난다는 것이죠. 그런데 문제는 엔트로피 개념하고 비슷해요. 한번 나간 거를 그러면 문제가 있다면 다 회수를 할 것입니까? 불가능하지 않습니까? 그렇기 때문에 우리는 조심해야 되는 것이고 그리고 제일 중요한 게 방금 이야기가 삼중수소 이야기거든요. 삼중수소는 일반적으로 물에 들어간 거는 미미할 수 있어요. 그러나 아까같이 그중에서 한 3에서 6%는 그것 자체가 유기결합형 삼중수소가 된단 말이에요.

OBT라 그러는데 그렇게 되면 그거는 몸 안에 세포에 이제 이게 달라붙고 하면, 안에서 변형이 일어난다고 유전자 그럴 가능성이 있는 게 당장 아까 같이 뭐 1년 안에 오네, 안 오네 문제가 아니라 앞으로 적어도 10년, 20년 이렇게 봤을 때는 인류의 바다에 그렇게 되느냐 문제고, 더 중요한 것은 그런 것 때문에 국제기구가 IM5 세계회사기구라든가 이런 데서 고민을 많이 했어요. IAEA에도 고민했죠. 고준위가 아니라 일본이 나서서 93년도 러시아 문제가 있고 나서는 저준이라도 바다에 내면 안 된다. 그러면 지금 분뇨 처리도 받아야 다 했는데 안 된다. 방금 같은 이야기면요. 모든 걸 바다에 집어넣으면 다 해결이 된다. 생각할 수 있죠. 그건 아니지 않느냐.

진희관: 그리고 많은 이제 국민들이 지금 알고 계신데, 이게 한 번 방류하는 게 아니지 않습니까? 최소한 몇십 년을 방류하게 되고 그다음에 더 우려스러운 건 이걸 만약에 봉인을 풀고 나면 전 세계 원전에서 발생되는 모든 문제점들이 생긴 오염수들은 다 바다로 가 버릴 수 있는 출발점이 되는 게 아닌가. 이런 걱정이 많이 되거든요. 그렇다고 본다면 김 교수님 말씀대로 상당히 우려스럽지 않은가. 아니, 두 분 다 김 교수님 어떻습니까?

김영호: 그니까 이제 뭐 혹시 유튜브를 보시는 분들은 오해를 하실 수가 있겠는데 제가 그러니까 뭐 후쿠시마 방사능 오염수를 방류하는 걸 찬성한다 요런 입장은 아닌데, 문제는 뭐냐면 아까 이제 잘 앞서서 말씀해 주셨지만 저기 진시홍 교수님께서도 말씀해 주셨지만 이미 일본 정부는 좀 그쪽으로 가는 것 같아요. 방류하는 쪽으로. 사실 우리 국내 정치로는 막을 수가 없는 상황인데 요기 과연 방류가 됐을 때 우리한테 영향이 있을지 없을지를 조금 더 과학적으로 면밀하게 검토를 하고 거기에 대해서 대책을 세우는 게 저는 국익에 맞다고 생각을 해서 그렇게 말씀을 드리는 거구요. 사실은 이제 과학적인 거하고 정치적인 걸 조금 분리를 해서 대응할 필요가 있는데, 저도 이제 두 분 교수님들 정치적인 문제들 또는 국제적인 문제들을 좀 우려를 좀 저도 다 이해를 합니다. 저도 사실 동의하는 편이고요. 고런 부분도 있긴 하지만 이제 과학적으로 보면 조금 이미 2011년도에 상당히 많이 방출이 됐어요.

대기로 또 방출이 되고, 그다음에 바다로도 방출이 되고, 남아 있는 양이 그때보다는 조금 양이 적은 걸로 알고 있거든요. 그래서 이게 이제 오랫동안 방류하는 이유는 이게 물 오염수로 이게 생성이 되다 보니까, 워낙에 양이 많다 보니까, 이거를 이제 방류를 하면서 시간이 오래 걸리는 걸로 알고 있거든요. 그래서 고런 측면에서는 물론 이제 생태학적으로 일본 앞바다 요런 부분은 분명히 문제가 있을 수 있습니다. 근데 그게 우리나라까지 영향이 있다라고 확대 해석을 하는 거는 좀 우리로 우리 국익의 입장에서는 썩 좋지 않은 입장인 것 같고, 오래는 걸리지만 양 자체는 뭐 2011년도에 비해서 뭐 크지는 않을 것 같다.

진희관: 아까 김혜창 교수님 말씀처럼 사실 우리 뭐 젊은 시절에 피폭이 많이 됐을 수는 있겠지만, 사실 우리 젊었을 때 우리 시청자분들께서도 그렇습니다만 맛있는 거 많이 먹지 않습니까? 달달한 케이크라든가 또 미원이 MSG가 많이 들어간 음식이라든가. 이거 점점 줄이잖아요. 건강을 위해서 조금이라도 안 하려고 그래서 과거에 그런 건 이해하지만 과연 앞으로 그걸 그냥 놔두는 거는 이렇게 과연 정당한 일인가. 이런 것들 때문에 어쨌든 국민들은 굉장히 불안해하고 있고 또 여론조사를 보면은 거의 한 70% 이상 상당수의 우리나라 국민들이 반대하고 있고 일본 내 여론도 굉장히 반대 여론이 높거든요. 그렇다면 결국은 어떤 일을 할 때는 국익을 중심에 놓고 뭐든지 해야 될 텐데, 과연. 일본의 국익은 알겠는데 우리의 국익은 무엇인가. 뭔가 감수할 게 있으면 우리도 해 볼 수 있을 텐데 지금 그런 게 보이지 않으니까. 국민들이 볼 때는 그냥 불안하기만 하지, 결코 어떤 위로가 되는 게 없지 않냐.

김해창: 과학이라는 건 있죠. 포괄적으로 주장하는 게 아니에요. 과학이라고 하는 거는 예를 들어서, 이런 걸 발견하면 다른 사람이 거기에 대해서 이슬로써 나는 해 보니까, 그렇지 않던데 해서 나중에 대다수 합의되면 이것은 정설로 받아들여지는 거기 때문에 그런데 하나를 내놓고

다른 이슬을 내는 거를 너희들 전부 틀렸다는 것은 마녀사냥이에요. 그리고 그다음에 과학이라는 건 일반인은 상식이라는 걸 가지고 과학을 접근하게 돼 있습니다. 조금 차이가 있을 수 있지만은 그러면 과학이라 하는 거는 예를 들어서, 일본이 처음에 이제 후쿠시마 사고 나서 처음에는 대책이 없다가 뒤에 알프스라고 하는 다핵종 제거 장치를 이제 자기들 나름대로 해요, 급하게.

그런데 이 탱크 안에 있는 오염수의 특히 삼중수소 외에도 한 60 몇 가지 정도 되는 핵종이 많이 있죠. 그런데 그걸 제대로 체크해야 되는데 70% 걸러도 안 된다고 했거든요. 그러면 가장 과학은 뭐냐 하면, 만일에 삼중수소 같은 경우는 반감기가 12.3년이니까 처음에 이렇게 만들었을 때 알프스 처리하고 나서는 10년, 20년, 30년을 계속 가면 정확하게 뭐 한 100년 가면은 싹 없어지는데 그까지는 오래가지만 적어도 지금 다른 뭐 박사들이라든가 외국에서 한 20년, 30년을 거기에 쌓아 두면 적어도 80~90% 정도는 독성이 해결이 되기 때문에 문제가 없다가 되고 원래 일본은 그렇게 하려고 했었어요.

그런데 그걸 이제 지금 아베 정부 때 도쿄올림픽이 있으면서 한번 한꺼번에 원전 문제를 해소하기 위해서 그렇게 강하게 주장했고 그걸 다음 후임 총리들이 받아 오는 게 문제가 있는데, 대안이 과학이라는 게 어려운 게 별로 없어요. 간단하게 내 손으로 하고 있는 거 자전거 타고 다닐 수 있으면은 굳이 차를 만들어 가지고 뭐 비행기를 타고 10kg를 그렇게 갈 필요는 없다는 것이죠. 그러면 결론적으로 적어도 우리가 이런 어떤 문제를 풀 때는 대안이 뭔가를 생각하면 해양 방류 안 해도 되는 거예요.

즉, 그중에 조금 더 탱크가 지금 자리가 없다 했지만, 자리 찾아보면 좀 있고요. 거기 오염토도 엄청 많아요. 땅은 지금 후쿠시마 주변 땅은

20킬로미터까지 사람이 살지 않아요. 그다음 두 번째는 탱크가 지금은 1,000톤짜리 탱크인데 우리 현대 오일 탱크같이 아마 10만 톤 탱크 운동장 정도 반 정도 되는 걸 하면 그거 한 한 뭐 몇십 개만 하면 적어도 10년, 20년 된다면 방금 방류를 30년 한다지만 30년에 된다는 보장이 없어요. 이게 지금 12년이 지났는데도 얼마만큼의 안에 지금 멜팅 다운 노심 용융된 게 상태를 몰라요. 정말 책임이 있죠. 그런데 이거를 계속 물이 나오는 것이 단지 그 물을 오염수 처리수가 아니라 지하수라든가 옆으로 다 새고 있어요. 거기에 대해서는 또 대책을 이야기 안 하거든요. 그래서 다른 방법도 있고 또 뭐 고기도 키운다니까 농업용수도 할 수 있다고까지도 하고, 먹을 물이라고까지 하니까 그래서 결론적으로는 고민이 굉장히 좀 중요하다 이래 보죠.

진희관: 교수님 유튜브 영상에도 설명해 주셨던데 처리하는 방법이 뭐 크게는 한 다섯 가지 정도가 있다. 지하 깊이 묻는 방법부터 해서 또 증발시키는 방법이 여러 가지가 있다고 그러는데 그것 좀 한번 좀 다시 한번 설명을 좀 해 주시겠습니까? 비용이 또 얼마 정도.

김해창: 예, 예. 그게 이제 일본에서 자체적으로 이제 2011년부터 그걸 이제 그 위원회를 만들었어요. 그래, 만들어서 전체적으로 보면 크게 이제 지층에 묻는 방법, 동굴 같은 데 묻는 방법, 그다음에 그게 한 2,500미터를 뭐 그거는 이제 하기 나름인데 실질적으로 이제 그런 형태의 방법이 있고 그다음에는 이걸 이제 증류수 쉽게 말해 라면 끓이듯이 끓여 가지고 수소를 보내는 방법, 그다음에 또 이 분해, 전기 분해해 가지고 보내는 거. 그런데 제일 많이 돈 드는 게 지층에서 보는 게 한 6조 정도 든다고 그게 한 80톤, 지금 절반 정도 깊이 묻는 약 6조 정도. 예, 그다음에 이제 그 전기 분해하는 거 그게 한 3조 그리고 이제 증발시키는 게 한

일조, 그러면서 이제 지금 바다에 하는 거는 한 340ㅇ억 정도로 이제 적게 든다고 하지만 340억 그런 정도로 적게 든다지만 여기서 문제가 자체에서 벌써 많은 전문가들이 해양 방류 자체에 대해서 크게 동의를 하지 않았어요. 그러나 이 해양 방류를 해야 되는 것이 제가 이제 앞에 유튜브에서도 이야기했지만, 개인 주장이 아니라 강정민 전 원자력안전위원회 위원장도 이야기했고 최근 6월에 환경정책학계에서 경주에서 했는데 신동해 기타교슈 교수도 이야기했듯이 단순하게 지금 후쿠시마에 여기 삼중수소를 이야기하는 이 핵종을 해양 방류하는 게 문제가 아니라 지금 내년에 아우모리현에 로카슈무라라고 하는 거죠. 로카슈무 또 핵처리장 재처리하는 데가 있거든요. 우리나라는 안 하지만 지금 보면 삼중수소가 핵처리 재처리하는 데는 프랑스라든가 또 영국 같은 거, 셀라필드라든 이런 데는 경 단위로 나옵니다.

경은 조의 만 개예요. 그래서 지금 후쿠시마에서 나오는 게 일1200조 정도. 베크렐이 한 30년 정도 나온 거라 하면 여기는 나오는 것이 일경 8000조, 15배 정도가 더 나오는데 그게 거기에는 재처리하는 경우는 플루토늄도 나오거든요. 그걸 이제 여러 가지 또 처리하는 방법이 있습니다만 그니까 대기로도 많이 나가고요. 바다에 내는 것만 그거를 처리하는 데 이런 절차를 안 밟아 놓으면 그거 나올 때는 이제 굉장히 일본 국민들도 들고 일어날 거라고요. 그래서 그런 거를 막아야 하기 때문에 먼저 여러 가지 핵종 중에 다른 건 다 걸러진다. 그것도 따져야 되고요. 그다음에 삼중수소는 뭐 그냥 물에 들어가 삼중수소 때문에 문제가 없다는 거를 해서 내보내면 다음에 지난번에 냈는데도 문제없지 않느냐. 그게 이익을 일본하고 미국이 원자력업계 군사복합제가 이해를 한다는 거죠. 약간 정치적인 것도 있지만은 그러니까 일본이나 여기는 수산업계에서 피해보다는 원전업계가 앞으로 가야 될 것이 국가적인 차원에서 강한 이익 트러스트가 있는 것이죠.

진희관: 그래서 참 여러 가지 걱정이 많이 됩니다. 뭐 계속 거듭되는 얘기지만 이게 앞으로 전 지구적인 방류의 출발점이 돼 버리는 게 아닌가 이런 우려가 많은데. 근데 우리 정부에서 하시는 말씀을 들어 보면 일본에 대해서 어떤 따져 묻는 것들은 거의 보이지가 않아서 그래서 이제 국민들이 더 불안한 거 아닌가 싶은데 여러 가지 측면에서 우리 정부의 대응에는 어떤 해결해야 될 문제들이 있지 않을까? 이런 얘기들도 많은데 어떤 점들을 앞으로 우리 정부가 좀 짚어 나가야 될지 어떻게 보십니까?

진시원: 일단 이번 윤 정부 들어와 가지고 한미 동맹 최우선주의 정책이 펼쳐지잖아요. 한미 동맹을 강화시키기 위해서 가장 또 중요한 게 미국이 원하는 것, 그다음에 일본도 원하는 것, 그래서 이제 한미 군사 협력을 또 강화하는 이런 연장선상에서 우리의 뭐 역사 문제라든지 이런 것들을 또 대통령이 가서 국민들의 여론과는 다르게 비민주적으로 일방적으로 해결하고 문제가 있습니다. 이번에 후쿠시마 오염수 문제도 국민들이 볼 때는 연장선상에서 우리의 국익을 고려하고 국민들의 안전을 고려하는 이런 국민들의 대표가 해야 될 일보다는 오히려 일본과의 관계 개선 그거를 통해서 한미일 공조 그다음에 북한을 이 고립시키는 문제, 이런 쪽의 생각을 지금 정부가 너무 먼저 하고 있는 것 아닌가. 국민들은 그렇게 생각하고 있다고 봐요. 그래서 지금 국익이라는 것을 너무 이 과도한 안보 중심의 국익으로 생각하는 것 같다. 북한의 핵 위협을 상당히 이 중시하고 아주 즉각적인 위협으로 이렇게 부과를 시키면서 거기에 대해서 대응 논리로서 한미 동맹이라든지 이제 뭐 미국의 이제 핵우산 이런 것도 필요하고 한미를 군사협력 이런 것들이 필요하다. 그 큰

틀 안에서 일본과의 협력이 중요하기 때문에 미국도 그렇게 계속 푸시를 하고 있는 것이기 때문에 후쿠시마 오염수 문제도 그런 이 국제 정치적인 측면에서의 파워 게임 안의 일부분으로 지금 들어가 버린 것 같다. 진짜 중요한 것은 국민들의 안정이고 국익인데 그냥 아까 뭐 김영호 교수님도 그렇고 뭐 세 분 다 국익을 얘기합니다. 근데 이 도대체 우리가 그러면 얻는 게 뭐가 있을까요?

예, 그렇죠. 이제 오염수를 방류하는데 우리는 피해만 있을 뿐이고 얻는 게 없는데 우리 정부가요. 이렇게 뭐 일본 정부처럼 나서 가지고 편을 들어준단 말이죠. 주도를 하면서 이건 문제가 있다고 보구요. 정부 논리 문제 많습니다. 일단 민주적이지는 않아요. 또 제가 보기에 국민들이 지금 아까 뭐 교수님 말씀하셨지만, 국민들을 우려하고 걱정하고 상당히 다수예요. 그런데도 일방적으로 밀어붙여 버린단 말이죠. 국민들의 걱정과 우려는 당연한 겁니다. 그런데 그거를 괴담이다. 이렇게 치부를 해 버린단 말이죠. 그래서 이런 민주 정부가 해서는 안 될 일을 이렇게 일방적이고 자의적인, 어찌 보면 상당히 권위주의적인 행태의 통치를 보이면서 후쿠시마 오염수 문제를 밀어붙이고 있는 이런 부분 이게 민주 정부의 모습일까? 이런 생각이 또 강하게 들고요.

중요한 건 그겁니다. 지금 정부가 해야 될 일은 피해 보상 문제예요. 근데 거기에 대해서 일언반구 얘기가 없잖아요. 국익이라면 국익도 아니에요. 우리 시민 우리 수산업계나 이쪽에서 어민들이나 이런 분들이 피해를 보신 분들에 대해서 피해가 발생을 하고 있는 거예요. 이미 발생하고 있죠. 그렇죠. 우리 다 느끼잖아요.

진희관: 그 얘기는 이제 좀 길게 해야 될 부분일 것 같고요. 보상 문제라든가 우리 조사단이 일본을 다녀왔지 않습니까? 근데 조사단이 다녀

왔는데 애초에 조사단원도 공개하지 않았다가 지금 뭐 공개했다고 아까 김영호 교수 말씀해 주셨는데 이 조사 과정에 대해서 일반인인 저로서는 잘 이해가 안 가고 납득이 안 되더라구요. 어떻게 우리가 봐야 될까요? 조사 과정이라든가 이런 것들이 만약에 면밀히 되었다. 또는 따져 물었다. 그래 가지고 서로 갈등도 생겼고 또는 합의도 했고 이랬다고 한다면, 받아들일 건 받아들이고 여전히 의문을 품을 건 품고 이러는데 하나의 의문도 없이 그냥 일방적으로 끝나 버린 것 같은 어떻게 보십니까?

김영호: 제 생각에는 일단은 이게 조사단이 가서 별로 이렇게 실효적으로 뭔가 할 수 있는 거는 별로 없었을 거예요. 문제는 이제 일종의 이제 국민들의 어떤 여론 때문에 일단은 보내서 뭔가 이게 액션을 취한 것 같은데, 근데 사실은 우리나라 자체적으로 할 수 있는 어떤 조사들이 꽤 있거든요. 지금 아마 제가 알고 있기로는 극지연구소라든가 해양과학기술원에서 이게 일본 앞바다에서 일본 앞바다는 아니지만, 조금 공해상에서 관측을 채취를 해 오는 걸로 알고 있거든요. 근데 그런 채소를 해오면 우리가 독립적으로 분석을 해 볼 수가 있고 과연 이제 일본이 얼마만큼의 방사능 물질을 방사성 오염수를 좀 어느 정도로 방출을 방류를 하고 있는지에 대해서 좀 역추적을 좀 할 수가 있거든요.

그래서 이런 독자적인 그러니까 이제 일본 정부를 사실은 아까 이제 잘 조금 말씀해 주셨지만 저도 이게 도쿄전력이라든가 일본 정부가 몇 가지 이제 속인 것들이 있어서 100% 신뢰를 못 합니다. 그렇기 때문에 우리 자체적으로 독자적으로 얻을 수 있는 정보들을 좀 얻어서 고런 정보들을 조금 면밀하게 분석을 하고 이것도 우리 국민들께서 좀 알 수 있도록 공개를 하면서 우리 국민들을 좀 신뢰할 수 있도록 그런 액션들을 정부에서 비춰줄 필요가 있을 것 같고요. 그다음에 또 하나는 사실은 이제 아까 이제 진 교수님께서 잘 말씀해 주셨지만 이게 사실은 국제정치 또는 국내정치 또는 과학 이런 것 좀 약간 좀 분리를 할 필요가 저는 있을 것 같다고 생각을 해요. 그러니까 일본에 요구할 건 요구하고 예를 들면, 피해보상을 일본 정부에서 일본 수산업 하시는 분들한테는 종사자들한테는 피해보상을 한다고 하더라구요. 우리나라도 실제적으로 피해를 보고 있는데, 요런 부분에서 이제 피해보상 얘기가 없으니까. 고런 부분을 주장을 해 볼 수가 있죠.

고런 부분은 충분히 이제 주장을 해 볼 수가 있는데, 문제는 이제 일본 방류를 했는데 방류된 영향이 우리나라의 어권과는 또 다른 얘기거든요. 그런 부분에서 조금 분리를 해서 우리나라에 직접적인 피해가 있는지 그런 부분 좀 분리를 해서 우리가 피해가 있으면 있는 쪽으로 없으면 없는 쪽으로 대책을 마련해 가는 게 필요하다고 생각을 합니다.

김해창: 저는 이렇게 생각하죠. 시찰단이었죠. 시찰단도 우리가 가겠다가 아니고 정상회담 하고 끝나고 나서 기시다 총리가 혹시 '너 시찰단 안 와 볼래 할 때?' '그럼 우리 한번 보내 볼게.' 이렇게 됐거든요. 주도적이 아니에요. 이 어떤 제가 이제 재난 쪽에 조금 이렇게 뭐 하나 교양 과목에 한 게 있는데, 재난의 정치경제학이라고 불안 환기 모델이라는 게 있어요. 그거는 재난을 당할 때 어떻게 판단하느냐가 중요한데 세 가지 스타일이 있어요. 하나는 자주 해결. 내가 어떤 걸 직면하면서 어떻게 보고 어떤 문제로 내가 어떻게 해야 되겠다. 주체적으로 쓰는 거예요. 다른 자료를 내가 이용하고 결론을 내가 내는 거예요. 그런데 두 번째는 타자 의존이 있어요. 똑똑한 사람, 괜찮은 사람이 괜찮다고 하면, 사람 말만 듣고 내용은 몰라도 사람이 괜찮다 했기 때문에 괜찮아. 일본이, IAEA가 괜찮다 했기 때문에 괜찮아. 이거 타자 의존이거든요. 그다음에 세 번

째는 사고 정지가 있어요. 이건 뭐냐 하면, 심각한데 그냥 안전하다고 믿어요. 안 그러면 자기가 못살기 때문에 또는 그냥 허브해요. 마 되든지 가는 거죠.

이래 묵으나 저래 묵으나 좀 심하게 하면 같아. 이런 식의 사고가 있는데, 이건 개인이 그렇게 옳거든요. 정부는 그렇게 하면 되죠. 개인이 예를 들어서, 타자 의존을 한다든가 사고 정지가 되는 거는 공동체에서 케어를 해 가지고 자주 해결을 해야 돼요. 하물며 국가가 이런 방식으로 지금 뭘 강조하느냐면 타자 의존을 강조하고 사고 정지를 그냥 방치하고 있어요. 이건 심각하다. 그래서 알프스 같은 경우에 문제는 딱 두세 가지를 의논할 수, 이야기를 할 수 있는데, 첫 번째가 시찰단이 아니고 시찰을 가더라도 이렇게 물어야 되는 거죠.

"해양 방류 아니면 대책이 없느냐." 이게 제일 먼저 가야 되는 거죠. 그래야 우리가 프레임에 너 이렇게 할 수 있는데, 공간이 많은데 왜 안 하느냐고 너 물이 그렇게 맑은 거 가지고 고기도 키우면 그걸 갖고 고기 키워 가지고 팔아라. 그럼 우리 사 먹겠다. 그래 이야기를 할 수 있고 그다음에 그 광안대교 같은 콘크리트세멘트의 물로 쓰는 것도 가능하고요.

방법이 여러 가지가 있는데, 왜 그런 걸 건의 안 하고 등의 이야기를 많이 따져 가고 거기에 핵심을 가지고 네가 정말 불가피한 거냐를 따지는 게 시찰단 내지 여기에 가서 우리가 파견을 해야 되고요. 그런데 만약 같은 사람이 갔으면 그런 걸 따지자 했을 거예요. 그런데 과학자가 가면 눈이 탁 좁아져요. 이게 뭐 과학적으로 뭐 0.000ppm인가 예를 들어서, 그거는 이제 우리 교수님이학이 아니라….

과학자들만 포함해서. 과학자가 아니라 기술자들이죠. 그리고 전부 친원전이면서 그런 사람들이 말, 그러니까 의문을 제기하지 않는 사람, 정부 말에 그런 사람만 갖고 의도적으로 시민사회 내지 전문가들은 배제했어요. 추천으로 그다음에 알프스의 성능을 체크할 수가 없어요. 왜 일본의 이 원자력 시설은요, 국가기관 시설이거든요. 아무나 와서 그냥 볼 수 있는 게 아니에요. 우리도 그렇고 그러니까 IAEA조차도 충분히 일본을 존중해야 해야 된다면 마찬가지로 우리도 거기에 대한 역량에 대한 존중을 받아야 되겠죠. 물어볼 권리가 있겠죠. 그래서 지금 필요한 거는 뭐냐 하면, 최종 방류 수질이 지금 희석기거든요. 한 1kg 정도 안에 6m000톤의 물을 넣어 가지고 73만 100그램 되는 어마어마한 오염수를 그 이제 한 40분의 1로 희석을 해 가지고 1,500베크렐 만든다 하는데 그러면 딱 체크해야죠. 우리가 상주하게 해 달라. 이제 나중에 이야기 나오지만, 해서 마지막 거기에 물이 체크돼서 나오는데 삼중수소 안 걸러지니까 나머지 핵종이 뭐 스트론튬이 기준치 아니 70%가 기준치 이상이라 했거든요. 처리를 해도 그걸 체크하고 우리가 한두 달 정도 해 보자. 실험적으로 해서 괜찮다면 우리도 받아들이고 저도 받아들여요. 왜 그런 거를 안 하느냐 이거죠. 정부는 그런 걸 요구해야 되는 거.

진희관: 정부가 해야 될 게 이제 국내에서 이 피해를 어떻게 줄여 나갈 것인가 하는 대책을 세우는 것하고 또 일본을 상대로 우리가 요구할 걸 요구하고 또 감시할 수 있는 기능을 또 총동원하는 부분하고 또 국제사회의 문제이기도 하지 않습니까? 그럼 국제사회가 이걸 어떻게 대응해 나가야 될 것인지 아까 말씀하신 국제원자력기구가 사실은 이걸 할 수 있는 기구는 아니란 말이에요. 그렇다면 이건 뭐 WHO에서 해야 될지 아니면 또 다른 어떤 UN의 기구를 만들어서 대응을 해야 될지 여러 가지 방법 좀 수준을 나눠서 좀 대응책을 마련을 해야 될 것 같아요.

과학을 믿어야 할까? 믿지 말아야 할까? 우선 국내 문제를 먼저 한번 좀 생각을 해 보면 아까 진희관 교수님도 말씀하셨습니다. 지금 당장 제 지인의 수산물 가게도 가게를 내놓고 지금 접으려고 지금 그랬더라고요. 그래서 참 안타까운데 아마 정부에서 내놓은 대책 현재로서는 홍보비 이외에 일부 비용을 내놓은 거 외에는 다른 대책은 아직 없는 것 같은데, 국내적으로부터 어떻게 좀 이걸 풀어 나가는 게 좋을까요?

김영호: 저는 좀 답답한 게 아까 이제 진시원 교수님 말씀하셨지만, 과학이 이게 진짜 100% 피해가 없다고 얘기할 수는 없어요. 솔직히 그렇게 얘기할 순 없는데 근데 또 과학을 너무 안 믿으시면 안 되거든요. 예를 들면, 예를 들면, 그러니까 해양 생태계를 통해서 얘가 누적이 되고, 하는 것들은 평가하는 게 굉장히 오래 걸립니다. 그래서 이게 과연 피해가 있을지 없을지 이거를 당장에 답을 내놓으라고 그러면 내놓을 수 있는 사람들이 없어요. 없긴 한데 제가 이제 좀 의아한 건 뭐냐면 우리나라 소금이에요. 소금, 사실은 소금은 진짜로 피해가 없다는 거를 거의 100% 얘기할 수 있습니다. 소금을 지금 염전들, 저도 주문해 봤는데 왜 사재기를 하는지 이게 사재기를 하는지 이거는 진짜 좀 과도한 거거든요. 그래서 그런 부분에선 좀 과학을 믿어 줄 거는 좀 믿어 주십사 전 그렇게 부탁을 드리고 싶은데.

그 말씀은 다 동의하는데 경제나 이런 것도 심리가 그러니까 그런 심리적인 측면에서 제가 말씀을 드리는 겁니다. 그래서 좀 이게 그래도 이제 그 과학자들이 조금 얘기하는 것들에 좀 기울여 주시고 조금 피해가 없는 부분까지도 너무 확대해석을 해서 좀 불안 심리가 좀 커지는 부분들은 조금 저는 막아야 되지 않을까 하는 생각을.

진희관: 그니까 막으려면 정부에서 대책을 세워 나가야 될 텐데 현재로서는 그게 보이지가 않는 것 같아요.

김해창: 지금 정부에서 아까 이야기하는 것이 너무 과학이라는 이름으로 과학이면 100% 미열돼야 된다는 맹신을 그건 미션에 가까운 거예요. 과학은 있지만 어느 정도의 판단할까 100% 과학은 없어요. 다만 지금 현재는 이것이 어려운 현상을 이해한다면, 예를 들어서, 수돗물 있잖아요. 수돗물이 굉장히 지금 기준치하고 깨끗하다 하지만 대부분 사람들이 부산 같은 경우 2000억 들어가는 그런 수돗물을 안 먹어요. 근데 그걸 갖고 자꾸 먹으라 강요할 수 없는 거는 인간은 총체적인 거예요. 정말 과학 이상의 넘어가는 초과학이나 이것이 꺼림칙하면 안 먹는 것이 가장 몸에 도움이 돼요. 그게 과학 이상이라는 걸 우리가 이해해야 되고요. 그다음에 기준치가 의미가 별로 없는 게 아까 우리 이제 김영호 교수님이 이야기하셨죠. 일본에서 이제 후쿠시마 사고가 나서 우리나라에 일본 수입물이 많이 들어왔어요. 위험하겠죠. 체크를 하니까 기준이 100베크렐, 100밀리시버터, 100베크렐이죠. 100베크렐로 이제 이하면 괜찮다고 했는데, 대부분 기존 이하였는데 98베크렐이 많았어요. 그거는 기준치 이하라고 그걸 안 밝혔어요. 98베크렐이라 하고 기준치 이하라고 유통이 되었어요. 그럼 앞으로도 이제 그런 기준으로 간다면 이런 데에 대해서 과학이라는 것이 명확하지가 않은 게 있고 그다음에 아까 1,500베크렐이라고 이제 일본에서 방류할 때 계속 괜찮다고 이야기 했잖아요. 근데 기준이 이제 원래는 뭐 6만 뭐 베크렐 이야기를 하다가 나중에 1,500을 굉장히 수준 있게 만들어서 하는 것 같지만 그게 먹어도 된다고 이야기하니까 그럼 음용수 수지를 조금 적용한다면은 그게 뭐 유럽 같으면 100이고 우리나라의 수질이 기준에 음용수 기준에 우리나라의 삼중수소가 얼마인지 아십니까? 놀랍게도 6베크렐입니다. 6베크렐 그게 환경부 고시에 떠 있습니다. 굉장히 엄격하게 돼 있죠. 그러면 적어도 우

리가 우리 정부가 나 같으면 이렇게 주장하겠어요.

우리 지금 내는 것이 음용수는 우리 6베크렐, 그런 일본은 음용수 기준이 없어요. 그리고 더 놀라운 거는요. 지금 일본이 이렇게 이제 우리보고 이게 왜냐 하니까 정부가 홍보를 잘못하는 것이 우리나라에 지금 월성 원전이 있잖아요. 보통 우리나라는 일본은 6만 베크렐 우리는 4만 베크렐을 삼중수소 관리하는 규모인데 얼마에 내는 줄 아십니까? 우리나라 언론에 나고 한수원이 이야기한 것이 13.2베크렐이에요. 즉, 일본이 1,500베크렐로 방류한다는 게 우리나라는 중국이나 이런 데에서 정상적인 원전의 온배수는 월성에서는 13.2베크렐로 지금 바다에 내고 있다고요. 그러니까 우리가 적절히 안전하다고 이야기하시죠. 표준이 있는 게 아니라, 국가마다 다르죠. 다르고 우리는 4만 베크렐 이하로 버리면 된다. 하지만 그때부터 관리고 우리는 4만 베크렐 이하를 13.2베크렐로 낸다고 언론이 찾으면 나옵니다. 그러니까 그걸 이야기를 해야 되지 어떻게 1,500베크렐 하는 것이 그것도 제대로 나온 줄도 모르는데 그런 걸 따져야 되는 거죠. 이런 걸 정부가 못하니까 제가 지금 정부 대책을 이야기했는데 홍보를 아무리 과학적으로 뭐 희석을 해 가지고 0.000 나와도 수돗물이 그렇게 안전한데 안 먹잖아요.

진희관: 예, 저도 수자원공사 자문위원인데 이 수돗물은 끓여 먹고.

김해창: 그리고 과학이 얼마나 그게 있느냐 하면 한 개만 더 드리면, DDT 그게 1948년도에 노벨 과학상, 생물학상 두 개를 받은 엄청난 기적의 물질인데 그게 발암물질이잖아요. 그다음에 우리가 아는 게 석면 그다음에 가습제, 가습기, 살균제 전부 안전하다고 했는데 나중에는 과거에는 옳았는데 지금은 다 틀린 게 많아요. 그게 과학이었어요. 과학이란 이름으로 그런 문제를 조금 신중한 대한 어떤 기준치를 동일하게 통

일하고 국민들하고 공감할 필요가 분명히 있겠네요.

그런 노력을 아까 우리 진시원 교수님 말씀하셨듯이 그러면 정부가 지금은 일본이 방류하겠다 하면 외에 다른 방법이 없는가를 정치, 이게 과학의 문제가 아니고 정치, 외교, 환경, 산업, 인권 문제가 있어요. 전부 다 그러면 각 분야마다 이거를 이야기하고 또 그게 기준치가 또 달라요. 100베크렐 하면은 같은 어떤 음식의 기준치지만 성인과 아이, 어른들은 100베크렐이지만 아이들은 4베크렐에서 8베크렐이상 하면 안 돼요. 생협은 우리나라의 사이즈 8베크렐 기준으로 그걸 물건을 팔거든요.

그래서 그런 것들에 대한 거를 우리가 논의해서 국민들은 국민대로 과학자는 과학자대로 정부와 국민들이 합동해서 일본에 대응할 건 대응하고 그리고 국민들에게 홍보할 거는 이 정도는 그래 와도 태평양을 건너오니까 아마 10년 걸리고 20년 걸리니까 조금은 이해를 해 보자. 너무 겁나게 당장 그렇게 먹으면서 죽는 거같이 그렇게는 하지 말자고 안심시켜 줘야 되는데 아무런 대응을 하지 않고 도둑이 들어와서 밖에서 우리 집을 침탈하는데 아무런 대응 안 하고 가져간 거 봐야 뭐 별거 아니다 하고 이러면 사람을 우리 집 주인이 가장이라고 믿을 수 있겠습니까? 그게 지금 국민들이 가장 신뢰할 수 없다는 그런 부분이 비효율적으로 맞았네요.

진시원: 그 뭐 두 분이 이제 과학적으로 안전한가 여부 그다음에 과학적 지식을 믿을 수 있나 이런 부분에 대해 얘기를 해 주시고 이제 진희관 교수님은 이제 국익이 도대체 우리 뭐냐. 이 얘기까지 가는데요. 저도 좀 과학적으로 진실이 무엇인지 부분에 대해서 저는 이제 뭐 정치학을 하지만 그래도 항상 좀 양쪽을 같이 보려고 해요. 주장들이 있으면 그래서 이번에 그래서 그런 입장을 견지하면서 제가 찾아봤을 때 과학자

들 분들 중에 그래도 좀 합리적으로 제가 봤을 땐 이게 요 정도면 좀 합리적이겠다. 이렇게 제가 생각을 했던 건 뭐냐면, 즉각적인 영향은 없다. 그런데 《네이처》 지를 보니까, 《네이처》 에서는 지금 과학적 판단과 지식이 양분돼 있다. 그러니까는 안전하다고 주장하는 쪽도 있고 불안정하다고 신뢰할 수 없다. 이렇게 주장하는 양쪽으로 나눠져 있다.

그런데 이제 특히 불안정하다고 보는 것은 이제 김해창 교수님이 얘기하시는 이 먹이사슬 중심으로 해서 이 해양 생태계 내에서 얼마만큼 이게 장기적으로 축적되면서 장기적으로 축적된 문제가 어떻게 표출될지에 대해서는 아직 과학적인 정확한 지식이 없다는 얘기를 하더라고요. 그러니까는 지금 당장의 문제는 안 생기지만 큰 문제는 안 생기지만 중요한 거는 장기적으로 어떻게 문제가 생길지는 지금 과학적 지식으로는 정확하게 얘기할 수 없다는 게 《네이처》 의 입장이었어요. 그래서 제가 보기에는 정도의 판단이 정확한 거 아니겠는가. 제가 보기엔 그런데 저는 진짜 문제라는 거는 이 진실이 있다면 이 진실을 가리고 있는 것 그러니까 지금 보면은 우리 국민들 불안해한단 말이죠. 어느 쪽은 나와서 이거는 안전합니다. 어느 쪽은 안전하지 않습니다. 뭐 이렇게 얘기를 하시는데 국민들이 왜 그렇게 더 불안하냐?

그러면 과학보다 이데올로기가 우선시되고 여야가 진영으로 나뉘어 가지고 여야가 보수, 진보로 나뉘고 국민들도 나뉘어 가지고 진실엔 별로 관심이 없어요. 이 정파 싸움의 도구가 되는 거예요. 그래서 거기에 그래서 이 과학보다 이데올로기가 지금 우세한 상황 그다음에 또 하나는 과학보다 진영이 우선되고 있는 상황. 그 국내 정치도 여야로 나뉘고 보수 진보로 나뉘어서 후쿠시마 오염수가 도대체 얼마만큼의 문제를 단기적이고 장기적으로 우리에게 끼치는 건지 진실 규명엔 별로 관심이 없어요. 그 국내적으로도 이렇게 진영이 나뉘어서 이렇게 싸우고 있고 국제적으로도 마찬가지입니다. 지금 일본이 이렇게 오염수를 뿌리고 있는데, 뿌리려고 하는데 여기에 대해서 국제 관계가 G2로 재편이 되면서 미국 중심의 친서방 국가들은 일본과의 이 문제를 상당히 중시하면서 오염수 문제에 대해서 별로 말을 안 하는 게 분명히 있어요.

EU도 그렇고 미국도 그렇고 캐나다도 그렇고 우리나라 정부도 그렇고 지금 그래서 이 미국과의 동맹을 중시하는 국가들은 이 문제를 진영 논리로 접근해요. 반면에 또 미국과의 대척점에서 패권 경쟁을 하고 있는 중국은 이거를 또 진영 논리 측면에서 또 반대하고 있단 말이야. 위험성을 아주 부각시키면서 그래서 이 과학보다 진영이 국내나 정치나 국제정치 측면에서 이 진영 정치 논리가 과학을 이 누르고 있는 상황 또 하나는 우리가 계속 얘기하지만 과학보다 심리가 상당히 우세한 상황, 그렇죠. 우리 저번에 토마토 안 먹어 버리잖아요. 사람들이 그런데 이 방사성 물질이 이렇게 들어가 있는 거에 어떻게 나한테 무슨 피해가 올지 모르는데 내 애한테 먹일까요? 안 먹인다는 거죠.

그래서 이 과학적 지식은 규명을 해야 되지만 중요한 건 심리적인 문제도 국민들의 심리, 심리적인 불안 문제를 이 국민의 대표인 정부가 어떻게 해결할지도 되게 중요한 문제예요. 근데 이따가도 얘기해 드리겠지만,

"이번 정부는 이런 문제에 대해서 전혀 관심이 없다"는 거예요. 오히려 이념을 분열을 오히려 이 활성화시키고 여야 간에 특히 뭐 대통령실과 국민의힘 여당은 그냥 뭐 국민들로부터 친일이라는 이런 비판이 나오는데도 이제 뭐 진희관 교수님 얘기하셨지만, 국익이 뭐냐고 국민들이 물어보는데 후쿠시마 오염수를 둘러싸서 대한민국 국익이 뭐가 이익이 있는지

를 지금 모르겠어요. 피해만 예상되고 있는데, 그런데 왜 이렇게 일방적으로 일본 편을 들어주고 있느냐. 그러니까 국민들 의아한 거죠. 그러면 정부와 대통령과 여당이 지금 이념 안에 갇혀 있는 거예요. 진영 논리 갇혀 있는 것이고.

물론 뭐 민주당도 마찬가지라고 봐요. 근데 어쨌든 정권과 나라를 책임지고 있는데 여당 아니에요. 특히 대통령과 그러면은 이 정부가 대통령이 심리적인 문제도 해결해 줘야 되는데 그걸 다 괴담이라고 다 몰아붙여 버려요. 국민들이 불안해 갖고 못 먹겠다 그러는데.

진희관: 여당이 2년 전만 하더라도 반대에 목숨걸다시피, 국민의힘 모두 다 반대했었잖아요. 그 바뀌는 걸 보면 역시 이건 과학이 아니고 이데올로기 신앙의 문제가 되어 버린 거죠.

진시원: 그래서 안정성 문제는 좀 평가가 나눠져 있다. 거기에 대해서 과학자들이 좀 합의를 해라. 과학자들답게 그다음에 중요한 거는 정부가 과학적 지식도 중요하지만 이념이나 진영이나 심리적인 부분에서 국민들이 좀 불안하지 않게 정치를 해 주는 게 중요하다. 이런 말씀을 좀 강하게 드리고 싶은 거죠.

근데 뭐 지금 정부가 하는 얘기는 이미 다 뭐 누구나 기대, 예상했던 얘기들이죠. 그러니까 제가 보기에는 몇 가지 대책들은 있어요. 그러니까는 기술적 대책이죠. 그러니까는 뭐 물 떠다 이제 검사하는 거 우리 연근해의 물이 안전한지 이거를 이제 뭐 시료 채취를 더 많이 늘리겠다는 얘기, 그다음에 원산지를 제대로 확보하고 있는지 정확하게 기재하고 있는지 이런 것들이 이제 더 정확하게 관리하겠다. 뭐 이제 이런 얘기들인데 문제는 이런 것들을 당연히 해야 되는 거예요.

국가가 정부 부처에서 당연히 해야 되는 거고. 근데 이제 저는 그런 기술적인 대응도 중요하지만 진짜 중요한 거는 우리 뭐 김 교수님 얘기하셨지만, 과학적인 합의를 좀 끌어내 줘야 돼요, 정부가. 그래서 저는 우리 정치권이 그 일을 해야 된다고 보는 이 공청회나 청문회 그다음에 국민들의 공론화 과정 이런 것들 들에 대한 노력이 안 보여. 그러니까 국회가 지금 개점 휴업이에요. 제가 보기에는 책임 반기예요. 적어도 미국이나 이런 데서 이런 문제가 발생하면 국회에서 공청회하고 청문회 안 했을까요? 게다가 우리 요즘에 일종의 유행 아닌가요? 공론화 과정 이런 거 선거 제도도 공론화 과정 해 가지고 국민들이 찬반 뭐 얘기를 하는 전문가들 얘기 들어 보고 국민들의 생각이 상당히 전형적인 방향으로 많이 바뀌었어요.

저번에 선거 제도 공론화 과정 때 그래서 국회가 여야가 과학자들 모시고 기술자들 모시고 해 가지고 집중적으로 물어보세요. 청문회에서 물어보고 공론화도 하고, 청문회도 하고, 해 가지고 국회에서 공신력 있는 기술적인 판단뿐만이 아니라 과학적인 판단까지 좀 해 주면 되는 거예요.

진희관: 뿐만 아니라 이제 피해 예상 피해에 대해서도 우리 뭐 사업 큰 거 하면 예타 다 하지 않습니까? 타당성 조사라는 게 그런 피해 범위라든가 이런 것들도 사실 조사에서 얼마나 예산을 투입해서 어떻게 이걸 대책을 세울 것인가 이런 것들도 필요한데 기술적 대책도 있고 과학적인 대책도 있고 이제 말씀하신 대로 경제적인 대책도 해야 된다. 당연히 해야 된다.

과학적으로는 문제가 없을 수 있다. 하지만 국민들은 불안하기 때문에 수산물을 멀리하게 돼 버리면 이미 벌써 피해가 발생하고 있거든요. 요즘 횟집 가 보시면, 굉장히 자리가 많이 비어 있다는 걸 느낄 수가 있어요. 이미 벌써 그게 나타나는데 8월 말에 방류가 시작되면 뭐 그때는 더욱 심각하지 않겠어요.

김해창: 당연히 수산업의 피해에 대해서는 정부 차원에서 조사를 해야 됩니다. 품평 피해부터 얼마큼 해서 우리 국민들이 수인 그 참을 수 있는 만큼 도와드려야 됩니다. 그거는 일본이 지금 한 5000억 정도에서 이야기를 하고 일조 정도 늘리려고 하고 있거든요. 우리나라 정부에서도 우리 국민들이 이것 때문에 피해 입는 거에 대해서는 우리 코로나19 때 뭐 그런 형태로 좀 보상을 해 줄 수 있는 근거를 마련해야 된다. 이렇게 봐지고요.

김영호: 두 가지 정도를 말씀을 드리고 싶은데요. 제가 아무래도 이제 분야가 저희가 해양학 쪽에 있다 보니까, 이 수산업 하시는 분들은 좀 자주 뵙게 되거든요. 근데 수산업의 산업적인 직접적인 피해뿐만 아니고 지역사회의 붕괴를 또 염려를 많이 하시더라고요. 그게 무슨 얘기냐면 수산업이 이런 식으로 피해를 보게 되고 횟집 문제, 어민들이 이제 바다 안 나가고 이렇게 되면, 그 지역 자체에 어떤 기반 자체가 무너지니까 젊은이들이 다 떠나게 더 떠나게 되는 상황이 벌어지기 때문에 그래서 더 심각하게 좀 바라보는 시각들이 있습니다. 그래서 수산업의 피해를 어떻게든 줄여 보자 하는 그런 그런 어떤 노력들이 사실은 수산업 종사하시는 분들은 되게 심각하게 받아들이고 많이 노력을 하고 계셔요. 근데 고런 부분에서 좀 정부에서 좀 신경을 더 써주셨으면 좋겠다 하는 생각이 들고두 번째는 이제 정부 대책 말씀을 해 주시는데 이게 사실 모니터링이 되게 중요하잖아요.

과연 일본에서 이제 만약에 방사성 오염수를 방류를 했을 때 여기 우리나라에 얼마만큼 들어올 건가를 계속 모니터링을 하고 있는데, 제가 봤을 때 이게 너무 과해요. 현재로는 너무 과합니다. 무슨 얘기냐면 이게 위치 자체가 우리나라하고 지리, 지역은 가깝지만 이게 방류가 되는 지점 자체가 해외로 보면 되게 멀리 돌아서 오는 그런 위치이기 때문에 교수님들 이게 만약에 이제 물그릇에다가 잉크 한 방울 딱 떨어뜨리면 어떤 반응이 벌어지냐면 쫙 퍼지지 않습니까? 바다에서도 오염수가 딱 떨어지면 퍼지거든요. 퍼지기 때문에 이게 어떤 라인을 타고 고농도가 라인을 타고 오듯이 이렇게 오지는 않습니다. 대체로 어느 범위를 가지고 오게 되지 우리나라 여기 들어오는 앞부분 고 부분만 막으면 사실 거의 모니터링은 되는데 모니터링 지정을 굉장히 많이 늘려 놨어요. 그래서 우리나라 정보기관들이 거의 총동원돼 가지고 지금 방사성 오염수 모니터링을 하고 있거든요.

비용이 너무 많이 들어가고요. 그걸 하게 됨으로써 다른 일을 못 하고 있습니다. 사실은 고런 부분에서 우리가 좀 선택과 집중이 필요한데 우리 정부에서도 좀 고민을 많이 하셔서 조금 해야 될 때는 하고 안 해도 되는 부분들은 좀 풀어 줘서 조금 다른 일에 좀 집중할 수 있도록 해줬으면 하는 그런 바람입니다.

진시원: 재미있는 거예요. 정부가 이렇게 윤 정부가 이렇게 안전하다면 그렇게 안전한지 불완전한지 실효를 채취하는 스폿을 이렇게 쓰잘데기 없이 키울 필요도 없는 거예요. 네, 너무 많아요.

진희관: 보기에 수산물을 수익 금지할 명분이 없지 않습니까?

진시원: 없죠, 이제는. 예. 저는 그동안 8개 현에서 금지하던 수상 스스로 안전하다고 해 놨는데 그 수입 규제를 할 수 있는 근거가 어디가 생기겠어요. 이제 당연히 일본에서는 다 너네 다 열라 그러는 것이고 안 열면 뭐 당연히 또 WTO에 또 제소 들어가고 일본의 길은 이미 또 그러고

있잖아요. 벌써부터 다 개방하라고 그러니까는 우리 정부가 아까도 뭐 우리 다 합의한 얘기 아닙니까. 국익이 어디 있느냐. 국민의 안전이 어디 있느냐. 여기에 대해서 좀 생각을 해야 된다고 봐요.

진희관: 중국 같은 경우에는 지금 수산물에 대한 조사 기간을 늘려 가지고 더 면밀히 그 조사를 하기 때문에 검사를 하기 때문에 유통기간이 길어져 가지고 아예 수입을 못 하는 상황까지 지금 그렇게 가고 있고 여러 가지 직간접적인 대책들을 마련하고 있는 것 같습니다. 저희는 오히려 이런 상태라면 이제 뭐 수산물 수입 금지도 철회해야 되는 건가 이런 우려도 있는데, 오히려 방류하게 되면 거의 모든 수산물을 이제는 막아야 되지 않느냐. 물론 과학적으로는 우리 김영호 교수님 말씀대로 퍼져나가는 방향이 있기 때문에 현재 8개 정도의 어떤 금지면 상당히 일리가 있는 것이다. 이렇게 말씀도 하시는데 어떻게 대책을 세워야 할까요?

김해창: 제가 저는 전에부터 이걸 중국 하는 걸 제가 주장을 했어요. 저는 그동안 이제 수산물검사소에 오래 있던 분한테 제가 이거 고민이 되니까 어떻게 하면 됩니까 하니까 적어도 일본 수입을 확실히 하는 방법은 전수조사를 한다고 이야기하면 됩니다. 특히 방사능도 그렇고 그러면 보통은 하루 정도 이틀 걸리는 게 최소 2주에서 뭐 쉬면 한 달 걸리기 때문에 일본에서 아예 포기를 해요. 그러면 지금 현재도 그렇게 한다면, 바로 일본의 수산에 수출하는 사람들이 영향을 미치거든요. 그럼 난리 나는 것이죠. 그다음에 하나는 이제 저는 이렇게 했습니다. 지난번에 우리 어시장도 있지만 적어도 우리 국민을 안심시키려면 정부가 기본 지금 수산업계의 보조금을 지원금을 주되 저는 수산업계도 신뢰성을 회복하려면 이 정도 해 줘야 된다 생각합니다.

우리는 우리 어민들 수산업계는 일본에서 후쿠시마뿐만 아니라 “일본에서 나오는 것 모든 것이 일본에서 잡힌 것이 중국이나 러시아, 태국을 통해서 우회 수입되는 것조차 우리는 당분간 만약에 방류한다면, 우리는 그런 것을 수입 판매하지 않겠다고 결의해도 돼요". 왜 이왕이 안 먹을 거구요. 그런데 대신에 그렇게 함으로써 국내의 어떤 그거를 보호할 수 있고요. 우리 국민들이 적어도 신뢰할 수 있는 거예요. 그거는 정부도 원래 그래야 되지만 정부 그렇게 안 한다면, 수산업끼리 사는 것이 그래 주면 저도 우리 국민들이 당분간 어느 정도는 먹을 수가 있어요. 그런 어떤 형태의 조금 더 체계적인 어떤 대응이 굉장히 중요하고 그리고 그게 이제 중국에서 그렇게 하고 나니까 바로 일본에 지금 반응이 온단 말이죠. 그럼 우리가 이번에 같은 경우는 정부도 사실 윤석열 정부가 뜰 수 있는 기회였어요. 원래는 환경 외교에서 뜰 수 있는 기회. 저는 만일에 어떻게 뜰 수 있냐면 지금 일본이 방류하겠다 하면 전 세계의 어떤 미래세대라든가 이런 우리 한국이 바다 자체에 대해서 정말 미래를 가꿔야 된다면 우리가 뭐 중국이나 중국뿐만 아니라 이 태평양 주변국하고 우리가 미래에 대해서 환경에 지금 기후 위기 시대잖아요.

거기에 이니셔티브 주도권을 쥘 수 있는 거예요. 그러고는 너희들 이렇게 하면 안 되고 다른 방법이 있는데, 그리고 만일에 너희 돈의 문제면 우리도 도와줄게. 이렇게 나가야 되면 그럼 한국이 세계 최고고 그러면 다른 나라도 UN에서도 그렇고 설득력 갖고 UN 연설을 그런 걸 해야 되는 것이죠. 근데 지금은 그냥 일본에서 이야기하는 거를 이제 설득을 하려고 하니까 일본보다 더 앞서서 일본도 하지 않은 이야기를 과학적이라는 이야기를 가지고 온 국민들을 그냥 좀 심하게 하면 우민화 만드는 것이죠. 그래서 그냥 아까 이야기한 사고 정지를 만들든지 타자 의존을 강요하는 거잖아요. 그러면 결국 우리 국민들은 현명한 국민이 될 수가 없어요.

그 문제를 지금 정부가 제대로 할 거를 해야 되는데 하지 못하니까 계속 국민들에게 뭐 하루에 뭐 브리핑을 한다지만 믿는 사람이 없어요. 지금 정부에서 제 댓글이 뭐 한 120만 뭐 이라면서 조회 수가 있고 뭐 4만 정도 댓글이 붙었는데 정부가 지금 한 7~800만 주가 있어서 엄청나요. 그런데 거기에 절반 정도 엄청난 것이 전부 정부 비난 내용이 댓글이에요. 그렇게 본다면 정부가 이야기하는 것 자체 신뢰성이 굉장히 약하다 이런 것이죠.

진희관: 그렇다면 지금 우리 정부가 이제 차후에 또 다른 정부 연장이나 또 정권 교체로도 갈 수가 있는데, 일본의 이런 방류의 시스템이 또 그때 되면 또 다른 또 논란이 될 수도 있지 않겠습니까? 근데 지금 이러한 우리 정부의 자세 때문에 나중에 또 협상의 여지는 상당히 줄여 놓을 수는 있긴 있겠지만, 그러나 지금이라도 또는 이후 다른 정부가 들어서더라도 앞으로 30년이나 이상 이어질 수 있는 방류를 그럼 어떤 시스템을 가지고 이걸 막아 나가야 될 것인가? 아니면 김해창 교수님 말씀대로 근본적으로 방류만이 해답이냐. 일본에서 또 다른 해답을 내릴, 찾을 수도 있을 텐데. 이런 것들을 일본하고 협상해 나가는 노력들이 굉장히 중요할 것 같습니다.

진시원: 그니까 저는 중요한 게 지금 상황에서 우리가 해야 될 게 사후 평가 체제를 상당히 강화해야 된다고 봐요. 한번 우리가 우리 사회가 이 상당히 논쟁에 빠져 있던 사례들을 한번 되돌아보면 광우병 때도 그렇게 나라가 시끄러웠잖아요. 근데 지금 광우병에 대해서 어떻게 됐는지 누구도 관심 없어요.

조금 전에 우리 댓글 쓰시는 분도 그렇게 올려 보냈어요. 이러다가 광우병처럼 잊혀지겠죠. 이렇게 올리셨더라고요. 한미 FTA도 1년 동안 찬반으로 나뉘어서 난리가 났었는데 실제 객관적으로 평가가 없어요. 이렇듯이 이번 후쿠시마 오염수 문제도 지금 상황에서 우리가 판단을 내리기가 어렵다면 사후적으로 계속해서 지식과 평가를 축적해 나가면서 도대체 그러면 후쿠시마 오염수가 어떤 문제를 야기하는 것인지 그게 누가 과장을 했는지 어느 진영에서 그래서 그런 사후 평가가 선다면 사후 평가를 했는데 우리가 예측했던 것보다 안전하지 않다. 그러면 더 강한 대안을 요구해야죠.

일본 정부에게 그때는 방류하지 말아라. 당신들도 이거 아는 거 아니냐. 이럴 수 있는 것이고 사후 평가를 해 봤는데 이게 오히려 뭐 걱정했던 것보다 안전하다. 그러면 그때는 이렇게까지 난리를 칠 필요는 없는 거잖아요. 저는 가장 중요한 게 이 사후 평가 체제를 객관적으로 구축하는 게 되게 중요하다. 그래서 과학을 살리고 이 안에서 정치도 민주적으로 작동할 수 있는 안에서 토론과 이 합의가 작동할 수 있는 그런 정치적인 공간을 마련해 주는 이런 사후 평가 제도를 제대로 마련하는 게 제일 중요하지 않나. 이런 생각 들어요.

김해창: 저는 이래 생각합니다. 사후 평가도 중요하지만 사후 약방문이라는 말이 있습니다. 그런 방식으로 택하면 패배합니다. 어떻게 해야 되냐면 지금 정부에게 〈국제해양법〉 소송하라고 윤석열 정부를 압박해야 됩니다. 부산시장, 울산시장, 저기 강원도 속초 뭐 이런 데 목포시장 다 모아가지고 대통령 찾아가야 됩니다. 이러다가 우리나라 망합니다. 대신에 〈국제해양법〉 제소를 하십시오. 그래서 이것 자체가 국제 환경 범죄라는 걸 이야기하고 다른 방안도 있다고 우리가 협력하겠다고 그렇게 해서 태평양 도서국까지 합쳐서 잠정 조치를 이끌어 내자. 그렇

게 지금까지는 해야 됩니다 하는 노력이 이렇게 되면 일본이 바뀔 수 있는 소지를 갖고 있는데, 우리가 침묵하면 당연히 일본에 이제는 수순이 밟았다 하고 됩니다.두 번째 국가가 이렇게 안 하니까 참 답답하잖아요. 그럼 우리 국민이 할 수 있는 게 최근에 방법이 하나 나왔습니다. UN 인권이사회라고 있습니다. 여기에 제소하는 겁니다.

개인이 할 수 있습니다. 단체가 할 수 있습니다. 이거는 제가 한 것이 아니고 이장희 한국외대 로스쿨 명예 교수님이 칼럼이나 자료를 냈어요. 그거는 뭐냐 하면, 우리가 바다 주변에 사는 우리가 오염수 때문에 딱 그대로예요. 우리가 환경권이나 생명권의 피해를 입고 있다. 우려가 높다 그렇기 때문에 인간의 어떤 권리로서 UN 인권이사회가 있어요. 이는 공식 기구예요. 거기에 우리가 개인별로 인권 침해에 대해서 제소를 하는 겁니다. 그럼 거기는 법적 구속력은 없어요. 그런데, 즉각 반응을 해 줘요. 그러면 일본이 엄청난 타격을 입습니다. 그래서 이거를 가지고 우리가 충분히 하고 또 거기에 UN 인권이사회에 있는 보고관이 있어요. 거기 전문가들이 일본 해양 방류하는 거, 인류에 대한 범죄고 위험하다고 인권을 침해한 거라고 이야기했기 때문에 우리는 충분히 제소하고 국민운동을 벌일 수도 있어요.

정부하고 안 해도 우리가 좀 민간운동으로도 사실은 가능한 면이 있기 때문에 이게 하나의 새로운 돌파구로 언론이 나가고 세계적으로 해야 되고 그다음에 저는 결론적으로 우리 청년들의 미래 세대가 우리나라 SNS 강하잖아요. 그러니까 독도 방크 독도 외교전 했듯이 독도가 지금 일본 땅이니 뭐 이랬고 우리 땅 하듯이 친구들이 엄청난 노력을 많이 했잖아요. 국제외교전 여러 등으로, 즉 미래 세대 이름 그레타 툰베리 이야기하듯이 어떻게 당신들이 그렇게 고의적으로 반인류적으로 이런 환경 범죄를 할 수 있느냐. 다른 대안을 찾으라고 계속 요구를 해야 되는 거죠.

그런 방식으로 우리가 국민들이 외국에 알리면 결국은 정부가 해야 될 일은 국민이 처음에 내가 판단해 괜찮다고 했지만, 우리 국민들이 너무 불안해서 안 되고 내가 명색이 대통령이지 않느냐. 나를 위해서 지금 일본하고 방법이 그래도 좀 잘 사귄다 하니까 일본에게 적어도 6개월 정도 방류를 연기하자. 천천히 보자. 실험하자. 대신에 아까 이야기하신 사회자님 말씀하신 대로 지금 현재 알프스에서 나오는 것이 안전한지 않은 핵종이 전부 다 걸러지는지 그리고 만일에 6,000톤의 물에 희석한 게 1,500베크렐 이하로 되고 또는 1,500베크렐 아니라 적어도 더 낮아야 되는데 그것이 맞는지를 우리가 상주해서 감시해서 매일 한 달 정도 모니터링을 해 보고 그리고는 이상 된다면 국민들이 설득해서 방류할 게 IMO 국제해사기구, 세계보건기구 이런 데 UN에다가 강력하게 이거는 인류의 미래 문제라고 우리의 총력을 뭐 정부가 하는 게 가장 맞는데 정부가 못 한다면, 우리 국민이 나서야 되고 정부라는 게 뭡니까?

국가라는 건 우리 국민과 우리 영토를 이래 합친 게 명색상 국가지요. 그래서 그런 의미에서 저는 과학을 넘어서 상식적인 문제고 정부가 조금 더 적극적으로 대응하는 모습을 보여야 되고 우리도 그렇게 하고 그러고 나서 아까 이야기하신 대로 과학적으로는 당장 이 방사능 오염이 겁나는 게 당장 먹고 죽지 않기 때문에, 2~3, 10년 뒤에 병이 걸렸을 때 방사능 오염으로 그렇게 됐다고 할 수 있는 근거가 과학적으로 나오지 않아요. 우리 마치 암이 걸렸는데 스트레스 받아서 그런지 탄 음식을 많이 먹어서 그런지 오염수 때문에 그런지를 결국 과학이 밝혀낼 수가 없기 때문에 그런 문제를 우리는 미연에 방지하기 위해서 지금 이렇게 하면 안 된다고 주장하는 논거라든가 그런 또는 이런 대담이라든가 해서 끝끝내 방류가 된다고 단정을 하면 안 된다고 봅니다.

영향을 미쳐요. 우리는 방류가 국가가 그래 하더라도 저는 좀 심하게 이야기하면 일제 시대 때 전에 관군이 동학혁명 관군하고 동학혁명 하는데 일병이 우리 의병을 같이 탄압을 했어요. 좀 역사적이지만 우리 지금 제가 보면 좀 심한 이야기로 의병 활동을 하나 그래 해야 되는 것인가? 이런 정도까지 심리적인 그런 걸 생각하고 있기 때문에 그냥 저는 자주 해결을 할 수 있는 우리 국민 우리 정부가 되기를 생각하고 뭐 과학이라고 해요. 너무 과학을 믿지 않으면 안 되지만 과학이란 이름은 강요할 수 있는 사항은 아니다. 저는 그렇게 이야기를 드리고 싶어요.

진희관: 종합적인 대책을 다 말씀해 주셨습니다. 아주 국내적으로 해야 될, 일본에게 해야 될 일. 그래서 다른 선생님들께서는 거기에 대해서 보완적인 얘기만 좀 더 해 주시면, 좋을 것 같은데, 그래서 정부가 나서서 만약에 지금 적극적으로 하지 않는다면 결국은 시민사회 영역으로 이게 돌아올 수밖에 없는 것 같긴 합니다. 그러면 시민사회가 나서서 UN에 또 제소를 하고 여러 가지 요구를 하고 그다음에 일본에서 얘기하는 1,500베크렐이라는 기준을 초과하는지 안 하는지 그건 결국은 직접 현장에 가서 누군가 감시해야 되는 것 아니겠습니까? 현재는 거기에 대한 대책도 없는 것 같더라고요 그 현장에서 관측을 안 하더라도 우리가 이제 조금 위치가 이제 일본이 있으면 사실은 조금 벗어나면 공해상이거든요. 공해상에서 관측은 할 수 있어요. 중국에서도 하고, 우리나라 합니다. 거기서 관측을 하면 역추적으로 해 볼 수가 있습니다.

김영호: 그러니까 아니 일본이 주장하는 게 떳떳하다면 100방류수를 처리됐다고 얘기하는 방류수를 거기서 같이 뽑아서 샘플로 조사할 수

있게 해야지 떳떳합니다. 하면 제일 좋고요. 근데 이제 만약에 이제 우리가 만약에 직접 가서 하는 게 뭐 가능하다면 그렇게 할 수도 있는데, 만약에 떠서 줬다. 이것도 믿을 수가 없는 거거든요. 사실은 그러기 때문에 우리 자체적인 자료가 사실 필요하다는 말씀을 제가 드리고 싶은 거고요. 그래서 이제 저는 조금 조금 분리를 아까 계속해서 이제 분리를 좀 하자. 이렇게 말씀을 드리는 건데 제가 일본이 하는 거를 조금 저도 사실은 동의를 하지 않고 그래서 막으면 좋죠. 막으면 좋은데 실제로 우리가 일본의 국내 정치에 관여할 수 있는 상황은 아니기 때문에 만약에 막을 수 없다면 막을 수 없다고 그러면 좀 객관적인 평가가 필요하다. 우리나라에 과연 영향이 있을까? 고런 부분에 대해서 객관적인 평가가 필요하다는 말씀을 드리는 거고요.

그래서 이제 지금 현재 우리가 이제 평가하고 있는 해양학적인 입장에서 해류라든가 또는 이제 방사성 농도라든가 이런 것들을 평가했을 때 만약에 현실적으로 직접적인 피해가 없는데 이걸 너무 확대해석을 해가지고 우리가 피해를 주장을 하게 되면 이게 오히려 우리한테 부메랑이 될 수도 있기 때문에 우리 수산업의 피해라든가 이런 부분에서 부메랑이 될 수 있기 때문에 우리가 그런 부분에서 조심해서 접근해야 된다. 그래서 이제 사실은 과학적인 자료, 객관적인 자료를 제가 계속 강조하는 부분이 사실 고런 부분이 있습니다. 우리가 굳이 피해를 보지 않아도 되는 부분까지도 피해를 볼 수 있기 때문에 좀 걱정이 된다. 고런 말씀을 드리는 겁니다.

진시원: 저는 이제 뭐 다 여러분들 말씀하신 대로 지금 우리가 해야 될 일은 분명히 김해창 교수님 말씀하신 대로 선제적인 노력도 필요해요. 국제기구라든지 이런 쪽에 뭐 할 수 있는 노력들을 해 보는 것도 필요하

고 사후 평가 제도를 제대로 만드는 것 그다음에 사후 대책을 또 제대로 하는 것. 특히 경제적인 피해 보상이라든지 이런 문제 이런 것들도 필요하고 저는 또 하나 중요한 거는 이 과학만능주의에 대한 근본적인 성찰이 좀 필요하다고 봐요. 이제는 우리가 지금 이상기후 때문에 이러고 살고 있잖아요. 지금 뭐 비가 이렇게 내리고 이렇게 폭염이 오고 지구가 이렇게 몸살을 앓고 있고 난리가 나 있는데, 이 아무리 공유지라고 그냥 바다에다 이렇게 갖다 버리고 여태까지 버려 왔으니까. 지금도 버려도 됩니다. 안전합니다. 이런 안일한 사고 가지고는 지구가 망하는 거예요.

이제는 그래서 좀 패러다임 인식의 전환이 필요한 시기가 됐다고 보고 그럼 이러한 것들이 다 우리가 대책으로 해야 되는데 왜 이런 대책을 우리가 못 만들고 있냐. 제가 보기에는 정치적인 문제예요. 정치인들이 여야가 국회가 대통령이 잘하고 있다면 우리가 얘기하는 대책들을 다 딱딱 마련해서 정부가 처리해 줄 거 아닙니까. 근데 지금 못 하고 있는 거잖아요. 근본 원인은 뭐냐. 우리나라가 양당제가 자리 잡으면서 양당이 이념 정당이 되면서 보수 진보 싸움이 나면서 진영 싸움, 이념 싸움 모든 것들이 혐오의 전쟁이 붙으면서 진실이 없어요. 대책이 없고 그러니까 누가 이기느냐. 정쟁 싸움으로 가면서 이런 대책을 국민들이 요구하는 이런 합리적인 대책에 대해서 어느 누구 하나 나서고 있지 못하는 상황. 그래서 저는 이 총선 제도를 좀 바꿔서 양당제를 좀 해소하면 이렇게 다수결 민주주의가 아니라 이 합의 민주주의가 이루어지면 그 안에서 심의도 이루어지고 대화도 이루어지고 이러면서 진실과 과학과 사실 팩트의 영역이 열리는 겁니다. 근데 지금과 같은 우리나라에 이런 혐오적인 갈등 지향적인 이런 정쟁 중심의 양당제로는 이거는 더 이상 안 되겠다. 그래서 좀 이 다당제나 이런 쪽을 바꾸면서 합의의 정치 문화가 좀 들어

올 수 있는 그런 것들을 좀 바꿔 줘야 되고 대통령도 이제는 좀 제도를 좀 바꿔야 된다고 봐요.

대통령이 이런 식으로 비민주적으로 일방적으로 통치를 행하는데 그러면서 후쿠시마 오염수를 이렇게 무대책적으로 이렇게 대통령이 일방적으로 밀어붙이는데 이런 데 대한 통제 장치도 이젠 좀 필요하지 않나. 이런 말씀을 제가 정치학자로서 좀 드리고 개헌까지 그렇습니다. 이게 뭐 너무 먼 얘기니까 이런 얘기 여기 와서 왜 하세요. 이러는데 저는 이게 구조적이고 제도적인 문제가 너무 먼 얘기 같지만 저는 이게 정말 중요한 해법이라고 봐요. 우리 정치 제도 정치 구조를 바꿔 놓지 않으면 무슨 문제가 와도 해결 못 하고 이러고 싸운다, 맨날.

진희관: 그래서 그렇게 가는 것도 다 좋은 방법인데 현실적으로는 좀 시간이 걸릴 것 그렇다면 결국은 정부와 또는 어떤 정치권에 의존하기 어렵다고 그러면 시민사회 영역에 일이 돼 버릴 것 같고, 아마 국제 환경운동 뭐 그린피스라든가 이런 데와 연대해서 우리의 고민을 풀어 나가는 방법밖에 현실적으로.

진시원: 당장 내년 총선에서 또 심판을 통해서 하고 있지 못하는 정부를 심판하면서 새로운 정책적인 대안을 시민들이 국민들이 요구할 수도 있죠.

진희관: 그 지금 여러 가지 대책들이 뭐 얘기가 되고 있습니다마는 지금 일본은 앞으로 장기간 동안 방류를 할 계획을 지금 가지고 있는 것이고. 그렇다고 한다면, 출발점은 우리가 막기 어렵다면 이후에 어떻게 현실적으로 가능한 것들을 해 나가느냐. 이게 굉장히 중요할 것 같아요. 근데 과학의 영역에서는 이제는 이게 옳다 그르다 이걸 얘기하는 건 이미 넘어서면 그렇다고 한다면은 장기적으로 과학자들이 해야 될 영역이라든가 또

는 어떤 그 정치가들이 해야 될 영역이라든가 다 있을 것 같습니다. 이제 마무리 말씀 한 말씀씩 해 주시고 마쳐야 되지 않을까 싶은데요.

김영호: 네, 뭐 사실은 뭐 과학자들이 할 역할은 뭐 지금도 하고, 있고 앞으로도 계속을 해야 되는데 이제 어쨌든 그쪽 방사성 오염수가 이제 방류가 됐을 때 고 부분을 계속해서 감시하는 부분은 과학자들이 해야 될 영역이라고 생각합니다. 그래서 공해상에서 또 관측을 할 거고. 그럼 우리나라 앞바다에서 관측을 해야 되고 그런 부분들을 관측을 하고 평가를 하고 그다음에 이제 뭐 좀 오래 걸리긴 하겠지만, 생물 축적도 사실은 좀 살펴봐야 될 부분이기도 하구요.

물론 이제 일본 앞바다하고 우리나라하고 조금 차이가 좀 있기 때문에 우리나라 앞바다에서 어떤 평가하는 것들이 과연 일본에서 왔는가. 요런 부분은 조금 더 오래 걸리는 주제이긴 하거든요. 그래서 고런 부분 어렵긴 하겠지만, 또 이게 이제 워낙에 또 우리 국민들의 건강에 관여된 문제이기 때문에 좀 계속해서 노력을 좀 해야 될 상황이라고 생각합니다.

김해창: 저는 이 리사이클 문제를 다 쓰고 나서 다시 처리한다가 아니라 그전에 안 쓸 거는 안 만들 수 있는 그런 체제가 참 중요하다 보니까요. 그리고 이제 미나마타병 같은 경우에 50년대에 있었는데, 그걸 인정하는 데, 눈에 다 보이는 그런 메틸수은의 중독인데 그거 인정하는 데 한 50년 정도 걸렸거든요. 일본 정부는 그렇기 때문에 정부 자체가 나쁜 거예요. 그러고는 피해자를 예를 들어서, 미나마타병에 대해서 내가 반대하고 소송을 해야 되고 떠들고 다니면 일본은 미나마타 다른 지역의 사람들이 당신들 때문에 우리가 못 살겠다. 당신들 뭐 조용히 살면 정부에서 돈도 좀 줄 것인데 이렇게 접근하는 나라는 비전이 없다고 봅니다. 일본은 그런 흑역사가 있습니다.

그래서 저는 결론적으로 우리가 아까 이야기했듯이 자주 해결을 할 수 있는 내 스스로가 좀 판단하고 현명한 어떤 대안을 찾으면 대안이 나옵니다. 정도의 눈이 눈동자가 반듯반듯하면 함부로 우리를 감히 있잖아요. 일본이 무서워서 방류를 못 합니다. 그러나 우리는 이런 식으로 쉽게 대화하고 우리 스스로가 물신주의에만 사로 잡혀있으면 쉽게 돈으로 쉽게 과학이라는 이름으로 당신은 나보다 더 알지 못하지 않느냐. 나는 박산데 이러면 박사 아닌 사람을 누를 수 있는 위험이 있습니다. 그래서 결론은 저는 우리 환경 문제를 푸는 것 중에 이런 게 말이 있습니다. 미래는 예측하는 것이 아니라 선택하는 것이라고, 즉 그냥 시뮬레이션은 남의 일로 시뮬레이션 해 주는 건 가능합니다. 그러나 내가 만일에 피해를 입는다면 나는 내 가족을 지켜야 된다. 이런 입장이면 대책을 여러 가지를 내야 되는 것이죠. 그런 문제를 저는 다시 한번 이야기를 드리면, 우리가 그냥 미래를 예상하고 이래 될 것이라는 것이 아니라 나는 이런 세상이 되기를 원한다.

나는 적어도 방류를 하면 안 된다고 보고 과학을 넘어서 방류 자체하고 다른 대안이 있고 그리고 국제 이건 과학의 이야기가 아니고 정치, 경제, 외교, 산업, 모든 세계적인 미래에 대한 달린 문제를 우리가 새롭게 시작하면서 일본과 다시 이야기를 해야 되고 우리 국내에서도 그런 식으로 좀 더 열린 공간을 가지고 접근하는 것이 대안이 되고, 설사 방류가 되더라도 그런 차원에서 다시 이제 방류가 되면 어떻게 대응하는가가 가야 되지, 그걸 기정사실화하고 하는 정도의 수준은 사후 약방문이라고 생각합니다.

진시원: 저는 뭐 한두 가지 얘기를 드리고 싶은데요. 이 과학도 살려야 되고 정치도 살려야 된다. 이게 첫 번째 얘기고 두 번째는 이제 우리가

이 계몽의 역설에 진짜 심각하게 직면했다. 먼저 과학이 아까 제가 《네이처》 지 얘기를 드렸는데 과학자들이 지금 합의를 못 하고 있다. 그렇다면 과학자들이 모여서 잘하시는 대로 관찰하고 각을 세우고 검증해서 진실과 팩트와 법칙을 우리 앞에 보여 주시면 돼요. 일을 좀 해 주셨으면 좋겠고 정치도 우리나라의 국익과 우리 국민들의 안전을 위해서 복지를 위해서 정치권이 이렇게 정쟁 싸움만 벌이지 말고 오염수 문제 가지고도 정치권에 좀 정치적인 일을 해 달라. 정치를 살려야 된다는 말씀드리고 싶고 계몽의 역설입니다. 지금 지난 3~400년 동안에 300년 동안에 계몽주의가 가져온 결국에 과학을 통해서 이성을 통해서 인류를 진보시키는 게 아니라, 결국 종말과 재앙에 가까운 상황을 끌고 온 거예요. 지금 생태가 이 모양이 나 있으니까요. 그래서 이 과학에 대한 맹신을 어느 정도 우리가 좀 이제 진짜 깊게 성찰해야 될 때가 됐다. 그래서 이제는 이 과학지상주의에 대한 이런 몰신, 맹목적인 신뢰, 이런 것들을 우리가 다시 한번 되돌려서 생각해 봐야 되는 시기가 아닌가 이 말씀 좀 드리고 싶어요.

진희관: 뭐 과학은 과학대로 대단히 중요한데 또 맹신해서는 안 되는 그런 문제가 있고 그리고 모두에게 말씀드렸지만 이 후쿠시마의 오염수가 처리되었다고 해서 방류를 하겠다고 하는데, 그렇게 친다면 지구상의 모든 잘못된 것들, 처리된 것들은 다 바닥에다 버려도 되느냐. 이번 일본의 방류가 그런 봉인을 뜯는, 봉인을 뜯는 그런 문제가 되지 않을까. 상당히 우려가 됩니다. 그래서 아까 김해창 교수님께서 종합적인 대책을 마련해 주셨는데 국내적으로 정치권과 또 시민사회의 역할이 분명히 있는 것 같고, 또 일본에게 우리가 할 수 있는 것, 아마 과학 영역에서는 많은 분들이 가서 아마 샘플링을 해서 좀 노력을 해 주셔야 될 것 같습니다.

진짜로 그리고 국제사회에서 풀어야 될 문제들도 우리가 앞으로 꾸준히 논의를 해서 내년 총선이건 다음 정권이 어떤 정권이 들어서건 간에 이런 게 좀 더 국민들에게 와닿을 수 있는 어떤 그런 정책으로 그래서 국민들이 불안감을 줄일 수 있는 그런 환경 만드는 게 대단히 중요하지 않나. 이런 생각이 듭니다. 짧지 않은 장시간, 세 분 좋은 말씀 감사드리고요. 후쿠시마 오염수 방류, 지금 여전히 해결이 되지는 않았고 앞으로 우리가 걱정이 될 부분이 더 많고 이제 우리 출발점에 서 있는 게 아닌가 싶습니다. 우리 시청자뿐만 아니라 국민 여러분들께서도 많은 관심을 좀 계속 지속적으로 가지면서 우리의 건강한 삶 그리고 한국의 어떤 국익을 지켜 나갈 수 있는 그런 환경들을 같이 동참하면서 만들어 나갔으면 좋겠다는 말씀을 드리면서 마치도록 하겠습니다. 수고 많으셨습니다. 수고하셨습니다.

후쿠시마 오영수 방류 우리는 앞으로 무엇을 할것인가?

캐내네 스피치 유튜브에서

MBC 뉴스-2

앵커: 일본이 이제 오염수를 바다로 내보낼 준비를 마쳐 가는 것 같은데요. 그런데 후쿠시마 앞바다에서 잡힌 우럭과 쥐노래미에서 세슘이 상당히 많이 나왔다는 보도가 있더군요.

기자: 네, 교도통신 보도에 따르면 지난달 후쿠시마 앞바다에서 잡힌 우럭에서 기준치의 180배인 1만 8000베크렐의 방사성 세슘이 검출됐습니다. 이뿐만 아니라 이 놀래미라고도 부르는 쥐노래미에서도 1,200베크렐의 세슘이 나왔습니다. 이 교도통신은 이처럼 높은 수치의 세슘이 검출된 것에 대해서 물고기가 잡힌 곳이 원전 근처 방파제였기 때문이라고 분석했는데요. 도쿄전력은 이 물고기들이 항만을 빠져나가지 못하도록 그물을 설치하는 대책 마련에 나섰다고 전했습니다. 이 물고기는 그물로 막으면 되지만 오염된 바닷물은 얼마든지 주변으로 퍼져 나갈 수 있기 때문에 제대로 된 대책으로 보기는 어렵습니다.

앵커: 네, 세슘도 문제지만 지금 후쿠시마 원전의 원자로가 훼손됐을 가능성이 제기되고 있지 않습니까? 도쿄전력은 별문제가 아니라고 하는데 일본 원자력규제청이 상황을 심각하게 보고 있는 모양이죠?

기자: 네, 올해 3월 도쿄전력이 원자로 안에 로봇을 투입해서 내부 상

황을 촬영했는데요. 이때 처음으로 원자로 바닥이 훼손됐을 가능성이 제기됐습니다. 정화되지 않은 방사성 물질들이 그대로 파손된 틈으로 새 나갈 수도 있다는 겁니다. 도쿄전력은 어제 원전 밖으로 방사성 물질이 날아가도 주변에 큰 영향이 없다고 발표했는데요. 발전소 주변 피폭 선량이 기준치 이하고 바닥 붕괴 가능성이 낮다는 주장이었습니다. 그러나 일본 원자력규제청은 재검토하라고 지적했습니다. 세슘 이외에 다른 방사성 물질이 방출될 가능성도 있고 지진 등 피폭 선량이 커질 상황도 있다는 겁니다. 무조건 안전하다고만 주장하는 도쿄전력의 행태에 일본 원자력규제청마저 제동을 건 셈입니다. 이 주변국들의 우려도 이어지고 있습니다.

지난 3일 아시아 안보회의에서 태평양 섬나라 피지의 장관이 일본 방위상에게 오염수 관련 비판을 했던 사실이 뒤늦게 《아사히신문》 보도로 알려졌는데요. 이 피지 장관은 일본이 오염수가 안전하다면 왜 일본에 두지 않느냐고 따졌다고 합니다. 지금까지 도쿄에서 전해 드렸습니다.

앵커: 후쿠시마 해저 터널에 도쿄전력이 바닷물을 주입하면서 방류가 초읽기에 들어간 가운데 일본 현지 시찰단장을 비롯한 관계 부처장, 차관과 여당 의원들이 모였습니다. 과학적 객관적으로 철저한 검증을 하겠다고 약속했지만, 후쿠시마 앞바다 생선에서 식품 기준치를 크게 웃도는 세슘이 검출됐다는 일본 언론 보도에 먼저 답해야 했습니다.

기자: 제가 답을 그냥 드리도록 하겠습니다. 기준치보다 초과하는 방사성 물질이 확인이 간혹 되고 있고 저희 원안위 차원에서도 당연히 부분 모니터링하고 확인해 나가고 있는 중입니다.

세슘 같은 경우는 그게 물보다 무겁잖아요. 밑에 가라앉습니다. 그래서 정주성 어류 얘기한 것 같은데, 그런 물이 흘러서 우리 바다에는 올 가능성이 없다는 거를 말씀을 드립니다. 여당은 우리 어민들의 피해 원인이 민주당의 오염수 괴담 유포에 있다고 주장했습니다. 민주당발 선동공포가 수산업계를 집어삼키고 있습니다. 연중 최대 대목이라고 하는데 올해는 이구동성으로 대목이 사라졌다고 한탄하고 있습니다.

지난 주말 부산 자갈치시장을 찾아 대규모 장외 여론전을 펼친 민주당은 이번 세션 보도를 놓고 우려가 현실이 됐다고 반박했습니다. 21년도 우럭입니다. 여러분 이런 오염수가 벌써 후쿠시마 바다에 노출돼 있습니다. 오염수 후쿠시마 방사능, 이 정도면 폐기물 아니었을까요? 그러면서 오염수 방류 절차를 중단할 수 있도록 국제해양법재판소에 제소할 것을 촉구하는 국회 결의안을 통과시키자며 여당을 압박했습니다. 새로운 결의안을 통과시킵시다. 잠정조치 재판은 한 달 가량이면 판단을 받아 볼 수 있기 때문에 가장 효과적인 억제 수단이 될 수 있다고 합니다.

앵커: 오늘 서울 광화문 일본대사관 앞에서는 여성단체와 녹색연합 등이 잇따라 오염수 해양 투기에 반대하는 기자회견을 열고 오염수를 상징하는 생수 통을 일본 대사관에 전달하는 행사도 진행했습니다. MBC 뉴스터널입니다.

기자: 농어는 식감이 쫀득하고 감칠맛이 일품이라 일본인들이 즐겨 먹는 대표적인 흰살 생선입니다. 그런데 후쿠시마산 농어에서 방사성 물질 세슘이 나왔습니다. 시내에서 팔리는 농어 1킬로그램에서 85.5베크렐의 세슘이 검출된 겁니다. 일본 정부 기준치를 넘지는 않았지만 어업조합은 자체 기준치인 50베크렐을 넘었다며 출하됐던 농어를 전량 회수하기로 했습니다.

작년 1월에도 후쿠시마산 우럭에서 기준치의 14배가 넘는 세슘이 검출됐고 재작년 7월엔 벌꿀에서도 130베크렐이 넘는 많은 양의 세슘이 나와 논란이 됐습니다. 이런 상황에서도 일본 정부가 방사능 오염수의 해양 방류 방침을 굳히자 태평양 섬나라들이 일제히 반대 입장을 내놓기도 했습니다. 오세아니아와 파푸아뉴기니, 피지 등 열여섯 개의 섬나라들로 구성된 태평양 도서국가 포럼은 일본이 방사능 오염수를 방출할 경우 참치 등 주요 어종에 악영향을 미칠 것이라며 모든 당사자들이 안전을 확인할 때까지 해양 방류를 연기해 달라고 강조했습니다. 그러나 어제 이들 국가 대표단을 만난 기시다 총리는 사람의 건강과 해양 환경에 악영향을 주지 않도록 하겠다며 해양 방류 강행 입장을 재차 확인했습니다.

일본 정부는 다핵종 제거 시설로 방사성 물질들을 제거한 뒤 방류하겠다고 하지만 삼중수소 등 일부 물질은 정화되지 않습니다. 이 때문에 일본이 오염수 방류를 강행할 경우 먹이사슬이 복잡한 전 세계 해양 생태계에 악영향을 미칠 수 있다는 우려가 끊이지 않고 있습니다. 도쿄에서 MBC 뉴스 현영준입니다.

일본 후쿠시마 원전 폐수, 언론이 말하지 않은 4가지

이재성(논설위원): 세계 3위의 경제대국 일본이 이렇게 지구와 주변국들에 피해를 주는 이유가 돈이 아까워서라니 얼마나 허탈합니까?

김대기(대통령비서실장): IAEA를 못 믿겠다는데 이제 그렇게 되면, 뭐 그거는 세계 최고 전문가들이고

이재성: IAEA는 바로 국제적 원전 마피아인 셈입니다.

주호영(국민의힘 전 대표): 일본 따위에게 오염수 방류를 합리화하고 정당화할 수 있는 어떤 빌미도 없다.

원희룡(전 제주도지사, 현 건설교통부장관): IAEA가 이미 일본과 미국의 입김이 워낙 센 기구구요.

성일종(국민의힘 의원): 방사능 괴담으로 횟집이나 어민들이 어려워지면 이 책임 다 민주당이 져야 한다.

이재성: 삼중수소를 섭취할 경우 다른 방사성 핵종보다 더 강한 방사능을 방출할 수 있습니다. 반대에도 불구하고, 일본은 후쿠시마 폐수를 태평양에 곧 버리려고 일본이 제공하는 부실한 정보로는 오염수의 안정성을 확인할 수가 없다는 것입니다. 핵연료가 콘크리트 바닥을 끌고 내려가고 있다는 얘기입니다.

이재성: 안녕하세요. 논썰의 이재성 논설위원입니다. 처음 인사드립니다. 저는 오늘 일본 후쿠시마 원전 오염수에 관해 말씀드리려고 합니다. 많은 국민께서 걱정이 많으신데요. 걱정은 바로 믿지 못하는 데서 온다고 생각합니다. 뭔가 복잡하고 어려운데 투명하지 않아 믿지 못하겠다는 겁니다. 일단 일본 정부와 도쿄전력에 대한 불신입니다. 특히 도쿄전력은 후쿠시마 원전 폭발 이후 중요한 고비마다 여러 차례 거짓말을 한 사실이 드러났습니다. 워낙 많아서 일일이 소개하기 어려울 정도인데요. 대표적인 것만 말씀드리겠습니다.

도쿄전력은 처음에 알프스라고 불리는 다핵종 제거 설비 그러니까 방사성 오염수 처리 시설이 물과 분리가 어려운 삼중수소를 제외한 거의 모든 방사성 핵종을 제거할 수 있다고 주장했는데요. 2020년 8월에야 탄소-14도 걸러 주지 않는다는 사실을 처음으로 인정했습니다. 탄소-14의 반감기는 5,730년으로 생물에 꽤 축적됩니다. 방사선량이 절반으로 줄어드는 데 5,730년이 걸린다는 얘기입니다.

2021년에는 알프스의 오염 물질 여과 필터 25개 중 24개가 손상된 사실이 드러났습니다. 당시로부터 2년 전인 2019년에도 똑같은 필터 파손이 있었지만 도쿄전력은 원인 분석이나 대책 마련 없이 운전을 계속했다고 합니다.일본 언론이 도쿄전력을 비판한 경우도 있습니다. 도쿄전력은 후쿠시마 제1원전의 방사성 물질을 안전하게 관리하고 있다는 걸 홍보하기 위해서 시찰 투어를 운영했는데요. 알프스로 정화한 오염수가 담긴 병에 방사선 중 감마선만 검출되는 선량계를 갖다 댄 뒤에 반응이 없으니 안전하다는 취지로 설명했다는 것입니다.

그런데 삼중수소는 베타선이 나오거든요. 그러니까 이 선량계로는 삼중수소를 감지할 수 없습니다. 감마선이 방출되는 세슘의 경우도 농도가 상당히 높아야만 측정이 가능했다고 합니다. 이렇게 방사선이 나오지 않는 것처럼 눈속임을 하고 있다는 비판입니다. 이밖에도 도쿄전력은 원전 폭발 초기에 핵 연료봉이 녹아내리는 노심용융 그러니까 멜트다운을 부인하다가 사고 두 달 만에 뒤늦게 인정하기도 했습니다. 원전 건설 당시에 비용을 아끼려고 해수면과 비슷한 높이로 원전을 짓는 바람에 사고가 난 뒤 엄청난 양의 지하수가 쏟아져 들어오는 원인을 제공하기도 했습니다.

오염수를 굳이 바다에 버리겠다는 것도 결국 돈 때문입니다. 돈 차이가 얼마나 나길래 저러는 걸까요? 일본 알프스소위원회 사무국은 2018년 다섯 가지 처분 방법을 제시했는데요. 그중 해양 방출이 34억 엔으로 가장 쌉니다. 34억 엔이면 대략 340억 원이 안 되는 돈입니다. 수증기 방출이나 수소 방출, 지하 매설이나 지층 주입 등 다른 방안들에 비하면 10배에서 100배가량 쌉니다. 비용 문제 때문인가요?

서균렬(서울대학교 원자핵공학과 명예교수): 맞습니다. 비용 때문에 제일 싸죠. 다른 방법은 조, 공이 하나 붙고 앞에 숫자가 2, 3, 4, 5 올라가거든요. 뭐 수소로 방출한다. 증기로 방출한 지하 매립한다. 근데 그건 들러리를 했다가 그냥 쑥 들어가고 바다에 버리는 게 340억 원이란 말이죠?

이재성: 우리는 분명히 알아야 합니다. 해양 투기는 유일한 해법이 아닙니다. 일본이 국제사회의 반대에도 불구하고, 오염수를 바다에 버리려는 이유는 방법이 깨끗하고 안전해서가 아니라 가장 싸기 때문입니다. 스트론튬이 몇 베크렐이니 기준치의 몇 배니 하는 것들은 다 부질없는 논란에 불과합니다. 세계 3위의 경제대국 일본이 이렇게 지구와 주변국들에 피해를 주는 이유가 돈이 아까워서라니 얼마나 허탈합니까? 너무나 이기적인 결정이 아닐 수 없습니다.

김대기: IAEA를 못 믿겠다는데 이제 그렇게 되면 뭐 세상 믿을 데가 없죠. 그거는 세계 최고 전문가들이고 또 우리나라의 박사 그런 사람들도 다 들어가서 같이 연구하고 있습니다.

이재성: 일본 정부가 오염수 해양 방류 결정을 발표한 것은 2021년 4월 13일입니다. 그런데 국제원자력기구 IAEA는 일본 정부의 공식 발표가 나오기 전부터 여러 차례에 걸쳐 일본의 해양 방류를 지지한다고 밝혔습니다. 심지어 지금으로부터 8년 전인 2015년에도 후쿠시마 원전 오염수의 해양 방류를 권고한 사실이 드러났습니다. 이런 단체가 지금 세계를 대표하여 후쿠시마 원전 오염수의 안전성을 검증하고 있습니다. 한국 정부도 IAEA 검증 발표를 기다린다는 게 공식 입장입니다. 과연 믿을 수 있을까요?

IAEA와 일본의 특수화, 이미 많이 알려져 있습니다. 세 번째로, 많은 출연금을 낸 나라이고 일본 정부뿐 아니라 민간에서도 IAEA에 의해 유형, 무형의 지원 및 후원을 많이 한다고 합니다. 일본인 아마노 유키아가 2009년부터 2019년 숨질 때까지 만 10년 동안 사무총장으로 일하기도 했습니다. 그런데 그보다 더 중요하지만 우리가 흔히 간과하는 사실이 하나 있습니다. “IAEA가 세계 원전업계 및 원전 이용 국가들의 이익단체라는 사실입니다.”

겉으로 보기에 UN 산하기구 또는 전문기구인 것처럼 보이지만 사실상 독립단체입니다. 여러분, 원전 마피아라는 말 아시죠. 원전업계의 이익을 대변하면서 수혜를 누리는 집단을 말하는데요. IAEA은 바로 국제적 원전 마피아인 셈입니다. 낮은 비용으로 오염수를 처리하고 후쿠시마와 원전 사고를 사람들의 기억에서 빨리 없애는 것이 IAEA와 일본의 공통 목표라고 할 수 있습니다. 둘은 이익 공동체입니다.믿을 수 없는 것은 한국 정부와 여당도 마찬가지입니다. 무엇보다 야당일 때와 태도가 완전히 달라졌습니다. 문재인 정부 시절인 2021년 6월 당시 여당이었던 더불어민주당과 야당이었던 국민의힘, 정의당 등은 본회의에서 여야 합의로 결의안 하나를 통과시킵니다.

일본 정부의 후쿠시마 방사성 오염수 해양 방출 결정 규탄 및 오염수의 안정성 확보를 위한 적극적인 대책 촉구 결의안이라는 제목입니다. 결의안은 이렇게 주장합니다. 오염수에는 인체 치명적인 삼중수소를 비롯하여 60여 종의 방사성 물질이 포함되어 있는데, 완전한 제거가 어렵다는 것이 전문가들의 의견이다. 대한민국 국회는 "일본 정부의 일방적인 후쿠시마 방사선 오염수 해양 방출 결정을 강력히 규탄하며 해당 결정을, 즉각 철회할 것을 촉구한다". 이 결의안을 대표 발의한 사람이 지금 대통령실 국가안보실장으로 있는 조태용 당시 국민의힘 의원입니다. 김기현 국민의힘 대표와 박진 외교부 장관 등이 공동 발의했습니다.

주호영: 일본 따위에게 오염수 방출을 합리화하고 정당화할 수 있는 어떤 빌미도 우리가 먼저 제공해서는 안 될 것입니다.

원희룡: IAEA가 이미 일본과 미국의 입김이 워낙 센 기구예요. 원자력기구도 뭐 안전하다 그랬고 상대방 주장을 넙죽 받아들여서는 절대 안 됩니다.

이재성: 끝까지. 이랬던 국민의 힘이 지금은 어떻습니까? 후쿠시마 오염수 방류를 반대하는 민주당에 이렇게 말합니다.

김민수(국민의힘 대변인): 마치 괴담을 믿지 않으면 믿을 때까지 반복하면 된다는 괴벨스의 선동 정치를 보는 것 같습니다. 민주당은 이제 그만 주술적 굿판을 멈추고 얌전히 과학적 결과를 기다리기 바랍니다.

성일종(의원): 옛날 우리가 광우병이라든지 사드 문제로 성주 참외가 다

못 먹는다 그랬는데 성주 참외 그 당시에 매출액이 떨어져 가지고 참외 밭을 갈아엎는 분도 생겼었거든요. 민주당, 이것에 대해서 사과를 하거나 보상 한번 얘기한 적이 있습니까? 지금 방사능 괴담으로 횟집이나 어민들이 어려워지면 이 책임 다 민주당에 있습니다.

이재성: 국민의힘의 태도가 이렇게 돌변한 것은 윤석열 대통령의 외교 정책과 관련이 있습니다. 미국과 일본 편중 외교를 펼치고 있는 윤석열 정부에게 후쿠시마 오염수는 빨리 치워 버려야 할 걸림돌이기 때문입니다.

윤 대통령이 일본을 방문했던 지난 3월, 교도통신은 이렇게 보도합니다. 윤대통령이 스가 요시히데 전 총리 등 일본 정계 인사들을 만난 자리에서 후쿠시마와 오염수 방류에 대한 한국 정부의 이해와 함께 일본산 수산물 수입 금지 조처 철폐 요청이 있었다는 겁니다. 이에 대해 윤 대통령은 시간이 걸리더라도 한국 국민의 이해를 구해 나가겠다고 답했다고 합니다.

윤 대통령은 또 문재인 정권이 오염수 문제를 이해하는 것을 피해 온 것 같다고 지적하면서 문 전 대통령의 정치적 입장 때문에 일본의 설명이 한국에 충분히 알려지지 않았다는 인식을 나타냈다고 교도통신은 전했습니다. 대통령실은 이에 대해 일본 후쿠시마산 수산물이 국내로 들어올 일은 결코 없을 것이다. 일본산 수산물 수입 관련 국민의 건강과 안전이 최우선이라는 정부 입장에는 변함이 없다고 말했습니다.

수산물 수입에 대해서만 언급하고 후쿠시마 오염수 방류에 대해서는 별도의 해명을 하지 않았습니다. 후쿠시마 오염수 방류에 대해 국민 이해를 구하겠다는 대통령 발언을 사실상 인정한 것입니다. 윤석열 대통령은 이미 오래전에 일본을 이해할 결심을 한 것입니다. 이렇게 정치적으로 먼저 이해를 결심해 놓고, 시찰단을 보내는 행위에 대해 많은 국민이 요식행위라고 생각하고 들러리라고 비판하는 건 당연한 일입니다. 입으로는 과학을 말하지만 정작 과학을 무시하는 것은 윤석열 정부와 국민의힘 그리고 일본입니다.

삼중수소가 대표적입니다. 이들은 삼중수소가 수소의 한 종류로 빗물이나 바닷물, 수돗물, 우리 몸에도 존재하며 약한 방사선이 방출되지만 종이 한 장으로도 막을 수 있을 정도이고 체내에 들어가도 축적되지 않고 물과 함께 배출된다고 주장합니다. 삼중수소의 베타 방사선이 체외에 있으면 위험하지 않은 건 맞습니다. 하지만 내부 피폭 위험성은 더 크다는 연구 결과들이 나오고 있습니다. 삼중수소가 DNA에 미치는 영향을 연구한 논문이 130개 이상 있는데, 대부분의 논문이 삼중수소로 인한 유전적 손상에 대한 증거를 발견했다고 합니다. 삼중수소를 섭취할 경우 다른 방사성 핵종보다 더 강한 방사능을 방출할 수 있습니다.

실제로 유기적으로 결합한 삼중수소를 조사한 결과 삼중수소가 체내에 머무르는 시간이 다른 핵종보다 더 길 수 있습니다. 이 상태에서 삼중수소는 생체 축적 특성을 보인다는 사실이 논문으로 밝혀졌습니다.

후쿠시마 오염수 방류를 찬성하는 쪽이 가장 많이 예로 드는 근거가 우리나라 원전도 삼중수소를 바다에 버린다는 것입니다. 54기의 원전을 운영 중인 중국도 마찬가지라는 겁니다.

그런데 정상적으로 운전 중인 원전을 식히는 데 필요한 냉각수에서 나오는 삼중수소와 노심용융으로 노출된 핵연료에 직접 닿은 오염수를 비교하는 것은 어불성설입니다. 어떤 수치를 갖다 대도 넘어설 수 없는 차이입니다. 방사성 물질도 국내 원전은 17종인데 비해 후쿠시마 원전은 64종입니다. 한국도 오염수를 방출한다는 발언의 원전은 일본입니다.

우리로 치면 환경부 장관이 환경상을 지낸 하라다 요시야키가 2019년 9월 20일 말한 건데요. 일본이 자국의 이익을 위해 만들어 내는 논리를 똑같이 따라 하는 사람들은 누구를 위해서 그러는 걸까요? 앞에서 도쿄전력의 상습적 거짓말을 말씀드리면서 알프스라는 장비에 대해 언급했는데요. 세계적 과학 저널 《사이언스》도 이 장비를 믿을 수 없다고 밝혔습니다. 《사이언스》가 올해 1월 보도한 기사 제목이 '반대에도 불구하고, 일본은 후쿠시마 폐수를 곧 태평양에 버리려고 한다.'입니다. 이 기사에서 미국 몬터레이 미들베리 국제연구소 방사능 측정 전문가인 페렌츠 달러키 베레스는 오염소에 뭐가 있는지 우리는 정말 모른다고 말합니다.

도쿄전력은 오염수 탱크의 4분의 1에서만 소량의 물을 샘플링했고 삼중수소와 제한된 수의 다른 방사성 핵종의 농도를 측정했다고 그런 말을 합니다. 스트론튬-90과 세슘-137은 각기 다른 농도로 나타나 여과 시스템이 얼마나 잘 작동하는지에 대한 의문이 제기되고 있다고 기사는 지적합니다.

주요 핵종의 농도가 들쭉날쭉한다는 얘기입니다. 태평양 도서구 포럼 과학자 패널 자문위원인 아르존 마크히자니도 같은 주장을 합니다. 오염수 분석을 위한 표본 채취가 절대적으로 부족해서 일본이 제공하는 부실한 정보로는 오염수의 안정성을 확인할 수 없다는 겁니다. 한국의 후쿠시마 시찰단이 이번에 받았다는 데이터도 비슷한 상태일 것으로 예상합니다.

마크히자니는 일본 정부는 알프스를 통해 관리하던 64개 방사성 핵종 중 9개 핵종에 대해서만 검사를 진행하겠다고 하는데, 표본 채취 수량도 매우 부족하다. 저장탱크 그룹당 30리터의 샘플을 단 1회 채취하는데 저장된 탱크 중 20% 정도에서만 표본이 채취되는 것이다. 적은 오염수 샘플로는 오염수의 안정성을 증명할 수 없다고 말합니다. 앞에서 언급한 숀보니 위원은 일본 정부가 의도적으로 삼중 수소에만 포커스를 두고 방사선 영향이 적고 피해가 거의 없을 것처럼 강조하고 있다고 주장합니다.

일본 반핵정보자료실 대표인 반 히데요키도 일본의 고의적 삼중수소 프레임을 지적하면서 우라늄-238, 플루토늄, 아메리슘-241 등 다른 핵종의 위험, 특히 우라늄의 경우 반감기가 무려 45억 년이어서 우리가 상상할 수 없는 시간 동안 계속 분열하며 방사선을 내뿜는다는 겁니다. 일본 정부는 2050년까지 후쿠시마 원전의 폐로를 마무리하겠다고 하는데, 폐로가 계획대로 진행되지 못할 가능성이 큽니다. 장기간 방출이 이어지는데 일본 정부는 방출되는 방사성 물질의 총량에 대해서는 밝히지 않고 있습니다.

이번 세기 내에 폐로는 불가능하다는 주장도 나옵니다. 핵은 우리가 상상하는 것 이상으로 파괴적입니다. 최근 보도를 보면 멜트 다운이 일어난 후쿠시마 제1원전 1호기 원자로를 둘러싼 원통형 철근 콘크리트 구조물이 녹아 철근이 노출된 상태라고 합니다. 또한 노출된 핵연료에서 발생하는 열로 인해 원자로 바닥에 구멍이 뚫려 있을 가능성이 크다고 합니다. 핵연료가 콘크리트 바닥을 뚫고 내려가고 있다는 얘기입니다.

앞서 과학자들의 의견을 소개해 드렸는데요. 한마디로 오염수의 실체를 알 수 없고 도쿄전력의 데이터를 신뢰할 수 없다는 겁니다. 무죄와 불신은 두려움을 불러옵니다. 이건 인간의 본능입니다. 본능적 두려움을 괴담으로 치부하고 찍어 누르면 집단적 반발이 생깁니다. 이명박 대통령 당시 미국 소 수입 반대 촛불집회가 활활 타올랐던 이유도 바로 여기 있습니다. 여당은 작금의 후쿠시마와 오염수 사태를 광우병 같은 괴담으로 치부하는데 오히려 일본의 방류 행위를 정당화하려는 정부 여당의 행태가 광우병 사태 초기와 닮았습니다. 무조건 믿으라고 하면, 불신과 두려움이 커지고 반발도 커집니다. 특히 지금처럼 원자로를 독점하고 있는 집단이 신뢰성을 잃은 경우에는 더욱 그렇습니다. 이번에도 역시 수산물이라면 먹거리와 직결된 문제라 잠재적 폭발성도 비슷하게 큽니다. 정부는 국민의 생명과 안전을 지켜야 할 의무가 있습니다. 일본 정부와 도쿄전력이 주는 일방적인 정보가 아니라 우리 국민이 정말 이해하고 납득할 만한 직접적인 접근을 허용하도록 요구해야 할 의무가 있습니다. 그런데 어떻습니까?

후쿠시마 오염수 문제를 처리하는 대한민국 정부는 그렇게 하고 있습니까? 국민의 한 사람으로서 묻지 않을 수 없습니다.

유튜브 논썰

한겨레TV

"오염수 방류 환영 아닌데요"
일 장관 선 넘자 독일 장관 "정색"

주요 7개국 장관들이 모인 G7 기자회견 자리에서 회의 성과를 설명하는 일본 측의 주장에 독일 장관이 정면으로 반박하는 이례적인 일이 벌어졌습니다. 슈테피 렘케 독일 환경부 장관은 어제 일본 삿포로에서 폐막한 G7 기후 에너지 환경 장관의 기자회견에서 일본의 후쿠시마 원전 오염수 방류를 환영할 수 없다고 밝혔습니다. 교도통신 등 일본 현지 매체에 따르면 렘케 장관은 후쿠시마 원전 오염수 처리와 관련한 도쿄전력과 일본 정부의 노력에 비상한 경의를 표한다면서도 오염수의 해양 방류에 관해선 환영한다고 할 수 없다고 말했습니다.

앞서 니시무라 일본 경제산업상이 이번 회의의 성과를 소개하면서 오염수의 바다 방출을 포함한 일본의 투명성 있는 노력을 각국이 환영한다고 입장을 밝혔다고 언급하자 옆자리에 앉아 있던 독일 장관이 그건 아니라고, 즉각 반박하고 나선 겁니다. 실제 이번에 발표된 공동성명에 따르면 국제원자력기구의 검증을 동반한 일본의 투명한 원전 대응을 환영한다고 했지만, 오염수의 해양 방류에 대한 언급은 없었습니다.

니시무라 경제산업상은 회견 이후 취재진에 잘못 말했다며 자신의 발언이 과장됐음을 인정했습니다. 일본은 원래 이번 공동성명에 해양 방류를 위한 일본의 투명성 있는 프로세스를 환영한다는 문구를 넣으려 했지만, 다른 국가들의 반발로 실패한 것으로 알려졌습니다.

일본 정부는 올여름 안으로 후쿠시마 원전 오염수를 바다로 방출할 계획을 가지고 있습니다.1킬로미터 길이의 해저터널을 만들어 이르면 이번 봄이나 여름부터 후쿠시마 원전 오염수를 바다에 방류하겠다는 일본 정부 해저터널 공사도 이제 막바지에 이른 것으로 알려진 상황. 시민단체는 해결 방안 모색과 방류 계획 철회를 요구. 오염수가 바다에 버려진다면 일본과 가까운 부산은 당장 영향을 받을 것이다.

최동섭 / 부산 참여연대 총괄본부장

부산 시민의 안정과 생명을 위협할 뿐만 아니라 어민과 수산업 종사자의 생존권이 위협받을 것이다.방사능 물질의 생물학적 농축에 대한 충분한 연구가 이뤄져 안전성이 확인될 때까지 100년이 걸리더라도 일단 보관하자고 주장했습니다.

방류를 눈앞에 두고 불안감이 고조되는 가운데 국회에서는 긴급 좌담회를 열고 과학적 검증을 통해 국민의 우려를 가라앉히겠다는 입장을 밝혔습니다.

안병길 / 국민의힘 의원

우리 정부의 기조는 확고합니다. 과학적이고 객관적인 검증 방법을 따라야 된다. 그리고 IAEA 등 국제 기준에 따라야 된다.하지만 시민들은 우려의 목소리를 내고 있습니다.

조혜수 / 부산 동래구 명장동

이제 해산물을 일절 안 먹게 되지예. 바다 생선은 안 먹을 거 같아요. 분명히 영향은 있지예. 그걸 먹고 뭐 기형아도 생긴다는데 안전하다고 절대 안 믿지.

어민들은 당장 먹고살 길이 끊기는 것 아니냐며. 우려하고 있습니다.

김갑자 / 부산 수영구 민락동 회 센터

우짤 겁니까? 이 장사하겠냐고. 처음 손님들이 더 걱정하고 이런다니까. 그러니까 방사능 뿌린다고 하는데 어떻게 할겁니까...어떻게든 막아 주셔야지 정부에서.일본이 원전 오염수를 방류하지 않도록 정부가 목소리를 내 주기를 바라고 있습니다.

국민들의 우려와 반발이 커지고 있는 가운데 후쿠시마 원전 오염수 방류 시점은 점점 다가오고 있습니다. MBC 뉴스 김민아입니다.

조용하던 경남, 남해부터 반발..
"국가는 왜 나몰라라 하나"

경남 남해에선 어민 700여 명이 삶의 터전인 포구에 집결했습니다. 어민들이 나서 방류에 반대하는 대규모 집회까지 연 건 경남에선 처음입니다.

"원전 오염수 해양방류 당장 중단하라!"

어민들이 모인 건 수산물 소비를 꺼리는 분위기가 커지면서 이미 생계를 위협받고 있기 때문입니다. 방류한다는 소문만으로도 이렇게 수산물 소비가 급감을 하는데 만약에 방류를 하게 된다면 우리나라 국민들 80% 이상이 수산물 안 먹겠다고 합니다. 수산물 소비 촉진 행사나 대출 확대 같은 어민 지원책이 나오고는 있지만 영업 손실에 대한 피해 보상이나 특별법 제정 같은 실질적인 대책이 필요하다는 주장입니다. 국가에서 어업인을 나 몰라라 하는 부분에선 도저히 납득할 수 없고 이런 부분은 개선되어서 전국 어민의 총연맹과 공무원 노조도 기자회견을 갖고 어민 생존권 문제를 정치적으로 악용하지 말라고 경고했습니다. 오염수 방류가 초읽기에 들어가면서 시민의 불안감은 더 높아졌습니다.

"회도 좋아하고 해산물도 좋아하는 입장에서 지금부터도 솔직히 꺼려지는 입장인데 방류를 한다면, 더 못 먹을 거 같아요."

해운대구와 영도고 학부모들은 아이들 먹거리 안전을 지키겠다며 방사능 안전급식 조례 제정에 나섰고 제주 어민들은 오는 6일에, 부산지역 시민사회는 오는 8일에 오염수 방류 반대 대규모 집회를 열 계획입니다. MBC 뉴스 김윤아입니다.

후쿠시마 오염수 방류 시도를 막기 위해 제주의 농어민들이 모였습니다. 이들은 원전 오염수 방류는 생존권 자체를 박탈하는 일이라며 방류 시도 중단을 요구했습니다.

고송자 / 제주도 해녀협회 사무국장

이제라도 가능한 모든 방법을 동원해서 오염수 방류를 막아야 합니다. 그래야 우리도 살고 후손들도 아름다운 제주에 살수 있습니다.

국민의힘 소속 제주도 의원 열두 명 전원이 기자회견을 열어 정부의 오염수 반대 입장을 밝히라고 요구했습니다. 국민의힘 광역의원 가운데 처음입니다. 부산에서는 해녀들까지 나서 오염수 방류는 어업인뿐만 아니라 모두의 삶을 위협하는 일이라며 일본 정부를 규탄했습니다.

김정자 / 기장군 해녀회 회장

그 물이 바다에 나가면 돌아서 7개월 후엔 결국 부산 앞바다 여수 앞바다 옵니다. 왜 우리가 그 물을 먼저 먹어야 됩니까?

부산시는 행정부지사를 단장으로 하는 오염수 방류 대응 전담 팀을 구성했습니다. 하지만 경남은 행정도 수협을 비롯한 수산업계도 어민단체도 비교적 조용합니다.

어시장 상인회 관계자

인자 손님이 줄어들고 아무래도 인자 그러니까 뭘 뭐 해야 안 되겠나..

웅성거리기는 해도 상인회 차원에서 특별한 계획은 없습니다.정부 눈치를 보느라 반대 목소리를 내지 못하고 있다는 겁니다.

어시장 관계자

솔직히 일어나야 우리도 따라서 졸자들이 일어날 긴데. 윗선들이 조용한데, 뭐. 우리가 뭐.

수협 관계자

엄청 스트레스 많이 받아요. 우리가 저걸 반대를 해야 되면 무척 막아야 되는데 막을 수 있는 방법은 없고 그것도 가만히 있으려니 속만 타고. 국민들은 "저것들 뭐하는 거고…."

이러한 가운데 경남도의회는 일본 원전 오염수 방류 대책 특별위원회 구성을 논의했지만, 결국 무산됐습니다. 경상남도도 수산물 방사능 검사와 오염수 괴담에 적극 대처하겠다면서도 방류 반대에는 소극적인 모습입니다. MBC 뉴스 유정석입니다.지난 2021년 4월 일본이 오염수 해양 방류를 결정하자 남해안 어민들은 대규모 해상 시위에 나섰습니다. 수협을 비롯한 어민 단체들도 참여해 우리 수산업계의 괴멸적 피해를 걱정했습니다.

이윤수 / 경남어류양식협회장

중앙정부 차원에서 정말 안전한 어떤 저희들이 해역을 지킬 수 있도록 앞으로 후손들에게 이런 해역을 갖다 물려줄 수 있는 그런….

박천주 / 통영수협 지도상무

우리 어업인 및 수협, 수산 단체에서는 어떠한 일이 있어도 이걸 꼭 생계가 걸려 있는 문제이기 때문에 막을 수밖에 없는 그런 입장입니다.

나아가 전 세계 수산업을 위협하는 무책임한 행위라고 규탄했습니다. 하지만 강경하게 지속되던 반대 기류는 '윤석열 대통령이 통영을 방문한 지난 3월부터' 달라지기 시작했습니다. 4월에 예정돼 있던 대규모 규탄 집회는 흐지부지 사라졌고 어민단체들은 침묵하고 있습니다. 일본 정부가 설비 시운전을 마치고 조만간 바다에 오염수를 흘려보낼 기세인데도 방류 결정 당시만 해도 들끓었던 분위기는 오히려 가라앉았습니다.

지옥철 / 통영거제환경운동연합 대표

정부만 바뀌었을 뿐인데 몇 년 전에는 자발적으로 예선을 내서 반대 시위도 하고 했는데, 침묵으로 일관하니까 왜 그런지, 왜 그런 사회 분위기가 됐는지 이해할 수 없습니다.

실제 인체에 미치는 유해성을 떠나 오염수 방류 사실 자체만으로 수산물 소비는 급격히 위축될 수밖에 없다는 지적입니다. 제주연구원이 지난해 내놓은 자료에 따르면 1,000명을 대상으로 한 설문조사에서 응답자의 83.4%가 오염수가 방류되면 수산물 소비를 줄이겠다고 답했습니다.

MBC 뉴스 정성호입니다.

오염수 방류 임박
후쿠시마를 가다

이른 새벽 후쿠시마의 항구로 향한 〈추적 60분〉 제작진. 어민의 도움을 받아 후쿠시마 제1원전 앞바다에 가 보기로 했습니다. 이곳에서부터 원전까지는 60킬로미터 거리. 어둠을 가르고 오염수를 처리해 방류한다는 예정지로 향했습니다.

여기서 가시면후쿠시마원전 까지 몇 시간 정도 예상하신 건지, 2시간 정도 갑니다. 파도가 높아 가는 길이 쉽지 않습니다. 주변이 보이지 않는 뿌연 날씨. 그럼 안개 때문에 잘 보이지는 않는데. 안개가 걷히면서 원전 일대가 모습을 드러내며 정확히 하늘색. 원통 저장 탱크가 다 보이고 1호기, 2호기, 3호기 크레인 같은 게 더 보이고 조금 더 가까이 가자 원전 내 보관 중인 오염수 탱크들. 해안을 따라 빼곡하게 늘어선 모습이 육안으로도 선명하게 보입니다.

저희가 지금 1킬로미터 정도 거리에 있는데, 이게 지금 1킬로미터 거리쯤에 배출구가 나온다고 지금 돼 있고 그러면 아마 이 쯤에 해저터널의 길이는 1킬로미터. 후쿠시마 제1원전의 항만 아래 수심 12미터 지점에 위치합니다.

이미 지난달 해저터널에 바닷물을 주입하는 작업이 완료됐고 2주간의 시운전도 모두 마무리됐습니다. 여기가 방출구가 있을 수 있다는 말씀.

시청자 여러분 안녕하십니까? 〈추적 60분〉이 돌아왔습니다. 다시 시작하는 〈추적 60분〉의 진행을 맡은 유종훈 피디입니다. 대한민국 최초의 탐사 프로그램 〈추적 60분〉이 주목한 이번 주 이야기는 후쿠시마 오염수입니다. 이것이 방송 3일 전 공개된 국제원자력기구의 최종 보고서입니다. 오염수 방류가 국제 안전 기준에 부합하고 사람과 환경에 미치는 영향이 미미하다. 라파엘 그로시 사무총장이 일본을 직접 방문해 밝힌 내용입니다. 이제 카운트다운에 들어간 오염수 방류. 모든 관심은 후쿠시마로 집중되고 있습니다. 원전 사고가 일어난 지 올해로 12년째. 지금 후쿠시마는 어떤 상황일까요? 하동연, 박병길 두 피디가 다녀왔습니다.

후쿠시마 원전 일대를 둘러보기로 한 제작진.

"국도 쪽으로 오면 이제 0.2~ 0.6마이크로시버트까지 올라가요, 이제."

일본 기준 방사선량 노출 한도는 시간당 0.23마이크로시버트. 차량 안에서도 기준치를 웃돕니다. 제작진도 안전을 위해 빠르게 이동합니다. 높은 수치와 함께 경고음이 울립니다. 이곳에 한 시간을 머문다면 피폭 기준치를 13배 초과하는 셈입니다. 원전과 5킬로미터 거리. 피난 지시가 해제된 지역을 가 봤습니다.

"요 주변이 후타바마치 옛날 시내고요. 오려고 하면, 올 수 있는 지역인데 대부분 다 안 돌아오는 거죠. 분명히 이제 사시는 분은 없는 상태라고 봐요."

"없지는 않습니다. 군데군데 아주 고령자라든가 아예 떠나지 않은 사람도 사실은 있으니까요. 근데 이제 그런 분들 말고 일단 떠났던 사람이 다시 돌아오는 게 거의 없는 상태인 거죠. 그래서 사실상 보시다시피 풀도 다 우거져 있고 문도 다 망가져 있고 이제 거의 유령 도시화가 돼 있는 거예요."

사람이 보이지 않는 마을. 다른 곳의 상황은 어떨까. 전원이 꺼진 방사선량 측정 장비가 보입니다. 제작진이 다가가자 담당자가 나타납니다.

"이곳의 방사선량은 어느 정도일까?"

"8.6이면은 엄청나게 높아."

기준치의 무려 37배. 귀환 곤란 구역은 거주가 불가능한 지역입니다. 연간 방사선 피폭량이 엑스레이를 수백 번 찍는 것과 맞먹습니다. 후쿠시마 전체 면적의 3%가 귀환 곤란 구역으로 지정돼 있습니다. 같은 마을 내에서도 통제구역과 해제된 구역이 혼재해 있습니다. 까다로운 절차를 거쳐야만 출입이 가능한 귀환 곤란 구역 내부 취재를 위해 주민의 도움을 받기로 했습니다. 방사성 물질과 접촉을 차단하기 위해 방호복을 덧입습니다. 체류할 수 있는 시간은 한 시간. 귀환 곤란 구역 안으로 들어갑니다.

"열고 들어가니까 0.9마이크로시버트 뭐 이렇게 올라가네요. 지금 지금 1.8인데 아까 분명히 0.2에서 시작했거든요. 그러니까 거기 지금 9배 수준으로 약간 오실 때마다 요런 거 수치 보시면, 좀 불안함 같은 거 어떠신지."

곤노 씨는 12년 동안 피난 생활을 하고 있습니다. 대대손손 이어져 내려온 집. 이곳에 나고 자란 곤노 씨 가족의 추억이 묻어 있습니다. 함부로 밟을 수 없는 땅. 방사선량이 기준치의 열다섯 배를 초과합니다. 어렵사리 찾은 진입로, 집 내부는 어떨까. 폐허로 변해 사람의 온기가 사라진 공간. 미처 챙기지 못한 살림살이가 아무렇게나 나뒹굽니다. 지난해 발생한 지진의 여파로 훼손 상태가 더욱 악화됐습니다.

"거기가 천장 뚫려있어서 위험하니까 조심하세요."

12년 전 사고의 그날에 멈춰진 달력 곤노 씨의 시간도 여전히 멈춰 있습니다. 그동안 일본 정부는 후쿠시마의 부흥을 강조해 왔습니다.

아베 신조 / 당시 일본 총리

소문에 현혹되지 말고 안전하고 맛있는 후쿠시마현 농산물을 맛보기를 바랍니다.

2년 전 새롭게 단장한 철도역. 하지만 후쿠시마의 현실은 부흥과 멀어 보입니다.후타바 역 관계자2011년 원전사고 전에는 후타바 마을에 7,100명이 넘는 주민들이 살고 있었지만 지금 이마을에 거주하는 주민은 약 60

명 정도입니다, 즉 구환율이 1%미만이라는 것이죠. 새로운 주택단지도 생겼습니다. 얼마 전 피난 생활을 접고 이곳에 정착한 고쿠분 씨.

고쿠분 아키코 / 나미에 마을 이재민

귀환의 유인책은 임대료입니다. 소득에 따라 다르긴 합니다. 오염수를 희석해서 전부 바다에 흘려보낸다는 발상은 정말 놀랐습니다. 제 생각에 일본인들의 사고방식 중 "섞어 버리면 없던 일이 된다"고 생각하는 게 있는데 일본 특유의 그런 사고방식이 그 근본이 됐다고 생각합니다. 오염수 해양 방류도 걱정이지만… 저는 산에 살고 있는데 결국 방사성 오염토를 옮기고 있잖아요? 3년이 지나니까 후레콘백(방사성 오염토 봉지)에서 풀이 자라나 봉지가 훼손됐습니다.

예전보다 나아진 주거환경. 하지만 여전히 불안합니다. 원전 사고의 기억을 안고 살아가는 후쿠시마 주민들에게 오염수 방류는 초미의 관심사입니다. 제작진은 거리 곳곳에서 재염, 즉 방사성 물질의 오염된 흙을 제거해 담은 검은 자루들을 발견했습니다.

"치운 곳은 다 치웠지만 안 치운 곳은 아직까지 이렇게 방치돼 있으니까."
"네, 되게 오래됐는데."

포대를 뚫고 무성하게 자라난 잡초. 오염토가 제대로 관리되는지 의심스러운 상황입니다.

"원래 이렇게 꽉 안 채워서도 이렇게 넣나요?"

“일단 보통 채우죠. 근데 채우다 보면 위에 이렇게 눌러 가지고 지금 줄어든 것도 저기 위의 무게 때문에 내려앉아 가지고.”

“그럼 어떻게….”

“비를 맞으면 안에 있는 게 흘러나오잖아요. 흘러나오면 물이 돼 가지고 밑에 땅에 가게 되면 땅이 지하수로 가 버립니다.”

포대 주변에 고여 있는 물. 제염은 제대로 이루어진 걸까. 연 인원 3,000만 명이 투입됐다는 제염 작업 과정을 살펴보기로 했습니다. 제염 노동자로 일했던 이케다 씨. 제작진에게 9년 전 작업했던 장소를 안내했습니다.

이케다 / 제염 작업자

여기서 제염 작업을 해했습니다. 저기제방 위부터 잡초를 잘랐습니다.처음에는 서두르면서도 제대로 3회정도 제염작업을 했어요. 그런데 시간에 쫓기자 상부에서 “흙은 놔도고 풀만 베라”는 식의 지시가 내려왔습니다. 제염 작업을 대충한다고 생각했습니다. 안전 장비는 없었습니다. 이게 전부였어요. 신발도 제 거였어요.모든 작업자들이 오염된 상태로 기숙사로 돌아 갔던 겁니다.

“그 왜 저희도 귀환 곤란 구역을 갔다 왔지만 안전장비를 착용하고 그렇게 들어갔는데 실제 작업하신 건 어떠셨는지?”

끝나지 않은 제염 작업으로 여전히 낚시가 금지된 하천. 민물고기의 방사성 물질 검출률이 높다고 합니다. 4년 전 KBS 카메라에 포착된 현장. 2019년 태풍 하기비스가 후쿠시마를 강타한 후 오염토가 유실되는 사고가 일어났습니다. 뒤늦게 수습하는 작업자들. 유실된 제염토의 양은 정확하게 파악하지 못했습니다. 오염토가 또 다른 오염을 일으킬 수도 있는 상황. 이에 대한 대책은 있을까? 도쿄돔을 열한 번 채울 만큼 원전 주변에 쌓여 있는 오염토. 아직 최종 처리 방안을 찾지 못했다고 합니다. 그런데 오염토보다 더 큰 문제가 있습니다. 원전 부지 안에는 또 다른 탱크들이 수북합니다.

바로 방류를 앞둔 오염수입니다. 균열이 생긴 원자로 내부에 지하수와 빗물이 스며들면서 고농도의 방사능 오염수가 만들어지고 있습니다. 냉각수가 주입되고 있지만 여전히 원전 내부엔 인체에 치명적인 방사성 잔해 덩어리가 수백 톤에 달한다고 합니다. 이 잔해들이 제거되지 않는다면 오염수는 앞으로도 무한 생성될 거라고 합니다. 늘어 가는 오염수 양은 골치입니다. 도쿄전력은 폐로 작업을 위해 원전 내 더 이상 이를 저장할 공간이 없다고 말합니다.

오염수의 처리 방안을 연구하기 위해 2016년 소위원회가 꾸려졌습니다. 기술적인 검토를 하는 연구자가 주축이 됐다고 설명합니다. 위원회가 검토한 방식은 모두 다섯 가지. 해양 방류는 시간과 비용이 가장 적게 드는 선택이었습니다. 방류에 대한 우려는 채택되지 않았습니다.후쿠시마 원전 사고는 끝나지 않은 현재 진행형이다. 현재 취재를 다녀온 제작진의 판단입니다. 오염된 흙을 제거하는 제염 작업은 여전히 마무리되지 않았고 지난해 한 조사에 따르면 후쿠시마를 포함한 8개 현의 농산물 10건 중 두 건에서 세슘이 검출됐습니다. 원전 앞바다의 오염 상태 또한 심각합니다. 인근 해저 토양에선 킬로그램당 10만 베크렐이 넘는 세슘이 검출됐습니다. 방류를 위한 모든 준비가 마무리됐다고 말하는 일본 우리는 궁금합니다. 오염수를 누가 어떻게 처리하는 걸까? 과정은 얼마나 신뢰할 수 있을까? 일본 시민들은 동의하고 있는 걸까?

다시 후쿠시마로 가보겠습니다. 출어를 앞둔 새벽 항구. 시험 조업을 하는 어민들을 만났습니다. 오염수 방류가 임박했다는 소식이 전해지자 긴장감이 감돕니다. 오염수가 방류되면 가장 큰 피해를 보는 건 어민들입니다. 조금씩 어획량을 늘려 갔던 어민들 일방적인 결정 과정에 불만을 제기합니다. 2015년 도쿄전력이 후쿠시마 어민에게 약속한 내용입니다. 어민들의 협의 없이 오염수를 해양 방류하지 않겠다고 명시돼 있습니다.

어민들과 합의를 이루지 못한 채 오염수 방류를 준비하고 있는 도쿄전력 후쿠시마 원전을 찾았습니다. 도쿄전력은 빠르면 올여름 오염수를 방류한다는 계획입니다. 다핵종 제거 설비, 즉 알프스를 통해 오염수를 정화 처리한 후 바다로 흘려보낼 예정입니다. 2013년 시험 가동한 알프스는 일본이 개발한 방사성 물질 제거 장치입니다.

하루 최대 처리량은 2,000톤. 펌프로 끌어 올린 오염수를 흡착 처리하면 62개 핵종을 기준치 아래로 거를 수 있다고 합니다. 오염수 속 방사성 물질을 안정적으로 제거할 수 있다고 홍보해 온 도쿄전력. 그런데 문제가 터져 나왔습니다.

2019년에 이어 2년 만에 또다시 확인된 필터 파손 전문가는 알프스의 관리가 부실했다고 주장합니다. 알프스의 성능 검증을 위해 자료를 요청한 학자들. 데이터를 직접 분석한 결과 의문점이 많았다고 합니다. 또 한 보고서에 지적된 내용. 오염수 전체 상황을 파악하기에는 변칙스러운 데이터가 많았고 소멸해야 할 방사성 물질이 발견돼 신뢰성에 문제가 있다는 겁니다.

"우리는 4월부터 도쿄전력에 인터뷰를 요청했습니다. 반복된 연락에도 검토만 하던 도쿄전력 본사를 찾아가자 서면 답변을 보내왔습니다."

손상된 필터는 유지 보수를 위한 배기용으로 오염수 처리와 관계가 없고 시료 채취 또한 수난과 교반을 착실하게 실시하고 있으며 적절한 기준을 준수해 일본 정부의 평가를 받았다고 밝혔습니다. 하지만 시민들은 여전히 불안합니다. 알프스의 성능이 개선된다 해도 근본적인 한계가 남기 때문입니다. 알프스로는 걸러지지 않은 핵종 삼중수소 문제입니다. 제거되지 않는 삼중수소는 바닷물에 희석해 방류할 계획입니다. 사라지지 않는 삼중수소. 문제는 없는 걸까? 그런데 도쿄전력은 정말 문제가 없다고 생각했을까?

도쿄전력도 사실은 삼중수소를 제거하는 기술 공모를 했습니다. 그는 도쿄전력이 달성하기 어려운 기술 목표와 무리한 조건을 내세웠다고 합니다. 기술 모집은 했지만, 아무 기술도 채택하지 않은 도쿄전력 보여 주기식 절차란 비판도 제기됐습니다. 이에 대해 도쿄전력은 분리 기술 공모를 통해, 즉시 실용화 가능한 기술을 찾지 못했고 삼중수소의 안정성을 평가한 결과 인체에 미치는 영향이 적었다고 밝혔습니다.

2011년 3월 지진과 쓰나미가 동일본을 휩쓸었습니다. 1만 5000명이 사망하고 40만 채의 주택이 무너진 재난 사고. 잇따라 후쿠시마 원전에서 폭발이 일어났습니다. 원전 사고 현장에서 3년 동안 복구 작업을 했던 유타 씨. 당시 근무 환경에 대해 털어놓았습니다. 그는 도쿄전력이 제대로 된 관리를 하지 않았다고 주장합니다. 제작진은 도쿄전력 직원들을 수소문했습니다. 어렵사리 연락이 닿은 이치이 씨. 그는 고심 끝에 제작진을 만났습니다. 표창장을 받을 정도로 회사의 애정이 많았다고 말하는 그 도쿄전력의 원전 사고 처리 과정을 보면서 큰 실망감을 느꼈다고 합니다.

이치이 다다후미 / 전 도쿄전력 직원, 사고 당시 본사 근무

"후쿠시마 제1원전이 위험하다." 이런 식으로 사고 당일 저녁부터 이야기가 들려 왔습니다. '후쿠시마 제1원전 압력이 빠지지 않는다'고 했습니다. 압력이 빠지지 않는 다는 것은 원전이 폭발할 수밖에 없기 때문에 당시 보도는 되지 않는 상태였습니다.

정보를 알고 있는 관계자는 도망쳤고 주민들은 아무것도 몰랐습니다. 30년 동안 도쿄전력에서 일했던 하스이케 씨. 근무 시절 도쿄전력은 크고 작은 문제들에 눈감는 경우가 많았다고 합니다. 그는 원전 사고 이후에도 도쿄전력이 중대한 피해 사실을 숨겼을 거라고 주장합니다.

하스이케 토오두 / 전 도쿄전력 직원 과거 후쿠시마 제1원전 근무

쓰나미가 덮친후 디젤 발전기도 멈춰버리고 배터리도 사용하지 못해 원전이 거의 없는 상태라는 것은 발표했습니다. 하지만 여러상황을 종합해보면 "원자로가 녹은 것 아닌가" 쉽게 유추할수 있었을 텐데그 사실을 도쿄전력은 공개하지를 않았습니다. 확실히 말해 은폐한거죠.

2011년 원자로가 녹아내렸던 사고. 도쿄전력은 두 달이나 이를 감췄습니다. 그리고 5년 뒤에나 사과했습니다.

히로시 나오기 / 2016년 당시 도쿄전력 사장

2011년 사고당시 사장으로부터 지시가 있어 부적절한 공표를 하게 된 것은 여러분이 보시기에 은폐로 보이는 것이 당연합니다. 깊이 사과드립니다.

도쿄전력을 신뢰할 수 없다고 말하는 전 직원들. 후쿠시마 원전에서 설계 업무를 한 기무라 씨도 도쿄전력 내부에 감추는 문화가 만연해 있다고 주장합니다.

기무라 도시오 / 전 도쿄전력 직원, 제1원전 설계 참여

문제는 숨기는 것이 일상 다반사입니다. 예를 들어 핵연료봉을 교체할 때 크레인으로 옮기다 떨어져서 부서졌다거나 그런 일도 꽤 많았는데 그런 건 전부 숨겼습니다. 원전 사고 이후에 떨어뜨려서 부서진 핵연료봉이 몇 개 있는 게 들통 났습니다. 은폐는 도쿄전력에게 어떤 의미냐 하면 뭐랄까 특기랄까.

전 직원들이 증언한 사고 은폐 의혹들에 대해 도쿄전력은 당시 사건들에 대해 문제가 있었다고 판단해 조직 문화 개선에 노력하고 있다고 답변했습니다. 지난해 일본의 재판부는 도쿄전력의 옛 경영진에게 이례적으로 127조 원이라는 천문학적인 배상 판결을 내렸습니다. 원자력 사업자로서 요구되는 안전의식과 책임감이 부족했고 후쿠시마 원전 사고를 예방하지 못해 주주들에게 막심한 손해를 끼쳤다는 겁니다. 우리가 만난 사고 당시의 정부 고위 관계자는 그 배경으로 도쿄전력 특유의 관료주의를 지적했습니다.

교사코 도시소 / 도쿄대 명예교수, 원전 사고 당시 관방 참여

지금은 바뀌었지만 예전에 도쿄전력의 사장은 도쿄대 법학부나 경제학부가 아니면 되지 못했습니다.경제적인 시각이 상당히 강해질 수밖에 없죠.원전 관련 직원 중에 원자력 전문가는 10~20%밖에 안됩니다. 원자력 전문가 시각에서 "이건 위험하다"해도 좀처럼 경영진과 합의점을 못 찾는 경우도 있습니다.

안전보다 비용을 강조한다는 기업 문화, 외부로 문제가 드러나는 것을 꺼리는 폐쇄주의. 12년이 지난 지금 오염수를 처리하는 과정에서도 여전히 반복되고 있는 건 아닐까요? 바다 너머 우리에게까지 전해진 불안과 염려 피해는 현실이 되고 있습니다.수많은 사람들이 국회 앞에 모여들었습니다. 오염수 방류를 반대하는 시민들의 외침, 특히 어민들의 근심이 컸습니다.

"지금 죽게 생겼잖아요. 정말 우리가 목숨 걸고 지금 올라왔어요. 저지하기 위해서. 드시는 분들이 과연 마음껏 편하게 먹을 수 있을까? 그런 걱정이 첫째 들고 저희들이 고생한 만큼 보람이 있어야 되는데 보람이 없을 것 같아서 걱정입니다."

10만 명의 사람들이 바다를 터전으로 살아갑니다.

"예, 이게 이것도 쥐치. 이것도 인자 판매 사이즈가 됐고요."

30년 동안 양식업을 한 강남태 씨.

"이게 지금 이 아주 골든 사이즈인데 이게 지금 안 팔리는 겁니다, 이게."

사료값도 충당하기 어려운 상황. 절반으로 가격을 낮춰도 소비자들이 찾지 않는다고 합니다.

강남태 / 가두리 양식업자

제때제때 이게 회전이 되면서 팔아야만이 나도 자금 순환이 될 텐데 뭐 그 점에 대해서는 상당히 어렵죠. 지금 우럭은 제가 가지고 있는 게 약 한 20톤입니다. 20톤이고 돌돔은 약 한 5톤. 이미 소비 부진에 직면해 있는데, 내가 단가를 낮췄다고 해서 이게 소비가 되는 게 아니지 않습니까? 뭐 이 상태로 가면은 매출이 반토막도 안 될 거 같아요.

일본과 가까운 제주 어민들도 걱정이 많습니다. 바다에 직접 들어가 물질을 하는 해녀들. 오염수 방류의 여파로 건강 문제는 물론 생계 수단이 사라질까 막막합니다.

"이번에 후쿠시마 그것 때문에 밥도 안 맥혀서 아무 이상이 없다면 자기 나라에서 그거를 처리하지. 왜 온 세계를 다 그렇게 위협하면서 하냐고. 바다 있는 곳은 다 마찬가지일 거예요. 특히 제주도 해녀들은 바다를 업 삼아 갖고 하는데 영 아니잖아요."

제주에서만 수산업계 피해 예상액이 연간 4500억 원에 달할 것으로 추정됩니다. 정부는 진화에 나섰습니다. 과학과 안전을 강조하며 국민들을 안심시키겠다고 합니다. 일본 오염수 처리의 과학적 안전성을 철저히 검증하기 위해 해양수산부는 현재 과학적이고 객관적인 사실을 토대로 해서 안전과 관련해서 계산으로 나온 어떤 수치적인 결과 역시 우리 해역에서의 건강상의 문제점은 없다는 점을 원전 사고 이후 10년 넘게 우리 바다의 세슘 농도를 조사했지만, 별다른 영향은 없었다고 합니다. 또 오염수가 우리 해역에 도달하는 예상 시점은 9년. 농도가 극히 낮은 수준이라고 합니다.

정범진

과학이라는 거는 숫자가 나와야죠. 과학적으로 배출 기준 이하다. 이것만 확인하시면 됩니다. 이 문제는 농산물이 잔류 농약 기준이라는 걸 국가에서 정해서 이거보다 높으면 거래하면 안 되고 요거보다 밑에만 거래해도 되는 것들이 잔류 농약 기준이고 나는 그것보다도 못 믿어 가지고 나는 더 깨끗한 거 먹고 싶다. 유기농 먹고 싶다. 그럼 더 비싸게 주고 사 먹는 거죠. 나는 그래도 안 먹겠다 하는 사람들도 있는 건데 그건 개인의 문제입니다. 그러면 그분 개인의 문제까지 기준으로 국가 시스템을 만들 순 없는 겁니다.

과학은 소비자들의 불안을 잠재웠을까? 혹시 좀 소금 판매량이 좀 어떤가 싶어서 또 슈퍼 사장님께 여쭤보러 왔는데 국내산 천일염이 있어야 할 자리가 텅 비었습니다.

"담을 때 이렇게 하는 좀 요런 쪽이 좀 사장님 요 따뜻한 데에 좀 소금이 좀 있습니까예."
"안 왔습니다. 아직 안 왔어요. 예예, 하도 소문에 일본의 그거 땜에 사람들이 뭐 갑작시리 뭐 할머니들 한 개 사는 사람들이 5개 사간다 하지."

인근의 또 다른 가게. 국산소금은 없고 중국산 있습니다.

"작은 거 다 아무것도 없다. 국산은 씨가 없다예.이제껏 겪어 보지 못한 품귀 현상이라고 합니다. 굵은 소금이 없다. 우리나라는 이게 안 써 있잖아."

과학을 강조할수록 불안이 계속되는 역설적인 상황. 수산시장엔 한숨이 늘어 갑니다.

"해산물 먹어도 돼요?"
"아이고, 걱정 마세요. 우리 여기 노량진 수산시장이 얼마나 큰데요. 만약에 진짜 조금만 이상이 있으면 우리 못 팔게 돼 있어요. 그런 거 걱정 안 하셔도 돼요. 소비자들 입장에서는 원전이란 무서운 얘기를 들으면 누구든 수산물을 밥상에 올리고 싶겠어요. 오염수 방류가되면 완전히 수산업계는 다 문 닫아야 되는 상황이거든."

소비자들의 마음은 이해하시지만 답답하다. 최근 설문조사에서도 10명 중 8명이 오염수 방류로 인한 수산물 오염을 걱정했습니다. 과학 그리고 대중 사이의 간극 이 문제를 어떻게 바라봐야 할까?

"제가 보기에 이제 일반인의 시각하고 전문가들의 시각은 좀 다른 것 같아요. 왜냐하면, 일반인들이 생각할 때 중요한 거는 예를 들면, 건강 그다음에 해양, 환경 이런 것들이잖아요. 그러니까 인체 방사선이 미치는 영향에 대해서 연간 1밀리시버트 이하가 되면 된다고 현재까지 과학적인 지식들이 그걸 알려 주고 있긴 하지만 이왕이면 아주 안전한 걸 바라기 때문에 둘 사이에 괴리가 있다."

국민 안심을 위한 조치는 가능할까?

"저희가 이제 취재 현장에서 만나는 국민들은 여전히 좀 걱정이 하고 불안해하는 게 사실입니다. 그래서 정부는 우리 국민들의 우려를 좀 해소를 하기 위해서 일본의 실효 채취를 직접 하겠다고 요청할 의사가 있으신지?"

IAEA가 참관하에 채취한 시료입니다. 국제기구 중심으로 또 저희도 참여를 해 가지고 하고 있는데, 그걸 또 부정하고 다시 우리만의 독자적인 치료 채취를 요청할 거냐 가지고는 여러 가지 논의 끝에 별도 치료 채취 요청은 하지 않았다고우리 정부는 IAEA의 권위를 강조합니다. 10년 전부터 오염수 처리 과정을 일본 현지에서 보고받고 직접 검증해 온 IAEA 조사단 인접국엔 어느 정도 이해를 구했을까?지난 4일 IAEA 그로시 사무총장이 일본의 기시다 총리를 만났습니다.

그가 건넨 최종 보고서 방류가 국제 기준에 부합하다며 처리된 오염수의 방사성 핵종이 자연 발생 수준보다 훨씬 적었고 해산물 섭취로 인한 방사선 노출량도 국제 표준보다 훨씬 낮다고 분석했습니다. IAEA가 원전에 상주하며 결과를 모니터링하겠다고 밝혔습니다. 우리 정부도 오늘 보고서를 공개했습니다. 도쿄전력의 오염수 처리가 계획대로 지켜진다면 배출 기준과 목표치에 적합하다는 것입니다.

숀버니 / 그린피스 원전 수석전문가

후쿠시마 물 문제에 관해서 IAEA 입장은 분명합니다.

일본 정부가 방류여부를 결정하긴 하지만 IAEA는 옆에서 그러한 결정을 추천할 뿐입니다.오염수 방류 주사위는 던져졌습니다. 그러면 오염수 방류 이후 벌어질 수 있는 일은 무엇일까? 당장 수산물 수입 금지가 위협받는 것은 아닐까? 지금 우리는 국제원자력기구가 아니라 대한민국 정부가 수산물 수입을 금지하고 있습니다. 그러니까 국제원자력기구와 수산물 수입 금지 조치의 주체가 아니고 우리 대한민국이 WTO 협정에 따라서 수산물 수입을 금지하고 있기 때문에우리 정부는 후쿠시마 인근 8개 현의 수산물 수입을 금지하고 있습니다. WTO 한일 수산물 분쟁 1심에선 양국 생선의 방사능 수치의 차이가 크지 않다는 이유로 한국이 패소했습니다. 하지만 2심에선 한국이 제기한 후쿠시마 바다의 잠재적 위험성이 인정, 임시 수입 금지 조치가 시행 중입니다.

송기호 / 국제통상법 전문 변호사

만약 우리가 오염수 방류에 동의해 주고 나면 그다음 단계는 이제 우리는 일본에게 매달리는 수밖에 없을 겁니다. 저는 반드시 한국에게 수산물 수입 금지 해제하라고 더 압박을 할 것으로 예상을 합니다.

가와세 쓰요시 / 조치대 국제경제법 교수

WTO 상급위원회에서 한국이 승소한 지 벌써 4년이 더 지났잖아요? 한국이 8개현 수산물 규제를 유지하고 싶다면 아직도 수입을 규제할 필요가 있다는 충분한 과학적 증거와 위험성 평가를 실시하지 않으면 규제 유지가 안 된다고 생각합니다.

마쓰노 히로카즈 / 일본 내각관방장관

국내외 유통 식품의 과학적 안전성을 확보해 수입 금지 규제 조기 철폐를 강하게 요구할 것

노무라 데쓰로 / 일본 농림수산성장관

한국이 수산물 수입을 제한하고 있는 품목에 대해 수입금지 해제를 요청하고 싶다.

일본의 국제법 전문가는 임시 조치에 대한 한국의 의무사항을 지적합니다. 일본 정부는 점차 후쿠시마산 수산물 수입 규제 철폐의 목소리를 높이고 있습니다. 단호하게 선을 긋는 우리 정부의 의지는 지켜질 수 있을까? 대한민국이 안전하다고 생각할 때까지는 일본에서의 이런 오염된 방사능의 오염된 생산이 안 들어오도록 철저히 막을 겁니다.

다시 국제원자력기구의 최종 보고서를 찬찬히 들여다보겠습니다. 우선 알프스 성능에 대한 충분한 검증이 보이지 않습니다. 알프스의 정상 작동을 전제로 보고서를 만들었다는 뜻입니다. 해양 생태계에 미칠 장기적 영향에 대한 평가도 미비하다고 전문가들은 지적합니다. 그리고 눈에 띄는 한 구절.

"이 보고서의 사용으로 발생할 수 있는 결과에 대해 어떠한 책임도 지지 않는다."

지금 일본은 원전 사고로 인한 오염수를 처리해 바다로 방류한다는 유례없는 시도를 하려고 합니다. 전례 없는 오염수 방류 문제가 어디까지 영향을 미칠지 아직은 정확하게 알 수 없습니다. 하지만 분명한 건 그 결과가 30년 이상 다음 세대로까지 이어질 수 있다는 겁니다. 우리는 정부와 전문가들이 강조하는 과학을 존중합니다. 동시에 부탁드립니다. 일방적인 설득보다는 보다 투명한 정보의 공개, 사람과 생태계에 끼칠 영향에 대한 철저한 모니터링, 무엇보다 우리의 직접 참여가 필요하지 않을까요? 그리고 〈추적 60분〉은 다시 한번 묻습니다. 지금 방류가 최선입니까?

KBS 〈추적 60분〉

이슈 픽! 쌤과 함께
방사능 경보, 후쿠시마 오염수가 온다

서균렬(서울대원자핵공학과 명예교수): 현실적으로 방류가 유일한 방법인가? 사실 아시겠지만, 2011년이니까 10년이 넘었거든요. 그때 3월 11일 지진이 났어요. 동일본 대지진. 그러니까 유래를 찾기 힘들 만큼 규모란 말이에요. 이거는 살인자인 것이죠. 자, 그러면 이제 어떻게 될까요? 이제 상황은 그렇게 됐는데 문제가 거기 있어서요. 원자력발전소는 지진이 나면 멈추게 돼 있어요. 그때 분명히 1, 2, 3호기는 전부 녹을 것이니까 물 준비하고 물이 안 되면 콘크리트 집어넣어야 된다 했는데 말을 안 들었어요. 설마 1번 원자로가 녹는다. 있을 수가 없는 일이야. 그래서 방심한 거예요. 근데 깨달았을 때는 굉장히 많이 늦었죠. 10주 동안 초동 대응이 너무 미진했죠. 그래서 결국 우리나라까지 그때의 영향을 받게 됩니다.

PD: 그랬군요.

서균렬: 보시다시피 이제 1호기 폭발해서 1, 3, 2호기 순서로 터졌어요. 그리고 건물들이 천장이 날아갔죠. 완전히 발전소에 정전이 난 거죠. 그런데 조금 있다가 원자로가 너무 뜨거워져요. 어떻게 되죠? 식히지 못

하니깐 연료가 이제 고열로 올라가죠. 녹았죠. 그리고 이게 흘러내렸죠. 멜트 다운이 되고, 그리고 이제 금이 갔죠.

PD: 일어나면 안 되는 일인가요?

서균렬: 다 안 되죠. 절대로 그리고 일어나지 않을 거라고 일본이 장담은 했고 그런데 오판 그리고 방심하는 사이에 이런 일이 일어났어요.

PD: 선생님 말씀하시는 중간에 왜 영화 같은 거 보면 원자로가 팡 하고 터지잖아요. 팡 터지면 안에 있던 어떤 방사성 물질이 영화에서 퍼져 나가서 주변이 난리가 나던데 이번에는 그런 거는 일어나지 않았나요?

서균렬: 있었겠죠. 근데 일본 정부하고 도쿄전력이 부분은 소위 필름을 다 끊어 버렸어요. 정말 잘못된 거죠. 그러니까 거기서부터 일본 측의 축소, 은폐의 정황이 드러나기 시작한. 지금 영상에서 펑 터진 건 그거 아니야. 맞아요. 근데 이후에 측정을 해야 되거든요. 측정은 안 했어요. 그러니까 계상이 안 된 거죠.

호소노 고시 / 일본 총리 보좌관

방사능 총량에 대한 최신의 정보는 조금 시간이 지나면 알려 드릴수 있습니다.

원전 사고 2달이 지난 시점에도 제대로 된 조사를 하지 않았던 일본초기 대응도 잘못했고 그리고 중간도 잘못됐고 지금도 잘못하고 있고 그래서 나중에부터 하다 보니까, 뭐 체르노빌보다 더 작을 수도 있다 하는데 체르노빌 하나였거든요. 이거는 세 개입니다. 그러니까 기본적으로 세 변이 될 수가 있겠죠.

체르노빌 원전 사고(1986)

PD: 우크라이나 체르노빌의 발전소에서 제4호기 원자로가 폭발해 막대한 방사능 물질이 유출된 사고체르노빌 보다도 더 쌜수 있겠네요.

서균렬: 그렇죠. 영양이 더 크죠. 체르노빌은 일단 한 다음에 결사대가 들어갔어요. 28명 전부 유서 쓰고 아들딸 마지막 입 맞춘 다음에 들어왔거든요. 그때 결사대군대라고 하잖아요. 왜 아까운 목숨 바친 거죠. 들어가서 밑에 물이 안 되니깐요. 콘크리트 다 쳤거든요. 그래서 나중에 지하수하고 만나지 않는 그렇기 때문에 체르노빌은 그나마 수습이 된 건데 그리고 또 지붕도 쌓았죠.

그런 노력을 했는데 28인의 결사대는 방사능에 노출되어 3개월을 넘기지 못하고 모두 순직, 많은 이의 희생으로 피해를 최소화한 체르노빌 사고 도쿄전력은 높은 방사능 수치로 핵 연료 봉인은 포기, 방사능 유출을 막을 골든 타임을 놓쳐버림.

서균렬: 일본도 결사대가 없으면 사무라이가 들어가서 막아야 해요. 아마 이거는 100명 이상 들어가야 될 것 같아 했는데 결국 안 들어갔거든요. 도쿄전력은 사기업이에요. 민간 기업이란 말이죠. 여기는 자본에 따라서 움직이는 것이죠. 회사 이익이 아니면 안 하는 거죠. 공익의 개념이 상실돼 있어요. 그러니까 점에서도 처음부터 안이하게 생각했을 거예요. 애시당초부터 그래서 정화 장치 뭐 있지만 아주 가볍게 생각하고 뭐 해야 될 일을 하지 않았던 거죠. 그러니까 어느 날 이렇게 일이 크게 벌어진 것이고. 이제 수습하기에는 많이 늦었죠.

PD: 쌤, 근데 당시에 사고 났을 때 피해가 엄청났을 것 같은데, 일본도 그렇고 우리나라도 피해를 입고 그랬을 것 같은데, 뭐 어떤 피해들을 입었었나요?

서균렬: 일본은 뭐 말할 나위가 없는데 근데 한 가지는요, 난민이 16만 명 정도 다 요양소 또 체육관 뭐 이런 데 있었거든요. 왜냐하면, 갑작스럽게 났기 때문에 그게 굉장히 컸고요. 그리고 후쿠시마에서 도쿄까지 한 250킬로미터, 차로 세 시간 거리거든요. 도쿄시에 방사능 수치가 스무 배 넘게 올라갔습니다. 심지어 4월 말쯤 바람이 불어 가지고 우리 한반도 상공까지 날아왔고 그래서 그때 초등학생들이 우산 받치고 나갈 것인가, 아예 나가지 말 것인가? 그런 고민을 많이 하시고 어쨌든 간에 우리나라도 영향권에 들어왔죠.

PD: 간접 피해를 받은 겁니까?

서균렬: 그렇죠. 그렇죠.

PD: 사실 공포심 정도 그런 수준으로 퍼졌던 기억이 진짜 나거든요. 저 궁금한 게 두 가지가 있는데요, 바로 앞에 보이는 게 바다인 거죠. 코앞에 있는 거 알고 저기에다 지은 이유가 일단 궁금하고 그리고 두 번째로는 그럼 이미 터졌을 때 바다로 어느 정도 흘러 들어간 상황인 건 거죠.

서균렬: 맞아요. 굉장히 날카로우신데요.

PD: 네, 그럼.

서균렬: 유난이 맞죠. 맞아요. 왜 바다에 왜냐면요. 이 원자로가 돌아가려면 계속 식혀 줘야 되거든요. 그러니까 처음에는 물론 바람을 지키는 건 아니고, 좋은 민물도 식히죠. 이게 증기가 되지 않겠어요. 이 증기로 터빈을 돌려요. 그러면 이제 발전기로 전기가 나와요. 근데 그러면 거기서 나온 걸 또 식혀 줘야 돼요. 그래야지 다시 또 돌아와 가지고 재순환을 하니까 식힐려고 하면은 냉장고를 쓰면 너무 비싸죠. 가성비가 안 되는 거예

요. 그러니까 자연에 있는 것 중에서 차가운 것, 그게 강물이거나 호수거나 바다거나 일본은 바다를 택한 거죠. 우리나라도 바다를 택했어요.

PD: 그러면은 두 번째 질문이. 저는 하나 들으면 두 번째를 잃어버리거든요. 그러시면 어느 정도 터졌을 당시에 그럼 좀 흘러들어 갔는지?

서균렬: 당연하죠. 그래서 여기 뒤에 보시면, 이제 야산 있잖아요. 여기서 하루에 1,000톤 정도씩 물이 계속 나와요. 근데 그중에 400톤이 여기 발전소 1, 2, 3, 4호기 바로 밑을 지나서 가요. 관통, 그러니까 이게 방수물질이 나올 수밖에 없는 게 녹아내렸기 때문에 그리고 그게 노출됐기 때문에 그걸 곧장 싣고 그대로 싣고 가 버렸죠. 그때는 몰랐어요. 이 바다에 흘러나온다는 거를. 수맥이 판단이 안 돼 있어 가지고.

PD: 그러면은 그렇게 오랜 시간 동안 계속 방류가 됐으면 우리나라에도 물이 흘러왔겠네요.

서균렬: 진짜 좋은 질문이네요. 그래서요. 일부는 해류 타고 올라온 물론 그동안에 희석되겠죠. 바다는 무한하니까. 근데 문제는 총량은 굉장히 많다는 거예요. 아무리 흩어지지만.

PD: 이 그래프인가요?

서균렬: 바로 이겁니다. 그러니까 이게 2015년이잖아요. 그때까지 우리도 몰랐죠. 근데 측정을 해 보니까, 바다가 두 배가 된다는 건요. 총량이 굉장히 많을 때 평균량 이 정도 되는 거거든요. 바다가 엄청 크니까 그거를 만들려면 어마어마해야 되는데.

PD: 5년도 걸리지 않은 거네요?

서균렬: 네, 그러니까 벌써 왔다는 이야기죠. 그리고 벌써 우리 수산물은 영향을 받았을 수도 있는데, 그래도 뭔가 우리가 계속 방사능 검사도 하고, 했으니깐 아마 우리가 믿고 드셔도 될 것 같은데, 그래도 아직은

굉장히 불안한 상태가 계속되어 있는 거라 보시면 돼요.

KBS 쌤과 함께이슈 픽!

쌤과 함께

KBS 뉴스-2

우크라이나 체르노빌의 원자력 발전소에서 제4호기 원자로가 폭발해 막대한 방사능 물질이 유출되고 체르노빌의 최소화를 위해서 28인의 결사대를 투입시킨다. 방사능에 노출되어 3개월을 넘기지 못하고 모두 순직한다. 일본의 후쿠시마 원전 오염수 해양 방류를 앞두고 어민들과 수산업 관계자들의 우려가 커지고 있습니다. 남해안, 전남 동북권 시민사회도 공동연대를 통해 반대 목소리를 키워 가고 있습니다. 유민호 기자입니다.

어선 수백 척이 모여 있는 국내 최대 국가 왕인 여수 국동항입니다. 최근 일본 정부의 원전 오염수 해양 방류를 앞두고 어민과 수산업 종사자의 우려가 커지고 있습니다. 경기 침체로 수산물 소비가 준 데다 먹거리가 안전한 건지 불안감이 겹친 겁니다.

수산물 관계자

수산물을 많이 기피하는 현상이 생겨 부니까 물론 경기가 안 좋은 것도 있겠지만, 어려운 상황 속에서도 이게 뭐 어떤 양당의 결정이 나야 되는데.

전남 동부 지역 시민 사회도 연대를 통해 반대 목소리를 키우고 있습니다. 순천에서는 지난 5일 시민들과 시민단체가 함께한 일본 방사성 오염수 해양 투기 저지 순천시민행동이 출발 지역에서 첫 공식 활동에 나섰습니다. 여수 이순신 광장에서는 광주와 전남에서 모인 시민 200여 명이 집회와 거리 행진을 벌이면서 해양 방류 반대를 촉구했습니다. 광양에서도 28개 단체가 모인 광양시민행동이 기자회견을 열고 서명 운동과 홍보를 이어 가겠다고 밝혔습니다.

이미진 / 광양 YWCA 사무총장

광양 시민 여러분, 일본 방사성 오염수 해양 투기를 저지하기 위해 거리에서 광장에서 만납시다. 그리고 힘을 모아 일본 방사성 오염수 해양 투기를 막아 냅시다.

현재 일본 정부는 하루 최대 500톤에 달하는 오염수 방류 준비를 모두 마친 상황입니다. 어민들의 우려와 시민 불안감이 확산하는 가운데 본격적인 방류를 앞두고 집회와 거리 선전 등 반대 움직임도 거세질 것으로 보입니다. MBC 뉴스 유민호입니다.

안녕하십니까? 뉴스광장 부산 소식입니다. 일본이 후쿠시마 오염수를 바다로 방류하겠다는 뜻을 굽히지 않고 있습니다. 방류를 앞두고 미국의 방사능 전문가들이 부산을 찾았는데요. 오염수 방류가 우리 삶에 끼칠 악영향을 다시 한번 경고했습니다. 보도에 정민규 기자입니다.

수조의 넘치와 전복이 담겨 있습니다. 일본 도쿄전력이 후쿠시마 원전 오염수로 키웠다며 안전성을 홍보하고 있는 수산물입니다. 수산물에도 영향이 없으니 오염수를 바다로 흘려보내도 괜찮다는 게 일본 측의 주장입니다. 하지만 체르노빌 원전 등에서 20년 넘게 방사능 오염 관련 연구를 해 온 전문가는 일본 측의 이런 주장을 신뢰하기 어렵다고 반박합니다.

티머시 무쏘 / 미국 사우스캐롤라이나대학 생물학 교수

이런 연구는 매우 제한적이고 삼중 수소에 영향을 보이지 않도록 특별 설계되었다고 볼 수 있습니다. 삼중수소의 안전성을 결정하기 위해서는 테스트 측면에서 훨씬 더 많은 작업이 필요합니다.

특히 일본이 오염수 처리에 활용하는 다핵종 제거 설비, 이른바 알프스로도 걸러지지 않는 방사성 물질인 삼중수소에 대한 우려를 제기했습니다.삼중수소와 관련해 생물학적인 연구 자체가 부족해 방류가 이루어지면 돌이킬 수 없는 결과가 나올 수 있다는 겁니다. 환경단체 측 전문가 역시 같은 문제를 제기했는데 부산과 같은 해안가 도시에 미칠 영향이 더 클 거라고 분석했습니다.

숀 버니 / 그린피스 동아시아 원자력 수석 전문 의원

부산을 포함해서 한국과 태평양 다른 나라들의 어업인이나 일반인 공동체에서는 일본의 오염수 방류로 인한 아무런 이득이 없습니다. 왜 이런 곳들이 바다 환경에 방사능 오염에 직면해야 합니까?

부산에서 후쿠시마 원전과 관련한 강연을 연 이들 전문가는 한국 정부는 물론 국제사회가 오염수 방류를 막기 위해 연대해야 한다고 강조했습니다. KBS 뉴스 정민규입니다.

일 원전 설계자, 고토 마사시의 충격 고백 "후쿠시마 오염수 위험 방류 막아야"

신장식(진행자): 후쿠시마 원전 오염수 방류가 임박한 가운데 일본 내부에서도 우려의 목소리가 나오고 있습니다. 일본 원전 설계에 직접 참여한 전문가마저 오염수 방류는 막아야 한다는 입장을 분명히 밝혔는데요. 전화 연결해서 자세한 이야기 들어 보겠습니다. 고토 마사시 공학 박사님입니다. 안녕하세요.

고토 마사시(일본 공학박사): 네.

신장식: 원전 관련해서 어떤 일을 하셨는지 특히 후쿠시마 원전과 똑같은 모델의 원전 설계에도 참여하셨다고 하는데, 이력이 궁금합니다.

고토 마사시: 저는 해저에서 석유를 굴착하는 기계의 설계를 담당하고 있었습니다. 그러다가 1989년 원자력 회사인 주식회사 도시바에 입사했습니다. 이번에 사고를 일으킨 후쿠시마 원전과 같은 형태인 하마오카 원전이나 유가와 원전의 원자로 격납 용기에 설계에 직접 참여했습니다.

신장식: 네, 그렇다면 후쿠시마 원전도 마찬가지로 잘 파악하고 알고 계실 텐데 이 후쿠시마 원전 폭발 사고 이전에도 가명으로 원전의 위험

성을 알리셨었다고 이런 말씀 들었습니다. 지금 우리 고토 마사시 박사님께서 생각하는 가장 큰 원전의 위험성은 무엇일까요?

고토 마사시: 저는 후쿠시마 원전과 같은 비등 수용 원전의 원자로 격납 용기의 설계에 참여했는데 특히 중대 사고 12여 엑시던트라고 불리는 노심용융, 즉 원자로 노심의 연료봉 온도가 올라가서 녹는 사건이 발생하는 사고가 일어났을 때 격납 용기가 압력이나 온도에 대해 어디까지 버티는지를 연구하고 있었습니다. 과열된 격납 용기의 냉각에 실패하게 되면 격납 용기의 압력과 온도가 계속 상승해 격납 용기 자체가 파괴되는데요, 부득이하게 이 격납 용기의 파괴를 막기 위해서 격납 용기로부터 방사성 물질을 외부에 내보내는 격납 용기 멘트를 할 수밖에 없다는 것은 분명한 사실이었습니다. 이미 가동되고 있는 원전은 그 어떤 원전에서도 이런 사태가 발생할 수 있기 때문에 원전이라는 것 자체가 안전하지 않다고 저는 확신하고 있었습니다.

신장식: 네, 많은 원자핵 공학자들이 원전 사고 위험은 기술 발전으로 극복할 수 있다고 이야기합니다. 일본의 경우 지진이 자주 발생하는 나라이기 때문에 원전 설계와 시공을 할 때 지진 대비도 철저히 했을 텐데 결국 후쿠시마 사고는 발생했습니다. 원전 사고를 근본적으로 막을 수 있는 방법 있기는 있습니까?

고토 마사시: 지진이라든지 쓰나미, 화산 분화 같은 자연 현상을 평가하는 시간, 예를 들어, 몇천 년에 한 번, 몇만 년 만에 한 번 이런 식으로 계산을 하는데요. 이것을 재현 기간이라고 합니다. 이 재현 기간이 길어질수록 더 대규모의 지진이나 쓰나미, 화산 분화를 만나게 되는데요. 앞으로 아무리 과학이 발달한다고 하더라도 원칙적으로 이 지진이나 쓰나미 그리고 화산 분화와 같은 자연 현상의 최댓값을 예측할 수 없기 때문에 설계

상 견딜 수 있는 원전은 존재할 수 없게 됩니다. 그렇기 때문에 아무리 지진 대비를 하는 일본이라도 원전 설계나 시공에 있어서 안전하다고 단언하기는 어렵다고 봅니다.

신장식: 자, 후쿠시마 원전 폭발 사고가 났을 때 원전 설계자로서 전문가로서 어떤 심정이셨습니까?

고토 마사시: 후쿠시마 원전 사고가 난 다음 날인 2011년 3월 12일 일본 국내 각종 언론에서 후쿠시마 원전에서 원자로 냉각이 불가능하다. 원자로에서 냉각이 불가하고 동시에 방사능의 누출 수출을 막는 마지막 보호막인 원자로 격납 용기 이 부분의 압력이 설계상 견디게 되어 있는 압력의 약 3~4기압의 두 배 가까이 올라와 있다고 보도하는 걸 보면서 1979년에 미국 최초의 원전 사고였던 스리마일섬 원전 사고보다 더 심각한 사고가 될 거라고 확신해 큰 충격을 받았습니다. 그 이후에 저는 하던 일을 그만두고 원전에 대한 여러 가지 위험에 대해 계속 발언하게 되었습니다.

신장식: 네. 자, 이렇게 엄청난 사고가 일어난 이후 십수 년이 지난 현재 시점에서 후쿠시마 원전 오염수를 일본 정부가 곧 방류할 것 같습니다. 이 일본 원전 설계에 직접 참여하셨던 박사님께서 이 원전 오염수 방류를 반대하는 핵심적인 이유 설명을 좀 해 주시죠.

고토 마사시: 후쿠시마 원전 사고를 일으킨 비등수형 원전뿐만 아니라 한국에서 가동되고 있는 가압수형 원전도 냉각이 실패하게 되면 후쿠시마 사고와 같은 사고 혹은 더욱 심각한 사고를 일으키게 됩니다. 이렇게 원전이 사고를 일으켜 삼중수소라는 방사성 물질을 대량으로 포함하는 오염수를 일본 정부가 희석 혹은 정화 처리해서 바다에 흘려보내려 하는 것입니다.

삼중수소라는 방사성 물질은 과학적 기술적 면에서 통상적으로 물과 구별, 분리할 수 없는 물질입니다. 따라서 인체나 생물의 영향이 어느 정도 미칠지 분명하게 밝혀져 있지 않습니다. 이러한 물질을 바다에 흘려보내면 아무리 희석하고 정화한다고 해도 대량의 처리수 혹은 오염수가 바다를 굉장히 오염시킬 것이 분명합니다. 방사성 물질의 농도가 문제가 아니라 환경으로 내보내는 이 방사성 물질의 절대량이 문제가 되는 것입니다. 이런 환경 문제를 생각했을 때 저는 원자력 발전 자체가 문제라고 생각하는 것입니다.

신장식: 네, 일본 정부는 알프스 소위 이제 다핵종 제거 설비를 통과한 오염수는 방류해도 괜찮다. 이렇게 이야기하고 있는데, 믿을 수 없는 겁니까?

고토 마사시: 알프스라고 불리우는 약 62개에서 64개 정도에 달하는 방사성 핵종을 제거하는 장치가 있는데요. 이 알프스로 처리한 후의 탱크에는 여전히 삼중수소 이외에도 방사성 물질이 많이 남아 있게 됩니다. 일본 정부는 정화하고 희석하면 문제가 없다고 이야기하지만 이것은 틀린 생각입니다. 삼중수소 이외에 방사성 핵종을 어느 정도까지 제거했고 정화했는지에 대한 데이터가 정확히 나와 있지 않습니다. 국제적인 관점에서 보더라도 이런 대량의 방사성 물질을 바다에 흘려보내도 된다는 생각은 옳지 않다고 생각합니다.

신장식: 원전 학자들 사이에도 의견이 엇갈립니다. 특히 최근 한국 방문한 원전학자인 웨이드 앨리슨 영국 옥스퍼드 대학교 명예교수는 오염수 10리터도 마실 수 있다. 이런 이야기를 했는데요. 전문가로서 어떻게 들으셨는지요.

고토 마사시: 웨이드 앨리슨이라는 사람이 누군지 솔직히 잘 모르지만

저명한 학자의 발언 발언이라고는 생각할 수 없는 발언입니다. 예를 들어, 지극히 위험한 물질로 알려진 비소 같은 독이 들어 있는 물이라도 옅게 희석해서 내보내면 영향이 적어진다는 걸 비유적으로 말하고 있는 거라서 생각합니다만 이는 굉장히 난센스입니다. 너무 환경이 오염되어 달리 마실 수 있는 물이 없는 경우에 궁극적으로 어쩔 수 없이 최악의 경우에 있을 수 있는 이야기라고 생각합니다.

하지만 보통 그런 일은 일어나지 않습니다. 마실 수 있는 깨끗한 물이 있는데, 아무리 농도를 낮춘다고 하더라도 인체에 해가 있는 것을 알고 오염수를 일부러 마시는 사람은 없을 겁니다. 이분은 안전이란 무엇인지 과학이라는 분야에서 허용되는 한도와 사회적인 허용량이라는 개념을 완전히 잘못 이해하고 있는 것 같습니다. 이런 중대한 안건에 대해 공공장소에서 이야기할 자격이 있는지 심히 의심스럽습니다.

신장식: 네, 얼마 전 한국 시찰단이 후쿠시마 원전 다녀왔습니다. 주요 설비가 설계대로 설치됐다는 것 자체를 확인했다. 이것만으로도 큰 의미가 있다고 의미 부여를 하던데 이 정도의 시찰로 원전 오염수의 안전성 검증이 가능한가요?

고토 마사시: 설비가 설계대로 설치되어 있다는 건 너무나 당연한 이야기라서 여기에 큰 의미를 부여할 수는 없습니다. 문제는 기술적인 문제가 아니라 방사성 물질을 이렇게 안이하게 환경에 노출해도 좋을까 하는 부분입니다. 오염수 방출은 사람과 모든 생명체에 미칠 영향, 이것이 나중에 되돌릴 수 없는 환경 문제로 연결되는 행동이다 라는 것을 우려해야 하는 것입니다.

신장식: 네, 최근 국제원자력기구 IAEA는 일본의 오염수 분석 능력을 믿을 만하다고 얘기를 했는데 근본적으로 이렇게 말하는 IAEA의 검증

능력은 믿을 만합니까?

고토 마사시: 일본은 오염수의 분석 처리 능력이 있다고 하는 이야기를 애써 IAEA가 하는 것 자체가 얼마나 일본 정부가 국제사회에 신용을 얻지 못하고 있는지를 나타내고 있다고 생각합니다. 후쿠시마 사고 이후에 오염수의 해양 방출 그리고 육상에서도 방사성 물질을 어느 정도 제거했지만, 여전히 방사성 물질을 포함한 토양을 일정한 농도 이하가 됐다고 해서 제방이나 도로 등에 재사용할 계획을 세우는 등 일본 정부와 일본의 원전 관계자들이 방사능 물질을 대하는 과학적이고 윤리적인 시점이 부족한 것이 문제라고 생각합니다. 또 IAEA는 원자력 산업을 진흥하고 추진하기 위한 단체인데 이런 평가를 하고 있다는 것 자체가 저는 촌극이라고 생각합니다.

신장식: 네, 일본 정부는 정말 오염수 방류밖에 다른 방법이 없다는 주장을 하고 있는 것 같습니다. 박사님이 생각하시는 다른 대안은 없습니까?

고토 마사시: 원자력시민회라고 하는 NPO 단체가 있고 그곳에서 두 개의 안을 제한하고 있습니다. 하나는 콘크리트 재료를 이용한 모르타르 고체화라는 방법입니다. 방사성 물질을 고체화시켜서 외부로 나오지 못하게 하는 겁니다. 이 방법을 사용하면 삼중수소 함유물을 바다에 방출할 필요가 없어집니다. 저는 이 방법이 가장 유효하다고 생각합니다. 또 하나는 대형 탱크를 만들고 장기 보관하는 방식인데요. 반감기가 비교적 짧기 때문에 방사능이 점차 감소하게 됩니다. 이런 이유로 일부러 해양에 방출할 필요는 전혀 없다고 보고 있습니다.

신장식: 그런 대안이 있는데, 그냥 방출하는 이유는 돈 때문인가요?

고토 마사시: 일단은 희석해서 내보내면 괜찮다고 하는 정보의 메시지를 선전하고 광고하는 것이라고 생각하구요. 둘째는 돈보다도 삼중수소

는 보통 원전에서 사고가 일어나지 않아도 미량이라도 나오고 있습니다. 이번에 방출을 문제 삼게 되면 평상시 배출도 할 수 없게 되니까 그걸 막을 수 없게 하기 위해서 의도적으로 하고 있지 않나 생각합니다. 이렇게 방사성 물질을 외부로 내보내면 심화에서 배운 여러 교훈들을 모두 잊어버리지 않을까 생각됩니다.

신장식: 이렇게 위험한 상황이 닥쳐올 수 있음에도 불구하고, 일본 시민들은 원전 오염수 방류를 반대하는 목소리 그렇게 큰 것 같지는 않습니다.

고토 마사시: 앞서서 이야기한 것처럼 열게 희석해서 내보내면 괜찮다는 정부의 선전을 그대로 믿는 게 아닐까 생각이 듭니다. 방사성 물질을 환경에 방출하는 위험을 모두가 진지하게 받아들이지 않는 것이 큰 문제입니다. 앞서서 말씀드렸지만 후쿠시마 원전 사고를 잊으려고 하는 사람들이 늘어나고 있다고 생각합니다. 냉정하게 다시 생각해 봐야 할 문제라고 생각합니다.

신장식: 가장 큰 피해 당사자가 될 수 있는 어민들의 여론은 혹시 알고 계신가요?

고토 마사시: 어업에 종사하고 있는 사람들은 반대하고 있습니다. 힘이 미력해서 여론이 정부까지는 도달하고 있지 못하는 게 문제입니다.

신장식: 자, 그러면 한국을 비롯한 주변 국가들이 힘을 합치면 이 후쿠시마 원전 오염수 방류 막을 수 있을까요?

고토 마사시: 이것은 국가별로 생각할 문제가 아니라고 생각합니다. 바다는 모든 주변 나라들의 것입니다. 모두가 우리의 생존에 필요한 바다를 방사능으로 오염시키지 않아야 한다는 것, 우리가 먹는 해산물을 오염시키지 말아야 한다는 걸 자각시키는 운동을 계속해 나가야 한다고

생각합니다. 원래 원전은 사고가 일어나지 않을 때에도 삼중수소를 계속해서 바다에 방출해 나가고 있습니다. 이것은 일상적인 문제입니다. 원자는 과학적 도의적 관점에서도 그만둬야 한다는 점을 모두가 자각하고 인지해야 합니다.

신장식: 후쿠시마 원전 오염수 방류를 한국 국민들이 많이 걱정하고 있는데요. 우리 한국 국민들에게 마지막으로 우리 박사님 전하시고 싶은 말씀 있으시면 말씀 전해 주세요.

고토 마사시: 일본 정부가 오염수를 해양 방출할 필요가 없는데도 강행한다면, 바다에 살고 바다를 생활의 일부로 하고 있는 사람들의 권리를 침해하는 행위로서 저는 탄핵해야 한다고 생각합니다. 환경을 방사능으로부터 지키는 것은 중요한 환경 문제이며 지구 온난화와 동등하게 일과해서는 안 되는 행위로 역사에 새겨야 하는 것이라고 생각합니다.

일본 정부는 일부 사람들의 이권 때문에 환경을 오염시키려 합니다. 아시아의 주변국 사람들이 목소리를 높여 일본 정부의 이 비도덕적인 행위를 규탄해 나가야 합니다. 후쿠시마 사고는 전후 일본의 가장 중요한 역사적 사건으로 역사적 교훈을 잊지 말아야 합니다. 한국 분들에게도 같은 의미로 다가갈 것이라고 저는 믿습니다.

신장식: 네, 오늘 말씀 여기까지 듣겠습니다. 아리가토 고자이마스. 지금까지 고토 마사시 박사였습니다.

〈신장식의 뉴스 하이킥〉 유튜브에서

일본산 원산지 떼 버렸다

오염수에 강경한 홍콩후쿠시마 오염수 방류를 앞두고 일본과 가까운 홍콩 역시 불안감이 고조되고 있습니다. 홍콩이 일본의 농수산물을 두 번째로 많이 수입하고 있기 때문인데요. 시민들의 반발에 홍콩 정부 역시 갈수록 강경한 입장을 내놓고 있습니다. 홍콩 현지에서 남효정 기자가 전해 드리겠습니다.

홍콩 구룡반도 동쪽 끝에 자리 잡은 어촌 마을 사이쿵. 조업을 마친 어선 등 많은 배들이 항구를 가득 메우고 있습니다. 어민은 배 위에서 갓 잡은 생선을 다듬고 싱싱한 생선을 사려는 시민들은 선착장에 나와 흥정을 벌입니다. 사이쿵은 한국의 대표적인 어촌 마을 중 한 곳입니다. 어부들은 이렇게 직접 잡아 올린 생선을 배에서 팔고 있습니다. 할아버지부터 아들까지 4대째 여기서 배를 타고 있는 라이 씨는 후쿠시마 오염수 얘기를 꺼내자 격앙된 반응을 보입니다.

라이 / 어민

오염수가 여기저기 다 퍼질 텐데. 그리고 하루 이틀 만에 퍼지는 게 아니라 오래 지속되는 거라서.

주위에 있던 사람들까지 몰려와 선착장은 어느새 후쿠시마 오염수 성토장이 됩니다.

챙 / 어민

지금은 영향이 없지만 (오염수가) 배출되면 결국 영향을 받을 것 같아요. 손님들이 수산물을 안 먹을 수 있으니까.

인근에 있는 대형 수산물 시장을 찾아가 봤습니다. 생선과 새우, 게 등 각종 어패류를 파는 한 상점. 자세히 보니 가격과 원산지가 적힌 푯말이 잘려 있습니다. 일본산이라는 글자를 떼 버린 겁니다.

아멩 / 수산시장 상인

원래 '일본 가리비'라고 적혀 있었는데 지금은 '일본'을 잘라 내고 가리비라고만 적었어요.

상인들은 일본이 후쿠시마 오염수를 방류하면 앞으로 일본산 수산물을 가게에 들여놓지 않을 거라고 입을 모읍니다.

알롱 / 수산시장 상인

일본 수산물은 납품을 안 받을 예정입니다.

시민들도 걱정하는 건 마찬가지입니다.

주디 / 홍콩 시민

다들 엄청 걱정하고 있어요. 홍콩에서는 일본 생산이나 일본 음식을 많이 먹거든요.

어제 현지 매체는 홍콩인의 약 80%가 후쿠시마 오염수 방류를 반대한다는 설문조사 결과를 보도하기도 했습니다. 홍콩식품협회는 수산업계는 물론 일본산 재료를 쓰는 요식업계와 식품업계도 피해를 입을 것으로 우려하고 있습니다.

후어와이킨 / 홍콩식품협회회장

만약에 그 물에 진짜 문제가 없다면 그냥 자기 땅에 방출하지, 왜 바다에 방출합니까? 그렇지 않습니까?

시민 불안이 커지자 홍콩 정부도 일본을 향해 대응 수위를 높여 가고 있습니다. 홍콩 정부는 일본이 오염수를 방류하면 일본산 수산물 수입을 즉시 중단하겠다는 강경한 입장입니다. 홍콩 환경장관실은 대응 계획을 묻는 MBC의 서면 질의에 일본의 일방적인 오염수 배출은 안 된다는 점을 분명히 전달했다며 최근에는 수산물 방사능 검사 대상을 일본 전 지역으로 확대했다고 밝혔습니다. 홍콩에서 MBC 뉴스 남효정입니다.

“안전해” 日, “호수에 버려” 中 발끈
돈 아끼려고 세계를 재앙에

기자현재 시간으로 지난 27일, 스위스 제네바에서 열린 세계보건기구 WHO의 제76차 세계보건총회. 모든 WHO 회원국 대표단이 참석한 가운데 각종 건강 의제를 논의하는 연례회의입니다. 회의에 참석한 일본 대표가 중국과 러시아의 의문에 답한다면서 후쿠시마 오염수 문제를 언급합니다. 처리수라는 용어를 쓴 일본 측은 IAEA의 분석 절차 등 과학적 근거에 입각해 투명하게 이 문제를 다루었다고 말합니다.

일본 대표 / WHO 세계보건 총회 발언

지난해 2월 이례로 IAEA 전문가들은 여기에는 러시아와 중국 전문가도 포함돼 있습니다. 알프스 다핵종 제거 설비 절차를 거친 처리수에 대해 과학적 분석을 진행해 왔습니다. 기자발언을 시작한 중국 대표는 일본의 후쿠시마 오염수 해양 방류 계획에 대해 공개적으로 의문을 제기합니다.

중국 대표 / WHO 세계보건 총회 발언

만약 후쿠시마 핵 오염수가 정말 안전하다면 일본은 식수나 농업용수, 공업용수로 사용하지 않고 왜 자국 내 호수에 배출하지 않습니까? 일본은 마땅히 책임 있는 설명을 해야 합니다.

만약 후쿠시마 오염수가 그렇게 안전하다면 왜 자국 호수에 배출하지 않느냐고 반문하면서 일본 정부를 감하게 압박한 것입니다. 중국 대표는 이어 오염수를 바다에 배출하는 게 유일한 방안이냐고 질문하면서 이것은 자기 돈은 절약하지만 전 세계를 재앙에 빠뜨리는 것이라고 지적했습니다.

이어 일본은 오염수가 해롭다는 것을 알면서도 바다에 배출하려는 속셈이 무엇이냐며 자국의 단기적인 이익을 위해 인류 공동의 이익을 해치는 행위는 반드시 엄중한 규탄과 단호한 배격을 받아야 한다고 비판했습니다. 그러면서 태평양은 일본이 원전 오염수를 버리는 하수구가 아니라고 강조했습니다.

중국 대표는 또 일본은 이웃 국가를 포함한 이해당사자 및 국제기구와 충분히 협상한 뒤 가장 안전한 방식으로 오염수를 처리하고 엄격한 국제 감독을 받을 것을 다시 한번 촉구한다고 말했습니다. 이 같은 발언 내용은 WHO 홈페이지를 통해 공개됐으며 《신경보》 등 중국 매체들도 중국 대표의 이 같은 발언에 대해 보도했습니다.

MBC

후쿠시마 제1원전 근처에 있는 오오쿠마 마을입니다. 지난 2011년 3

월 11일 후쿠시마 원전 사고 이후 접근 금지 조치가 내려졌습니다. 사람들은 모두 빠져나갔고 마을엔 덩그러니 빈집만 남았습니다. 이 가게는 얼마나 다급했는지 옷가지며 집기가 그대로 남아 있습니다.

"혼지쯔와 큐교비데 고자이마스."

간판이 무색하게도 문은 12년째 열지 못하고 있습니다. 원전 주변 곳곳에서는 검은 봉지가 쌓여 있는 모습이 자주 보입니다. 제가 지금 나와 있는 곳은 후쿠시마 원전으로부터 2km 정도가 떨어진 한 마을입니다 저 뒤를 보시면 검은색 비닐봉지에 무언가를 가득 담아 놓은 모습을 볼 수가 있습니다. 방사능에 오염된 흙을 저렇게 긁어서 저 안에 가득 담아 놓은 건데요. 원전 사고가 난 지 벌써 12년이 지났지만 방사능과의 사투는 여전히 계속되고 있습니다. 방사능 수치도 365일 24시간 내내 긴장을 늦추지 않고 있습니다. 취재진이 직접 주변 마을을 다니며 수치를 재봤습니다.

원전 길목에 있는 한 마을에서는 시간당 2.5마이크로시버트가 나왔습니다. 외무성 등 정부 관청이 모여 있는 도쿄 지요다구 나가타 지역에 측정 결과는 0.1가량. 25배나 높은 수치입니다. 더 높은 곳은 시간당 5마이크로시버트가 측정된 곳도 있었습니다. 일본 정부가 오염수 방류에 속도를 내지만 당장 근처 바닷가 마을 상인은 걱정입니다. 손님 발길이 끊어지지는 않을까 마음을 졸입니다.

나카무라 / 후쿠시마 오나하마 상인

오염수를 방류하면 어려워집니다. 손님이 오지 않아요. 사람들이 싫어

합니다. 여기 주민들도 필요 없다고 해 버립니다.

주민 생각은 엇갈립니다.

칸노 / 후쿠시마현 나미에 마을 주민

딱히 신경을 안 쓰지만 다음 세대에는 특히 자녀가 있는 집에서는 영향이 있지 않을까. 걱정하는 분들이 있지 않을까 생각합니다.

야마다 / 미야기현

수치로 기준이 정해져 있고 거짓말이 아니니까 정부 말을 믿을 수밖에 없어요. 다른 방법이 없으니까요.

일부 정부는 안전하게 처리됐다면서 오염수 방류에 속도를 내고 있지만 우리와 마찬가지로 현지 주민 역시 마음을 놓지 못하는 것만큼은 분명해 보입니다. 후쿠시마 YTN 이승배입니다.

일본의 오염수 방류 강행 방침에 중국 세관이 일본산 수산물에 대한 전면적인 방사능 검사를 개시했습니다. 중국 세관은 지난 7일 SNS를 통해 상황 전개를 주시하며 일체에 필요한 조치로 중국 소비자 식탁에 안전을 확보할 것이라고 밝혔습니다. 이 때문에 일본산 냉장 수산물의 통과는 2주, 냉동품의 경우 한 달이 걸릴 것으로 전망됩니다. 일본 정부는 중국이 사실에 반하는 내용을 주장하고 있다고 반발하며 과학적 근거를 갖고 논의하자면서 수입 규제 철폐를 촉구했습니다.

기시다 후미오 / 일본 총리

중국에 대해서는 과학적인 근거를 바탕으로 한 논의를 하도록 강하게 요구하고 있습니다.

일본 외무성과 농림수산성도 중국의 조치에 대응하기 위한 협의를 한 것으로 전해졌습니다. 주변국 반발에도 올여름 방류 방침을 거듭 천명한 일본은 방류를 위한 막바지 잰걸음을 이어 가고 있습니다. 도쿄전력은 악천후를 피해 방류를 검토하겠다며 구체적인 방류 시기를 정부와 조율하겠다고 밝혔습니다.도쿄전력 관계자기상 등에 따라 방류 기준인데 배를 낼 수 없다거나 파도가 높아 샘플 제출 못 하는 경우 스물 상정하고 있습니다.일본 경제산업성이 원전 주변 지역의 어민들과 잇따라 만난 데 이어 기시다 총리도 이번 달 전국 어업협동조합연합회 측과 면담할 것으로 알려졌습니다.

현재 오염수 방류와 관련해 정부의 설명이 불충분하다는 일본 내 여론은 80%에 이릅니다. 일본이 IAEA의 최종 보고서를 통해 오염수 방류의 정당성을 자신하고 있지만 중국의 수산물 주제는 오염수 방류 이후에도 풀어야 할 과제가 적지 않다는 점을 보여 줍니다. 도쿄에서 YTN 김세호입니다.

원전 오염수 방류 임박 여파 어디까지 시사용광로서 진단

일본정부가 당장 다음 달 후쿠시마 원전 오염수 방류를 예고하면서 국민의 불안감이 커지고 있습니다. 특히 직격탄을 맞은 수산업 종사자들의 걱정이 이만저만이 아닌데요. 광주, 목포, 여수 문화방송이 함께 만드는 시사 토론 프로그램 〈시사용광로〉에서 일본 오염수 방류에 따른 파장과 향후 대처 방안을 짚어 봤습니다. 주현정 기자의 보도입니다.

올여름 후쿠시마 원전 오염수를 방류하겠다는 일본 정부. 당장 다음 달 실행을 위한 사전 조율도 마쳤다는 전망까지 나옵니다, 가장 빨리 가장 직격으로 피해가 우려되는 전남, 특히 바다를 생계 터전으로 삼고 있는 이들의 걱정은 태산입니다.

김영철 / 전국어민회총연맹 집행위원장

후쿠시마 오염수를 방류한다는것은 우리몸에 어민들의 몸에 독극물을 뿌린다. 이정도로 생각하고 있습니다. 정말 분노하고 있습니다.

어민뿐 아니라 적지 않은 국민 우려에도 대통령실은 오염수를 방류해도 과학적으로 안전하다는 IAEA의 보고서를 존중한다며 사실상 일본의 결정에 동의한 상황. 국민의 건강권과 생존권보다 앞선 전쟁은 없어야 한다는 지적도 나왔습니다.

이언주 / 전 국회의원(국민의힘)

과학만능주의에 빠지는 것이 가장 위험한 일이라고 생각을 합니다. 그리고 과학은 어차피 확률이기 때문에 절대 결론이 안 납니다. 윤리 그리고 정치, 외교, 우리 국민 주권자의 뜻이라고 생각하고요.

대한민국 또는 태평양 연안국 차원의 오염수 방류 피해조사 필요성도.

이정윤 / 원자력안전과 미래대표(IAEA 조사는 오염수 방류가)

생태환경과 먹이사슬에 어떤 영향을 주고 주변국에 어떤 영향을 주는지는 파악이 안 됐어요. 왜 일본만 하냐. 우리 주변국에서도 다시 하겠다. 일본 정부에 강력한 주문을 해야 한다.

인접 국가의 연대 등 정부의 적극적인 대응 주문도 나왔습니다.

윤재갑 / 더불어민주당 국회의원

우리 국민 85%가 지금 방류를 반대하잖아요. 지렛대 삼아서 우리 국민의 건강과 안전을 위해서 이걸 우리 정부가 반대해야 합니다. 국민을 이길 수 있는 권력자가 어디 있습니까?

설령 일본이 방류를 시작하더라도 저지 활동은 계속되어야 한다는 촉구도 이어졌습니다.

김영철 / 전국어민회총연맹 집행위원장

30년, 40년, 50년 방류하는 것보다 1~2년 안에 막는 것, 우리 국민들 전 세계 인류가 최소화할 수 있다.

국민들의 우려와 반발이 커지고 있는 가운데 후쿠시마 원전 오염수 방류 시점은 점점 다가오고 있습니다. MBC 뉴스 주현정입니다.

일본 내에서도 해양 방류를 반대하는 목소리가 높은 상황

지난 1월 《아사히신문》이 발표한 여론조사에 따르면 응답자의 55%는 후쿠시마 원전 오염수의 해양 방류를 반대한다고 답했는데 특히 전국 어업협동조합연합회는 오염수 해양 방류를 앞장서서 반대해 왔다.

오노 하루오 / 후쿠시마 어민

어업 종사자들의 이해를 구하지 않고서는 오염수를 절대 바다에 버리지 않겠다더니 약속을 깨는 것이 한 나라의 총리가 할 일입니까?

중국의 경우도 일본 정부가 주변국 및 국제사회와 충분한 협의 없이 일방적으로 후쿠시마 원전 오염수를 바다에 방류하기로 결정한 것은 무책임하다고 비판하고 있다. 반면, 미국은 일본의 결정이 국제안전기준에 따른 것이라며 지지하는 입장이고 국제원자력기구 역시 일본의 해양 방류에 대해 실현 가능한 방안이라고 언급하며, 빠른 처리를 촉구하고 있다. 러시아, 타이완 그리고 오세아니아에 16개국이 모여 있는 태평양 제도 포럼 등은 우려의 입장을 내비치면서도 다소 미적지근한 반응이다.

양이원영 / 국회의원

일본을 중심으로 가장 가까운 나라가 우리나라, 대만, 중국, 러시아인데 러시아, 중국, 대만은 각각 다 반대 입장이고 반발을 하고 있는 상황인 거죠. 그리고 태평양에는 남태평양 국가들, 섬 국가들은 재정적으로 지금 어렵기 때문에 직접적으로 제소하기 어려워서 좀 지원을 요청하는 그런 상황인 거고 가장 속이 탈 수밖에 없는 것.

일본과 바로 인접해 있는 우리나라, 특히 어민들의 불안감은 이루 말할 수 없이 커지고 있다.

이의호 / 어민

(오염수 방류 후) 우리가 어류를 잡아서 팔면 국민들이 건강을 생각해서 섭취하겠습니까? 그리고 고기를 잡아서 판다는 것 자체도 말이 안 됩니다.

이영순 / 부산수협 여성 어업인 지회장

방송에서 조금이라도 나쁘다고 하면 안 먹잖아요. 그런데 오염수를 방류를 하면 누가 먹겠어요. **(국민이)** 안 먹는데 작업은 조업은 해서 뭐합니까? 생계가 걱정이죠.

그렇다면 실제 오염수가 방류된다면 우리나라에는 어떤 영향을 미치게 될까? 독일 킬대학 헬름홀츠 해양 연구소는 태평양으로 방류된 세슘-137의 장기 확산 모델 시뮬레이션 논문을 발표했는데 방사능 오염수를 방류할 경우 태평양 일대로 멀리 퍼져 나가 전 세계 해양 생태계에 영향을 미칠 수 있을 뿐 아니라 최소 1조분의 1로 희석돼 약 200일 만에 제주도에 도달할 것이라는 연구 결과가 담겼다. 이 연구 결과처럼 단기간에 제주 앞바다까지 오염수가 유입될 가능성은 높은 것일까?

박재훈 / 인하대학교 해양과학과 교수

후쿠시마 원전 사고에 의해서 쌓여 있는 오염수를 해양으로 방류하게 되면 기본적으로 동쪽으로 갔다가 다시 뻥 돌아서 서쪽으로 오다가 우리나라 쪽으로 쿠로시오 해역에서 분지가 된 해류가 우리나라에 온다면 오염된 물 정도의 안 좋은 정도의 농도가 그대로 오진 않고요. 상당히 희석이 되기 때문에 오히려 다른 면에서 연구를 통해서 조사를 통해서 우리가 오염수의 영향을 받는 수산물을 섭취할 가능성은 없느냐는 것에 대해서 연구하는 것이 더 중요한 부분이라고 저는 생각합니다.

후쿠시마 원전 오염수 방류로 인해 우리나라에 미칠 영향은 단기적으로는 미미할 수 있지만 10년, 20년 후 어떤 상황이 닥쳐올지 아무도 예상할 수 없는 지금, 전문가들은 당연한 문제를 고민해야 할 것이 있다고 말한다. 바로 해양 생태계에 방사능이 축적돼 이를 섭취하는 것, 즉 내부 피폭 가능성에 대한 다양한 연구와 대안이 마련되어야 한다는 것이다.

YTN 사이언스

"오염수 분열" 태평양 도서국 시민들 일본 규탄

MBC 뉴스센터의 XR 가상현실로 재현한 태평양 해역입니다. 후쿠시마 오염수에 우리만큼이나 관심이 많은 나라들이 바로 이렇게 태평양에 흩어져 있는 섬나라들인데요. 16개 태평양 도서국들은 배타적 경제 수역이 1910만 제곱킬로미터로 전 세계 면적의 14%에 달하고 세계 참치 어획량의 70%를 차지하는 수산자원의 보고이기도 합니다.

특히 마셜제도는 냉전기에 강대국들의 핵실험이 수십 차례 이뤄진 곳이라 오염 수치에 더 민감한데요. 하지만 일부 섬나라들이 오염수 방류에 찬성하고 나서면서 이 나라들 사이에 균열이 생기기 시작했습니다. 그중 대표적인 나라인 팔라우의 대통령과 직접 화상으로 인터뷰를 진행했습니다.

수랑겔 휩스 주니어 / 팔라우 대통령

일본 정부와 도쿄전력은 그들이 하는 모든 일이 안전하다는 것을 확실히 하기 위한 진짜 노력을 하고 있다고 생각합니다.

검증을 믿는다고 한 수랑겔 휩스 팔라우 대통령은 일본과 팔라우의 특별한 인연을 강조했습니다.

수랑겔 휩스 주니어 / 팔라우 대통령

우리 인구의 25%는 일본 혈통입니다. 팔라우어 사전에 있는 20%는 일본에서 유래했습니다. 그래서 팔라우와 일본은 매우 강한 관계를 공유합니다.

유엔총회에서 오염수 방류를 강하게 비판했던 파누엘로 전 미크로네시아 대통령도 반년 만에 입장을 바꿨습니다. 현재 시민단체들은 태평양 도서국들과 일본의 경제적 이해관계를 그 배경으로 지목하고 있습니다. 팔라우와 미크로네시아 같은 나라가 경제와 무역에서 일본과 강력한 관계를 맺고 있다는 게 흥미로운 부분입니다.

그들은 또한 일본 원조에 크게 의존하고 있습니다. 실제로 올해 초 미크로네시아와 정상회담을 가진 기시다 일본 총리는 오염수 방류 계획을 설명하며 34억 원 규모의 의료 장비 지원 계획을 발표했습니다. 제작년 일본이 태평양 도서국들의 공적 개발 명목으로 지원한 금액은 6억 1700만 달러, 우리 돈으로 7800억 원에 달합니다.

그들은 이런 지원을 시작하고 태평양 도서국들에 대한 원조를 늘리면서 모든 종류의 지원을 제공하고 있습니다. 현지 시민 단체들은 일본이 해외 공적 개발 원조를 늘림으로써 지도자들을 회유해 위험하고 무책임한 계획에 대한 지지를 사려하고 있다며 규탄하고 나섰습니다.

엘펠리 레즈마 / 세계태평양연대 활동가

우리는 일본 정부의 방문과 해외 개발 원조 및 지원을 이용하려는 계획이 위험하고 무책임하다고 생각합니다.

아직까지 오염수 방류에 대한 태평양 도서국들의 입장은 반대가 우세한 상황.

앤드류 나푸아트 / 바누아투 국회의원

돈도 무엇도 우리 입을 막을 수는 없습니다. 우리는 계속해서 우리의 목소리를 낼 것입니다. 이건 우리의 생존에 관한 우리 아이들의 생존에 관한 문제이기 때문입니다.

하지만 경제력을 앞세운 일본의 적극적인 움직임 앞에 도서국들의 연대도 흔들리고 있습니다. MBC 뉴스 남효정입니다.

IAEA 보고서 수용하면
후쿠시마산 수산물 수입금지 유지

IAEA최종 보고서가 발표된 어제 일본 정부가 후쿠시마 산 수산물에 대한 한국의 수입 금지 조치 해제를 다시 거론했는데요. 만약 우리 정부가 IAEA 보고서를 수용할 경우 이 수입 금지 조치를 유지하는 명분이 약해지는 것 아니냐는 우려가 나오고 있습니다. 공윤선 기자가 전해 드립니다.후쿠시마 수산물 수익 금지에 대한 정부의 입장은 오늘도 단호했습니다.

박구연 / 국무조정실 1차장

국민들께서도 좀 정서적으로 받아들일 준비가 되지 않는 한 그걸 정부가 수입하는 일은 절대 없다. 다시 한번 강조로 말씀을 드리겠습니다.

그러나 일본에서는 이미 다른 얘기가 나오고 있습니다. 한국의 후쿠시마 수산물 수익 금지 조치에 대한 정부 대응을 묻는 질문에 일본 정부는 중요 과제라는 단어를 꺼냈습니다.

마쓰노 히로카즈 / 일본 관방장관

일본산 식품 등에 대한 수입규제 철폐는 계속해서 중요 과제이며 관계 부처 간에 연대하면서 적절하게 대처해 가겠습니다.

지난 한일 정상회담에서도 기시다 총리가 윤석열 대통령에게 수익금지 해제를 요구했다는 보도가 잇따랐는데 아예 공식 기자회견에서 대놓고 속내를 드러낸 겁니다. 거듭된 일본의 압박에 지난해 대만은 11년 만에 금지 조치를 일부 해제했고 유럽연합 역시 완전 해제 검토에 들어갔습니다. 수익 금지를 유지하는 나라는 사실상 한국과 중국뿐입니다.

지난 2019년 WTO는 후쿠시마의 환경적 요인이 위해할 수 있다는 한국 입장을 받아들여 수익금지 조치를 최종적으로 인정했습니다. 하지만 후쿠시마산 수산물을 먹어도 별 문제가 없다는 IAEA 보고서를 한국 정부가 수용하면 또 다른 분쟁 시 이런 금지 조치 논리가 유지될 수 있냐는 의문이 제기되고 있습니다.

송기호 / 변호사, 더불어민주당 오염수 원내대책단 부단장

일본 수산물의 방사능 위험성을 검토를 하라는 것이 국제법의 지금 의무고요. 근데 지금 후쿠시마 수산물 문제없다는 것에 동의를 하면 뭘 어떻게 그러면은 금지하겠다고 할 수 있냐는 거죠. 일본 수산물의 방사능 위험성을 검토를 하라는 것이 국제법의 지급 의무구요. 근데 지금 후쿠시마 수산물 문제없다는 것에 동의를 하면은 뭘 어떻게 그러면은 금지하겠다고 할 수 있냐는 거죠.

정부는 일본의 새로운 WTO 제소 여부 등이 우리 정부 입장에 영향을 미치는 것은 아니라며 수입 재개를 검토하지 않는다는 점을 밝힌 바 있습니다. MBC 뉴스 공윤선입니다.

후쿠시마 오염수 방류 우려에 천일염 품귀 가격도 껑충

앵커: 일본 후쿠시마 오염수 방류가 코앞에 다가오자 소금을 미리 사 놓으려는 사람들이 늘고 있습니다. 산지에서는 물량이 부족하고 마트에서도 품귀 현상이 빚어지고 있는데요. 잦은 강수의 천일염 생산량도 줄면서 가격도 덩달아 오르고 있습니다. 취재 기자 연결해 자세히 알아보겠습니다. 오선열 기자, 천일염 만드는 염전이 어느 때보다 분주하다고요.

기자: 네, 전남 신안은 국내 천일염의 80% 이상을 생산하는 지역입니다. 보통 3월 말부터 10월까지 천일염을 생산하는데요. 주로 김장철에 천일염 판매량이 많기 때문에 9월이 가장 분주합니다. 하지만 천일염 주문이 갑자기 몰려들면서 산지에선 유례없는 바쁜 시기를 보내고 있는데요. 아침 일찍부터 염전에서 작업하고 천일염을 포장하느라 쉴 시간도 없이 일하는 모습이었습니다. 원래는 쓴맛을 내는 간수를 빼기 위해 2년가량을 쌓아놓고 판매하는데요. 주문 물량이 너무 많다 보니 창고에 쌓아 둘 겨를도 없이 족족 팔려 나가고 있습니다. 천일염 생산자 이야기 들어 보겠습니다.

박종률 / 천일염 생산자

수요가 너무 많다 보니까, 공급도 좀 딸리고 또 후쿠시마 폐기 오염수의 방류가 터지면은 가격이 더 상승하지 않겠냐 하는 마음에서 또 우려하는 마음에서 또 한 가마에 먹을 놈을 갖다가 열 가마씩 보유하다 보니까.

앵커: 네, 이렇게 산지에서도 물량이 부족하면 소비자들은 구매하기가 더 어려울 것 같은데요.

기자: 네, 그렇습니다. 소금을 찾는 소비자는 많지만 공급이 따라잡지 못하고 있습니다. 대형마트를 둘러보니 소금 판매대 곳곳은 품절 표시가 붙은 채 텅 비어 있는 모습이 많았습니다. 특히 3킬로그램 이상 큰 용량이 천일염은 더욱 찾아보기 어렵다 보니 소금을 구매하러 왔다가도 발길을 돌리는 사람들도 있었습니다.

조인혜 / 서울 한강로 2가

근데 이렇게 돼 버리니까 저도 사야 되나 이런 생각이 들어서 좀 불안해지는 기분이 들어요.

기자: 대형마트의 소금 판매량은 1년 전 같은 기간과 비교하면 적게는 30% 많게는 165% 정도 급증했습니다. 온라인 쇼핑몰도 사정은 크게 다르지 않은데요. 11번가는 최근 일주일 사이 천일염 매출이 지난해 대비 열네 배가 늘었습니다. 쓱닷컴에선 천일염을 포함한 소금 카테고리 매출이 6배, 지마켓은 4배 가까이 증가했습니다.

앵커: 네, 그야말로 소금 대란이 벌어지고 있습니다. 가격은 어떻습니까? 많이 올랐죠?

기자: 네, 천일염 산지 가격은 20킬로그램 한 포대 기준 올해 1월부터 5월 초까지만 하더라도 13,000~14,000원대를 기록했습니다. 하지만 5월 중순부터 가격이 급격히 오르면서 현재는 한 포대에 20,000원을 훌쩍 넘겼는데요. 가격 상승의 주원인은 강수일수 증가로 생산량이 많이 감소했다는 겁니다. 천일염 생산이 시작되는 4월부터 두 달 동안 지난해 강수일수는 22일로 평년보다 7일 정도 많았는데요. 제때 생산을 하지 못해 생산량이 절반가량으로 떨어진 겁니다.

성강현 / 신안 태평염전 출고 관리차장

5월달이 계속 주마다 비가 왔습니다. 그래 갖고 한 번씩밖에 소금을 생산을 못 해.

기자: 전체적으로 생산량은 지금 떨어진 상태입니다. 하루에 이렇게 출고하는 양은 정해져 있는데요. 주문 물량은 쏟아져 들어오고 여기에 후쿠시마 원전 오염수 방류에 대한 불안감도 더해져 가격 상승을 부추겼는데요. 소비자들은 주문 폭주에 신안군 관내 수협과 농협에서 판매하는 20킬로그램 천일염 가격은 이미 3만 원을 넘어섰습니다. 가공 유통 업체들은 이번 달 천일염 주문 물량만 해도 1년 치 주문량과 비슷하다고도 설명했습니다.그렇다 보니 한동안 소금 찾는 사람이 많을 것 같습니다.

앵커: 품귀 현상이 언제까지 이어질 것으로 봅니까?

기자: 해양수산부는 개인 직거래가 늘어난 것은 맞지만, 전체 거래량의 8% 수준으로 천일염 수급과 산지 가격에 영향을 미칠 정도는 아니라고 설명했습니다. 가격 상승의 주요 원인을 수요 확대가 아닌 생산량 감

소라고 밝혔는데요. 봄에 내린 잦은 비에 천일염 생산량 일부가 줄긴 했지만, 이번 달부터 기상 여건이 예년 수준으로 회복하면서 생산량은 늘 것으로 기대됩니다. 신안 천일염 생산자 연합회는 7월부턴 본격적인 햇소금 출하가 이뤄질 것으로 보고 적정 가격이 형성되면 구매에도 늦지 않다고 당부했습니다. 지금까지 YTN 오선열 기자였습니다.

앵커: 일본 정부가 후쿠시마 오염수 방류 설비의 시운전을 시작했습니다. 우리 수산업계의 심각한 위기가 예상되는데 정작 어민 단체들은 침묵하고 있습니다. 2년 전 방류 결정이 내려졌을 때 대규모 해상 시위까지 벌였던 것과 비교하면 대조적인 모습입니다. 첫 소식, 정성호 기자입니다.

기자: 지난 2021년 4월 일본이 오염수 해양 방류를 결정하자 남해안 어민들은 대규모 해상 시위에 나섰습니다. 수협을 비롯한 어민 단체들도 참여해 우리 수산업계의 괴멸적 피해를 걱정했습니다.

이윤수 / 경남어류양식협회장(2021년 4월 14일)

중앙정부 차원에서 정말 안전한 어떤 저희들이 해역을 갖다 지킬 수 있도록 앞으로 후손들에게 이런 해역을 갖다 물려줄 수 있는 그런.

박천주 / 통영수협 지도상무(2021년 4월 14일)

우리 어업인 및 수여 수사한 단체에서는 어떠한 일이 있어도 이걸 꼭 생계가 달려 있는 문제이기 때문에 막을 수밖에 없는 그런 입장입니다.

기자: 나아가 전 세계 수산업을 위협하는 무책임한 행위라고 규탄했습니다. 하지만 강경하게 지속되던 반대 기류는 윤석열 대통령이 통영을

방문한 지난 3월부터 달라지기 시작했습니다. 4월에 예정돼 있던 대규모 규탄 집회는 흐지부지 사라졌고 어민 단체들은 침묵하고 있습니다. 일본 정부가 설비 시운전을 마치고 조만간 바다에 오염수를 흘려보낼 기세인데도 방류 결정 당시만 해도 들끓었던 분위기는 오히려 가라앉았습니다.

지욱철 / 통영거제 환경운동연합 대표

정부만 바뀌었을 뿐인데 몇 년 전에는 자발적으로 예산을 내서 반대 시위도 하고 했는데, 침묵으로 일관하니까 왜 그런지, 왜 그런 사회 분위기가 됐는지 이해할 수 없습니다.

기자: 실제 인체에 미치는 유해성을 떠나 오염수 방류 사실 자체만으로 수산물 소비는 급격히 위축될 수밖에 없다는 지적입니다. 제주연구원이 지난해 내놓은 자료에 따르면 1,000명을 대상으로 한 설문조사에서 응답자의 83.4%가 오염수가 방류되면 수산물 소비를 줄이겠다고 답했습니다. MBC 뉴스 정성호입니다.

후쿠시마 오염수 무엇이 진짜 문제일까?

일본 후쿠시마 원전에서 사상 최악으로 불리는 참사가 발생한 지 12년이 두꺼운 방호벽 속 완벽히 자폐되어야 할 원자로인데 벽은 깨졌고 원자로 속 연료봉은 녹아내렸습니다. 건물과 원자로 연료봉은 아직 엄두도 못 내겠고 이 당장의 처리 대상이 된 것은 바로 물입니다. 원자로의 추가 폭발을 막기 위해 뿌려댔던 물 12년간 후쿠시마에 내린 비 원래 이곳에 흐르던 지하수 모두 오염수가 됐고 이 오염수를 담던 탱크도 가득 차자 일본은 결국 방출을 택했습니다. 이때 도시바가 알프스라고 불리는 다핵종 제거 설비를 만들었고 2013년에 설비 운영 허가를 받으면서 세계 최초로 다핵종 제거 설비가 가동을 시작했습니다. 그런데 이론과 현실의 차이는 금세 드러났습니다.

오염수가 누출되기도 펌프가 고장 나기도 작업자의 오작동으로 설비가 갑자기 멈추기도 크고 작은 사고가 잇따랐죠 또 분명 삼중수소와 탄소 14를 제외하고는 대부분의 핵종을 제거할 수 있다라고 했는데, 이 알프스를 거친 물을 확인해 보니 스트론튬 92나 요오드 129와 같은 물질이 완벽히 걸러지지 않았습니다. 세계 최초로 사용된 장비인 만큼 대체할 다른 장비도 없고 결국 일본의 선택은 알프스를 여러 번 거치면 된다

였었죠. 그런데 한번 두 번 세 번 몇 번을 돌려야 방출 기준에 적합해지는지 아직 공개되지 않았습니다. 현재 처리해야 할 오염수가 80만 톤을 넘습니다. 알프스를 최소 13에서 14년 동안 쉬지 않고 가동해야 처리 가능한 양입니다. 여기에 사고가 난 원전 부지는 그대로인데 빗물과 지하수 계속 유입되면서 지금도 매일 백 톤 가량의 오염수가 더해지고, 또 오염수 탱크에선 점점 슬러지가 확인되고 있습니다.

액체의 최적화된 알프스인데 진흙 같은 슬러지가 들어가면 고장 가능성도 높아지죠 때문에 오염수 방출에 당초 일본이 계획한 30년보다 훨씬 더 오랜 시간이 걸릴 거라는 게 전문가들의 판단입니다. 상황이 이렇다 보니 방류가 과연 맞는 해법이냐 의문이 생깁니다. 실제 태평양 도서국 포럼의 전문가들은 일본의 다른 대안도 봐달라며 직접 제안도 했습니다. 알프스도 그대로 쓰고 오염수로 콘크리트를 만들어서 원전 부지를 차폐하자는 건데 일본은 이 제안을 받아들이지도 분석하지도 않았습니다. 자기 나라 안에서 결정하는 일에 감놔라 배달할 수 있느냐 일각에선 이런 주장도 하는데 30년 전으로 시간을 잠시 거슬러 가볼까요?

1993년 10월 동해 인근 이른 바다에 러시아가 배를 타고서 몰래 고준위 핵 폐기물을 벌였습니다. 인접 국가인 우리나라와 일본 모두 몰랐던 일이었는데. 그린피스의 조사 선박이 현장을 딱 적발했습니다. 당시 시점이 옐친 대통령의 방일 직후였는데 일본을 찾아왔음에도 이를 알려주지 않았다는 사실에 일본 정부는 강하게 반발했습니다. 단순히 러시아에 항의하는 것을 넘어서 폐기물과 관련한 국제협약인 런던협약까지 개정해 핵폐기물의 해양 투기를 금지시켰습니다.

숀 버니 / 그린피스 수석원자력 전문위원

당시 일본이 러시아가 해양투기 대신. 자체 정화설비를 갖출 수 있게 지금까지 지원했었던 것으로 보면 이중 잣대 위선인거죠. 전문가들은 일본이 UN 해양법 협약을 비롯해 ICRP와 IAEA의 각종 기준을 어겼다고 지적합니다. 그래서 이 기구들의 문서들을 뜯어봤습니다. ICRP는 해당 활동을 하거나 지속함으로써 생기는 개인과 사회의 이익이 해당 활동으로 비롯된 방사선 피해 등 각종 위해보다 큰지 따져봐야 한다고 규정하고 있습니다. IAEA는 정당화의 과정을 강조했는데요.

방사선 피폭 외에도 사회적 윤리적 측면과 폐기물 관리의 문제 형평성 문제 등 다른 요소들을 고려해야 한다며 현재와 미래의 농업 임업 어업 관광업 그리고 천연자원 사용의 지속 가능성을 보장하는 결정을 내려야 한다는 게 IAEA안전표준의 내용이었습니다. UN 해양법 협약에서는 해양환경오염의 위험이나 영향을 과학적 관찰 측정 평가 분석하고 하기 위해 노력해야 하고 노력의 결과를 담아 보고서를 발간해 모든 나라가 이용할 수 있도록 해야 한다고 명시되어 있습니다. 전례 없는 원전 사고로 인한 전례 없는 양의 오염 물질을 전례 없는 장기간에 걸쳐 바다에 방출하기 앞서 일본이 해야 할 의무들인 겁니다.

그런데 현실은 어떨까요? 오염수를 바다로 내보내는 계획은 세웠는데 오염수가 어떻게 확산되는지 정작 일본은 제대로 된 시뮬레이션조차 안 했습니다.안전을 이야기하려면 방출할 오염수의 농도가 아니라 그 오염수가 퍼져 해양 생태계와 우리 인간에게 어떤 영향을 미치는지 결과를 들고서 이야기해야겠죠. 전문가들은 국제해양법재판소 등에 일본이 기본적인 의무를 다할 것을 요구하고 또 결과가 나오기 전까진 무조건적인 방출은 멈춰줄 것을 요구해야 한다고 강조 감사합니다.

JTBC 뉴스

우원식 의원의 발언

그로시 IAEA사무총장에게 직격그로시 사무총장께서 어제 한 언론사 인터뷰를 통해 핵 오염수를 마실 수도 있고 수용도 할 수 있다고 말씀하신 걸 보고 굉장히 우려스럽습니다. 그럴 정도로 안전하다고 확신한다면, 그 물을 바다에 버리지 말고 물 부족 국가인 일본이 국내에서 음용수로 마시든지 아니면 공업용수나 농업용수로 쓰라고 일본 정부에 권고할 의사가 없는지 묻고 싶습니다. 대한민국 국민들은 굳이 오염수를 마실 생각도 없고 오염수에서 수영할 생각도 없다는 점을 말씀드립니다. IAEA가 발표한 종합보고서는 방사능 오염수를 바다에 방류하는 일본의 계획이 IAEA의 안전 기준에 부합한다고 아주 단정적으로 결론 지었지만 이는 전적으로 신뢰하기에는 너무나 많은 의문점이 있습니다.

첫 번째 가장 근본적인 문제는 이번 보고서에는 IAEA 일반 안전지침 GSG를 포기하면서까지 해양 방류 이외에 더 안전한 대안에 대한 검토가 없었다는 점입니다. 일본의 의뢰를 받아서 하는 조사였기에 일본이 요구한 부분만 조사했다고는 합니다만 IAEA가 국제기구로서 위상에 맞게 제 역할을 다하려면 좀 더 안전한 대안을 검토했어야 한다고 생각합니다. 그동안 PIF 과학자 편을 자문위원이 제시했던 육상 장기 보관 또 고체화 등의 대안도 전혀 고려하지 않았습니다.

특히 2018년 일본 경제산업성 산하 자문기관인 알프스 소위원회가 제안한 후쿠시마 오염수의 다섯 가지 처분 방안에는 해양 방류 이외에 지층 주입 방안, 지하 매설 방안, 수소 방출 방안, 수증기 방출 방안이 포함되어 있습니다. 이 방안 중에 일본은 가장 싸고 빠르고 쉬운 방법을 선택한 것입니다. 해양 방류 방안은 다른 나라에 피해를 주지만 다른 방안들은 영향을 주지 않습니다. 그럼에도 불구하고, 다른 대안에 대한 검토 없이 해양 방류에 대한 기술적 지원과 일본 정부의 요청 사항에 대한 안정성 검토만 한정했습니다. 처음부터 중립성과 객관성을 상실한 일본 편향적 검증이라는 게 저희들의 생각입니다.

세 번째는 일본의 평가를 그대로 인용을 했는데 IAEA가 30년간 앞으로 30년간 먹이사슬을 통해 생체에 축적되는 환경 영향 평가를 제대로 하지 않은것은 매우 잘못된 일입니다. 이제 일본은 IAEA 보고서를 오염수 해양 방류의 통행증처럼 여기고 수문을 열 타이밍만 보고 있습니다. 앞으로 방류 후 5개월, 7개월 후에 안전하면 괜찮은 것처럼 말하는 사람들이 있는데, 후쿠시마 방사능 오염수는 30년 이상을 태평양 바다에 방류하게 됩니다. 세슘 등의 반감기는 최소 30년입니다. 아무리 극소량으로 오랜 기간 먹이사슬을 통해 해양 생물을 통해 체내에 축적되면 결국 인간에게 영향을 미치게 되는 것입니다.

그런데 아무런 과학적 검증도 없이 안전하다고 믿어 달라고 말할 수 있겠습니까? 안전하다고 검증될 때까지 안전 안전하다고 하면, 안 되는 것입니다. IAEA는 대한민국 뿐 아니라 태평양 인접 국가들의 우려와 비판을 존중해야 합니다. 일본 오염수 방류 계획은 지구적으로 환경에 위해를 끼치는 최악의 선례로 남기 남게 될 것입니다. 이러한 나쁜 선례로 인해 앞으로 얼마나 많은 핵폐기물들을 바다에 버릴지 모릅니다.

이런 사고가 없으라는 보장도 없는데 앞으로 사고 날 때마다 바다에다 버리겠다고 하면, 어떻게 막겠습니까? 그렇게 되면 개럿 하딘이 말한 공유지의 비극이 발생하게 될 텐데 이를 어떻게 막겠습니까? 오염수를 처리하고 벌이는 일을 일본만의 고유한 주권이라고 말해서는 안 됩니다.

IAEA 방사능 사고 조기통지협약 제5조 1cd항에 의하면 자료를 조기에 주게 돼 있는데, 이것도 이행되지 않았습니다. 그래서 세계인이 공유하는 바다와 전 인류에 대한 책임을 책임지는 태도를 가지고 신중하고 정당한 방식으로 오염수가 처리될 수 있도록 일본에게 방류를 연기할 수 있도록 요청해 주십시오.

제가 마지막으로, 한 말씀만 더 드리겠습니다. 제가 후쿠시마 원전 폭발사고 4주기일 때 현지 후쿠시마에 간 적이 있습니다. 후쿠시마 주민들은 멀리 만들어진 가설 주택에 살고 있었는데, 그분들의 말씀은 살기 좋고 평화로운 우리 동네에 원전을 건설한다고 해서 적극적으로 반대에 나섰었습니다. 그런데 과학자들이 와서 절대 사고 날 위험은 없다고 설득해서 건설에 동의했었습니다. 그 후에 원전이 폭발하고 난 후에 주민들은 과학자들을 만나려고 해도 만날 수가 없었습니다. 그분들의 말씀은 우리가 과학자들한테 속았다. 이렇게 말씀하시더군요. 이런 일이 다시는 지구상에서 재현되지 않기를 기대합니다.

우원식 의원 발언, 우원식 TV

후쿠시마 수산물 수입 빌미 제공 시찰단 보고서 폐기 촉구 기자회견

정부는 수산물 수입 금지 조치와 오염수 방류는 별개의 문제라며 선을 긋고는 있지만 세슘 기준치 180배가 넘는 우럭이 잡힌 현재 후쿠시마 바다도 안전하다고 못 박은 시찰단 보고서를 정부가 공식적으로 승인하고 채택한다면, 상황은 크게 달라지게 될 것입니다. 일본에게 그런 빌미를 줄 이유가 전혀 없습니다. 지금이라도 도쿄전력의 자료에만 의존한 시찰단 보고서를 당장 폐기하고 세슘, 우럭 등 생태 환경 조사를 반영한 보고서를 다시 작성해야 된다는 게 저희들의 생각입니다. 후쿠시마 수산물 수입 빌미 제공 시찰단 보고서 폐기 촉구 기자회견을 하겠습니다.

먼저 저희 더불어민주당 후쿠시마 원전 오염수 해양 투기 저지 총괄 대책위원회 상임위원장을 맡고 계시는 우원식 의원님께서 먼저 인사말이 있으시겠습니다. 더불어민주당 후쿠시마 원전 오염수 해양 투기 저지 총괄 대책위원회 상임위원장을 맡은 우원식 의원입니다. 저희들이 오늘 이 말씀을 드리는 이 내용은 이 후쿠시마 오염수 처리 계획에 대한 검토 보고서 그래서 우리 원자력안전기술원에서 발표한 자료인데 지난번에 일본에 가서 우리 과학자들이 보고 그리고 낸 보고서입니다. 우리 후쿠시마 총괄대책위원회에 우리 정책본부에서 충분히 검토를 하고 낸 자료라는 걸 먼저 말씀드리면서 말씀드리겠습니다. 후쿠시마 오염수 방류가 임박하면서 국민들의 불안은 점점 더 커지고 있습니다.

언제 끝날지도 모르는 수십 년간의 방류로 망가질 해양 생태계 방사능 물질의 생체 축적과 먹이사슬로 인체에 미칠 장기적인 피해는 어림조차 하기가 어렵습니다. 그렇게 국민들은 걱정하고 있는데, 정부는 이러한 국민들의 목소리를 듣기는커녕 괴담이라고 치부하고 오히려 일본 정부 정책을 홍보하는 데 앞장서고 있습니다. 참으로 한심하고 부끄러운 일입니다. 윤석열 정부가 오염수 방류를 동의한 것에 그치지 않고 지난 정부에서 정말 어렵게 WTO 항소심에서 일일이 주장하고 입증해서 지켜낸 후쿠시마산 수산물 수입 제한 조치가 언젠가는 풀릴지도 모른다는 그런 걱정이 계속 제기되고 있어서, 정말 큰 걱정입니다.

정부는 현재 수입 금지 해제 계획이 없다고 그렇게 발표하고 그런 입장입니다만, 지난달 정부가 공개한 시찰단 보고서의 결론은 후쿠시마 바다는 안전하다. 오염수가 방출되어도 방사능 수준은 기준치 이하라서 문제가 없다라는 것입니다. 이러한 결론은 후쿠시마산 수입물 수입 제한의 근간을 무너뜨리는 심각한 내용이 아닐 수 없습니다. 2019년 WTO에서 일본에게 승소한 주요한 판단 기준은 해당 식품 자체의 방사능 수치만 놓고 판단하지 마라. 그 식품이 생산되고 섭취되는 생태와 환경을 포괄적으로 고려하라 라는 것이었습니다. 그런데 이번 시찰단 보고서는 이런 원칙을 깨고 수입 제한 조치를 철회할 명분이 될까. 크게 우려되는 상황입니다.

국제원자력기구가 후쿠시마 오염수 처리 과정이 안전하다고 발표한 뒤 기다렸다는 듯이 일본 정부는 우리 정부의 수입 재개를 요청한 사실을 공식적으로 밝히고 있습니다. 정부는 수산물 수입 금지 조치와 오염수 방류는 별개의 문제라며 선을 긋고는 있지만 세슘 기준치 180배가 넘는 우럭이 잡힌 현재 후쿠시마 바다도 안전하다고 못 박은 시찰단 보고서를 정부가 공식적으로 승인하고 채택한다면, 상황은 크게 달라지게 될 것입니다. 일본에게 그런 빌미를 줄 이유가 전혀 없습니다. 지금이라도 도쿄전력의 자료에만 의존한 시찰단 보고서를 당장 폐기하고 세슘, 우럭 등 생태 환경 조사를 반영한 보고서를 다시 작성해야 된다는 게 저희들의 생각입니다. 제 인사는 이것으로 마치고 내용을 하나하나 말씀드리도록 하겠습니다.

방금 이수진 저희 더불어민주당 후쿠시마 원전의 오염수 해양 투기 저지 총괄대책위원회 연대 사업본부장께서 함께하셨습니다. 저는 정책기획 본부장을 맡고 있는 송교 변호사입니다. 그러면 오늘 저희들의 이 보고서 분석과 저희들이 기자회견 내용을 담는 기자회견문을 이수진 본부장께서 낭독하도록 하겠습니다.

더불어민주당 이수진 환경노동위원회 간사

원안위는 후쿠시마산 수산물 수입 빌미 시찰단 보고서 폐기하라. 지난 7월 7일 한국원자력안전기술원이 원자력안전위원회 요청에 따라 작성한 후쿠시마 오염수 처리 계획에 대한 검토 보고서를 공개했다.

이 시찰단 보고서에는 후쿠시마 수산물 수입을 뒷받침하는 논리가 곳곳에 명시되어 있어 이를 정부의 공식 보고서로 채택할 경우 우리 정부가 후쿠시마산 수산물 수입 금지를 유지할 국제법적 근거를 상실할 우려가 크다. 보고서는 후쿠시마산 어류를 최대 연간 69.35킬로그램 섭취해도 방사능 안전하다는 일본 평가가 적절하다고 하면서 기준치 180배 초과 세슘, 우럭 등 후쿠시마 수산물 수입 금지를 뒷받침한 과학적 사실에 대해서는 철저히 외면하고 있다. 더불어민주당 후쿠시마 원전 오염수 해양 투기 저지 총괄 대책위는 원안위에 부실하고 편향적인 시찰단 보고서를 폐기할 것을 강력히 촉구한다.

보고서에 따르면 후쿠시마산 어류를 최대 연간 69.35킬로그램, 무척추동물 22.63킬로그램, 해조류 18.98킬로그램을 섭취해도 방사능 안전하다는 일본의 평가가 적절하다고 결론 냈다. 더욱이 도쿄전력의 해역 감시 강화 계획 적절성 검토라는 항목에서 2022년에 측정한 후쿠시마산 후쿠시마 바다의 삼중수소 농도에 오염수 방출 후 증가될 수 있는 삼중수소 농도의 수준을 한국 주변 해역에서 평상시 검출될 수 있는 삼중수소 환경 준위에 해당한다고 못 박았다.

여기에 더해 비록 한국 바다보다 100배 이상의 농도라는 설명을 덧붙였지만 후쿠시마 바다의 세슘 농도가 완만하게 감소하는 경향을 보이면서 2023년 현재 1베크렐 이하의 농도를 보인다고 하였다. 초과 시 방출 중단해야 할 삼중수소 수치 수준에 대해서도 방출된 오염수가 반경 10킬로미터에 도달하면 대부분 희석되어 삼중수소 농도를 증가시키지 않음을 확인하는 것으로 판단하였다. 이와 같은 시찰단 보고서가 공식적인 한국 정부 보고서로 승인되면 한국이 2019년 WTO에서 일본에게 승소한 근거였던 일본과 한국의 해양 조건에 차이에 따른 수입 금지의 정당성 논거를 스스로 허무는 결과를 초래하게 된다.

애초 WTO 일심에서는 한국산 수사물과 후쿠시마산 수사물의 방사능 특정 수치에서 차이가 크지 않다는 이유로 한국이 패소하였다. 그러나 항소심에서는 일본의 2011년 원전 사고와 오염수 유출로 인하여 일본의 바다 상태가 한국과 다르므로 한국의 조치가 정당하다고 판단했다. 시찰단 보고서는 이와 같은 WTO의 판단과 달리 후쿠시마 바다가 이제 안전하며 여기에 오염수가 방출되어도 안전하다는 취지의 결론을 냈다. 이것은 후쿠시마산 수산물 수입 금지 해제에 빌미를 제공할 우려가 크다.

송교 / 변호사

이번 시찰단 보고서에서 가장 큰 문제점은 과학적 사실에 대해서는 철저히 외면한 채 현재의 후쿠시마 바다의 방사능 위험성에 대해 단정한 것이다. 시찰단 보고서가 완성되기 전인 2023년 5월에 기준치 180배를 초과한 세슘. 우럭이 잡힌 것을 비롯하여 많은 기준치 초과 오류가 발견된 과학적 사실 자체를 외면한 것으로 의도적인 배제이다. 이는 원전 사고로 인한 어떠한 수산물 수입 금지도 허용하지 않겠다는 국제 원자력 산업계의 이해가 반영된 것이다.

또한 시찰단 보고서는 도쿄전력의 오염수 해양 방출 시설이 국제원자력기구의 국제 기준에 부합하는 수준으로 설치 운영되고 있음을 확인하였다고 결론 냈다. 그러나 IAEA조차 더불어민주당에 보낸 서면 답변에서 다핵종 제거 설비 알프스 성능 평가는 IAEA의 안전성 리뷰와 무관한 사항이라고 공식 확인한 바 있다. 더욱 염려스러운 것은 2011년 후쿠시마 원전 사고에서 거짓말을 하여 신뢰를 잃은 도쿄전력에 대해서도 좋은 안전 문화의 증거라고 볼 수 있는 규칙의 준수 안전 성능의 관리를 검토하였고 사업자의 안전 문화에 대한 규제 감독 체계를 갖춘 것으로 판단한다고 서술하였다. 나아가 보고서는 도쿄전력에 대해 후쿠시마와 원전 사고 이후 건전한 안전 문화를 육성하고 유지하기 위한 활동을 수행해 왔다고 칭찬하고 있다.

결국 후쿠시마 시찰단의 보고서는 원전 사고에서 나온 방사능 오염수를 바다에 버려도 전혀 문제없으며 원전 사고를 이유로 어떠한 수산물 수입 금지도 해서는 안 된다는 원자력 산업계의 이익만을 대변한 부실하고 편향된 보고서이다. 후쿠시마 수산물 수입은 절대 없다는 윤석열 정부와 원안위의 입장이 정령 진심이라면 이번 시찰단 보고서를 승인하지 말고 폐기해야 한다. 도쿄전력 자료에만 의존하지 말고 우리 정부가 직접 검증 분석한 보고서를 새로 작성해야 한다.

그러므로, 윤석열 정부는 후쿠시마산 수산물 수입 금지를 위한 과학적 근거인 기준치 초과 세슘 우럭 발견 사실 적시 후쿠시마 바다 심층수와 해저토 방사능 오염 자료 분석 그리고 후쿠시마 바다의 기존 방사능 위험성 분석 등 과학적 사실과 근거를 바탕으로 새로운 보고서를 작성해야 한다. 이것이 한국의 국제법적 의무이다. 지금도 방사능 위험성이 있는 후쿠시마 바다에 추가적으로 방사능 오염수를 투기하는 일은 절대 허용되어서는 안 된다. 원안위는 후쿠시마 수산물 수입 빌미를 제공할 시찰단 보고서를 당장 폐기하라.

2023년 8월 3일

더불어민주당 후쿠시마 원전 오염수 해양 투기 저지 총괄대책위원회

우원식TV

후쿠시마 오염수, 괴담과 사실 사이

홍사훈(진행자): 안녕하십니까? 〈홍사훈의 경제쇼〉 저는 경제와 정의를 다잡는 홍 반장, KBS 기자 홍사훈입니다. 조만간 방류를 시작할 후쿠시마 오염수에 대해서 뭐 이게 막연한 두려움이 있고 안전하다는 의견과 실제 가능성 있는 위험이다. 이런 양측의 의견이 지금 극단으로 갈리고 있습니다. 워낙 이게 과학적인 전문 지식이 필요한 분야이다 보니까, 일반 국민들이야 이 수산물 먹어도 되는 건지 확신하지 못하게 되고 또 수산업계와 해산물 식당에서는 지금 막대한 경제적 피해를 우려하고 있습니다. 국민 건강과 안전 그리고 우리 수산업계에 직접적인 이해관계가 달려 있는 만큼 양쪽의 정확한 정보를 제공해 드리는 것이 언론의 의무라고 생각합니다. 그래서 잠시 후 양측의 전문가 두 분 모시고 이 후쿠시마 오염수 안전성 문제 자세히 분석해 보겠습니다. 네, 홍사훈의 경제에서 출발하겠습니다. 유튜브 오늘도 함께 갑시다.

대한민국 최고의 경제 전문가만 모십니다. 어렵고 지루한 경제 프로그램은 거부합니다. 유익하고 재미있는 홍사훈의 경제, 네 오늘 경제쇼에서 이 후쿠시마 오염수 문제 다루는 이유는 이게 뭐 당장 우리 수산업계 그리고 생선 횟집 뭐 해산물 식당에 미칠 영향이 너무나 크기 때문입니다. 이게 정말 우리가 좀 쓸데없는 걱정하는 건지 아니면 진짜 위험이 있는 건지 양측의 전문가 두 분 모시고 의견 듣겠습니다. 정범진 경희대 원자력공학과 교수 그리고 한병섭 원자력안전방재연구소 이사 두 분 나오셨습니다. 두 분 안녕하세요.

교수진: 네, 안녕하세요.

홍사훈: 두 분은 서로 잘 아시는 분이죠. 바닥이 좁다 보니까, 원자력계가 자 먼저. 이것부터 좀 물어볼게요. 오염수가 알프스라는 핵물질 제거장치 여기를 통해서 필터를 통해서 걸러 내서 그다음 방류한다는 거잖아요. 알프스가 그 삼중 수소 빼고 나머지 뭐 세슘이나 스트론튬 이런 핵물질은 다 완전, 완벽하게 걸러낼 수 있는 겁니까?

정범진(경희대 원자력공학과 교수): 기본적으로 필터라는 건 이제 완벽하게 거르는 게 아니고 그중에 이제 몇 %를 걸러 내는 거죠. 그리고 이제 뭐 부족한 부분은 한 번 더 거르거나 이제 거른 다음에 부족하면 한 번 더 거르거나 하면 되는 거고요. 그러니까 이제 완벽 인간한테 완벽이라는 건 없죠. 그런데 이제 삼중수소는 못 거른다. 이거는 뭐 당연한 얘기입니다. 물은 당연히 필터를 통과해야 되는 거니까 못 거르는 게 맞구요. 뭐 완벽하게 거르지는 않지만 충분히 거릅니다, 예.

홍사훈: 그러니까 세슘이나 스트론튬같은 건 입자라서 그게 걸리는 거구나 물이 아니라서, 네. 근데.

한병섭(원자력안전연구소 소장): 네, 좀 잘못 알려진 부분들이 있는데요. 알프스라는 일본의 이제 후쿠시마 방류 관련돼 가지고 어떤 계통으로 나오고 있는데, 사실 이게 뭐 마치 대단한 것처럼 알려져 있는데, 우리나라 원자력발전소나 이런 데는 이것보다 더 정밀한 것들이 이미 쓰고 있고요. 성능 좋은 것들이 있는데, 단지 알프스라는 거는 우리는 실험실에서 가정용 정수기로서 물을 마시는 용으로 쓴다면 여기는 하수처리장의 막대한 양을 처리하는 그런 계통이에요. 사실은 성능 자체는 우리보다 뛰어날 리가 없고 그다음에 더 큰 문제는 우리 발전소에서는 이런 계통들은 이미 우리 뭐 가정용 정수기처럼 필터가 모듈화돼 있고 이런 게 다 성능이 입증이 돼 있지만, 이건 일본이 처음 만든 계통이에요.

홍사훈: 일본이 만든 거예요.

한병섭: 네, 일본이 만들었습니다. 만들었는데 이 만든 계통이 처음 만들다 보니까, 사실은 단순히 필터 하나만 그러는 게 아니고 여러 가지를 뭐 다단계로 거쳐서 어떤 운전을 해야 되는데 이 운전 성능이나 제대로 걸러지는 거에 대한 입증이 전혀 안 돼 있습니다. 그래서 기억하실지 모르겠지만, 뭐 알프스가 중간에 고장이 났다든지 몇 개가 작동 안 했더니, 틈틈이 들으신 일이 있을 거예요.

정범진: 근데 문제는 이 알프스가 앞으로 이제 요번 방류가 조사가 끝나면 이걸 가지고 일본이 30년간 독점적으로 통제하면서 버리겠다고 하는데, 과연 중간에 고장이 날지 안 날지 이런 거에 대한 확신이 우리가 없는 거죠.

홍사훈: 그 정 교수님, 그게 제가 충분히 거른다고 말씀을 드렸는데 이제 1차로 거르고 나면 덜 걸러진 것이 있을 수도 있어요.

정범진: 그렇죠. 한 번 더 거르면 되죠.

한병섭: 그게 아니고 필터거든요. 필터 전부 정수기에 들어가는 거나 마찬가지입니다. 근데 중요한 건 뭐냐 하면, 거른 다음에 잘 걸러졌나를 또 보거든요. 그리고 이제 최종적으로 방류하기 전에 또 보거든요. 검출을 해서, 그렇기 때문에 1차로 거르고 검사하고 또 방류하기 전에 또 검사하고 하는 과정이 있기 때문에 과연 뭐 알프스 자체가 어떠냐. 뭐 이런

것들은 큰 문제가 아닙니다.

홍사훈: 그러면은 알프스라는 게 일본에서 개발된 장비라고 하는데, 이거 돌리는 데….

정범진: 비쌀 수가 없죠. 비싸면 교체를 할 이유가 없는 거죠. 대기모 처리할 때는 뭐 충분하게 처리하면 되는 거지 '뭐 마실 물 수준까지 가야 된다' 이런 건 아닙니다.

홍사훈: 필터는 계속 갈아줘야 되고.

정범진: 그럼요, 그러니까.

홍사훈: 그 필터가 그렇게 비싼 건 아니다.

정범진: 그렇죠. 예.

홍사훈: 저는 그러니까 그걸 왜 물어보냐면 이게 비싸면 처음에는 그러니까 방류 이게 한 30년 계속 방류를 해야 된다면서요. 그러니까 앞으로 처음 한 1년 뭐 몇 달은 이게 하다가 나중에 비싸니까 그냥 살짝 안 돌리는 거 아닌가.

정범진: 그냥 필터입니다. 필터 이게 뭐 대단한 기술이 필요한 것도 아니고.

한병섭: 그런 필터 요처도 제 이론적으로 생각했던 것보다 실제 작동 성능은 완전히 차이가 나거든요. 일종의 실제 발전소에서 조그만 개통 들어갈 때도 이거 튜닝하는 데 몇 년씩 걸리거든요. 그러니까 일본이 이걸 만들어 가지고 작동하는 데 있어서 사실은 좀 신뢰가 가지 않습니다. 일본은 이때까지 이런 걸 잘하는 나라로 알았는데 이 좀 조급하게 그걸 만들어 가지고 운영하면서 여러 가지 실수를 많이 보여 줬거든요. 그래서 사실 뭐 우리 입장에서는 우리나라라면 모르겠습니다마는 기술적으로 이미 일본의 이거 운전하는 것에 대해서는 신뢰를 둘 수 없다라는 게 제 입장입니다.

홍사훈: 알겠습니다. 그러면은 일단 가장 궁금한 거는 왜냐하면, 저만 해도 저만 해도 그냥 잘 모르니까 이게 과학적으로 원자력에 대해서 잘 모르잖아요. 왜냐면, 원자탄 하면 원자력 그것만 생각하니까 수산물, 그러니까 회 광어 뭐 도다리회 이런 거 먹어도 되냐, 안 되느냐 이게 사실 가장 궁금할 거 아니에요.

정범진: 예, 드세요.

홍사훈: 안전한 거예요? 그러니까 왜 안전하다고 그렇게 자신 있게 말씀하시는 거예요?

정범진: 2011년도 후쿠시마 원전 사고가 발생했을 때 알프스 처리되지 않은 그냥 그대로 그냥 그대로의 오염수가 하루에 300톤씩 배출됐습니다. 해양으로 그건 통제되지 않은 상태로 그냥 할 수밖에 없었고 그땐 알프스도 없었죠. 근데 우리나라 해역에서는 전혀 방사선이 검출되지 않았습니다. 또한 수산물에서도 방사성 검출이 없었죠. 그러니까 양이 지금 우리가 후쿠시마에 보관하고 있는 방사성 물질의 100배가 넘어요, 그때 방출된 것이.

그때도 아무것도 아무것도 없었는데 지금 뭐 조금 뭐 1%도 안 되는 양 배출하는 데 문제가 있을 거다. 이거는 뭐 말이 안 되는 거죠. 그리고 우리나라, 예. 그리고 우리나라 원자력안전기술원에서 2001년서부터 쭉 지금까지 해양 표층수를 샘플링해 가지고 방사선량 측정을 하고 또 뭐 저기 어시장 가 가지고 물고기 사다가 방사선 측정하고 이런 것들을 2001년서부터 지금까지 기록을 쭉 가지고 있고 홈페이지 업로드해 놨습니다. 거기서 보면 2011년도에 유의미한 변화가 없어요. 없었다. 그래서 사실은 지금보다 훨씬 많은 방류가 있었을 때도 우리나라에는 아무런 영향이 없었다. 그래서 뭐 지금 이거 가지고 못 먹으면 자기 손해다.

홍사훈: 그게 못 먹으면 자기 손해다.

한병섭: 도덕과 과학 문제를 따져야 되는데 일단은 일본에서 방류하다가 2011년도에 방류해 가지고 그게 10년 지나 가지고 그게 10분의 1이 되돌아왔다는 게 이제 태평양 돌아섰다는 이야기가 지금 보도에 나오고 있고 그다음에 대부분은 이제 희석도 되겠지만, 대부분은 이제 하저로 침적되는 양들이 굉장히 많습니다. 이제 세슘 같은 경우에 물에 있는 양보다 거의 1,000배 수준으로 이제 하저에 용축이 되고.

홍사훈: 무거우니까 가라앉는데.

한병섭: 그런 것들도 그런 영향이 있는데, 이 역량에 대해서 장기적으로 인자 이 하저에서 어떻게 이동하고 이런 거에 대해서는 아직 근거 자료가 없습니다. 모델링도 없고 그렇기 때문에 이게 나중에 앞으로 5년, 10년 뒤에 나는 저도 인자 뭐 교수님 말씀처럼 당장은 먹는 덴 지장 없다고 생각을 해요. 하지만 이것들이 어떤 영향을 미칠지에 대해서는 확신이 아직 모자라고 과학적 건강 필요하다. 그리고 이런 문제에 있어서는 오염에 대한 문제에 있어서는 우리가 원자력을 하는 입장에서는 좀 겸손하게 도덕적으로 접근할 필요가 있다라고 보고 있는 게 이미 원자력발전소도 그렇게 운전을 하고 있거든요. 배출량에 거의 뭐 3%, 2% 이 정도 실제로 운전을 하고 있습니다. 더 제대로 하면은 경제성으로 좋아지는데 무슨 이야기냐면 공학적으로 그러지만 인자 도덕적으로 이걸 낮추려고 하는 노력들을 일부 하고 있거든요. 아닌 부분도 있지만 그런 입장에서 이 분명히 위험이라는 게 존재하는데 이걸 문제없다라고 말하기에는 우리 지식이 너무 짧죠.

정범진: 저는 그걸 음모론이라고 생각하고 있습니다. 지난 12년이면 충분히 검증될 수 있는 시간이었고요.

홍사훈: 지난 12년 동안도 안 나왔는데.

정범진: 그렇죠. 그럼에도 불구하고, 뭐가 침적될 것이다. 뭐 결과가 만 년 후에 나올 것이다. 이런 것들은 음모론이죠.

한병섭: 근데 음모론에 대해서 제가 좀 민감하게 받아들이는데 국가나 국가기관이나 인자 연구소나 이런 데서는 소위 급여를 받고 일하는 사람들이 일방적으로 인자 우월한 입장에서 정보를 다 가지고 있는 사람들이 이걸 음모라고 이야기를 하고 국민들이 불안한 걸 음모라고 이야기하잖아요. 먼저 스스로 그걸 밝히지 못한 걸 갖다가 반성해야 되는 거죠.

홍사훈: 고 부분은 그러니까 제 국가가 좀 반성할 부분도 있고 일반 국민들이 좀 너무 과하게 의심하는 부분도 반성을 해야 되고 고 부분은 그렇게 정리를 하는 걸로 하고, 무식한 제가 궁금한 걸 좀 물어볼게요. 아까 말씀하신 대로 지금 필터를 거쳐서 내보내면 뭐 삼중수소는 뭐 내보낸다 하더라도 그게 뭐 유해성 이거는 차치하고 다른 일반 방사성 물질들도 뭐 세슘이나 스트론튬 같은 것도 이미 나간 것도 있고 그것도 아주 100% 다 걸러 내지 못한다고 하는 거잖아요.

그럼 물론 희석한다고 하지만은 100배, 1000배로 희석한다고 해도 그 핵물질의 절대량이 줄어든 건 아니잖아요. 그러면은 그게 예를 들어서, 희석하면은 100개를 내가 어쩌다가 재수 없게 생선을 먹어 갖고서는 뭐 방사성 물질을 100개를 먹었어. 그럼 위험한 건데 1,000배로 희석했으니까. 그중에서 100개 가는 거 한 개만 먹었으니까 괜찮은 거야. 이렇게 해석을 해도 되는 겁니까?

정범진: 일단 우리가 0이라는 것들은 과학에는 없죠. 0이라는 건 없습니다. 매우 희석대가 진공도 0이라는 0기압이라는 건 없고 10의 마이너

스 5승 기압, 10의 마이너스 7승 기압 이렇게 얘기하는 거죠. 그러니까 우리가 뭐 독도 매우 작으면 뭐 약이 될 수 있다는 얘기도 있지만 뭐 전 얘긴 믿지 않고 독도 매우 작으면 인체에 영향을 못 주는 겁니다.

그러니까 독약도 그렇죠. 매우 작으면 인체에 영향을 못 주는 거고요. 그러니까 우리 자연계에서는 뭐 자정 능력이라는 게 있잖아요. 그러니까 뭐 상류에서 어떤 아이가 소변을 보고 있다 하더라도 하류에선 물을 먹을 수도 있는 거죠. 그러니까 자정 능력, 그니까 우리가 오염 물질이 나가면 그걸 오염이라고 생각하는 경우가 문제입니다. 그러니까 오염 물질이 나가는데 자정 능력 이내로 나가는 것은 환경오염이 아닙니다. 그래서 사실 뭐 산업계 방사선뿐만 아니라 산업계에도 모든 것이 이제 배출 기준이라는 게 있는 거지, 배출을 무조건 0으로 해야 된다는 게 아니고.

홍사훈: 고 얘기 나올 것 같아 가지고 얘기는 사실 언론에 너무 많이 나와 가지고 저도 그건 충분히 인지를 하고 있는데, 일반 독약이나 이런 다른 오염 물질하고 다르게 이거는 방사선을 계속 24시간 그냥 우리가 일반 병원 가서 엑스레이 맞듯이 어쩌다 한 번 방사선을 투과, 내가 받는 게 아니잖아요.

이게 예를 들어서, 핵물질이 내 몸속에 들어오면 이건 제가 궁금해서 물어보는 겁니다. 핵물질이 예를 들어서, 내 몸속에 어쩌다 재수 없게 들어왔으면은 그게 24시간 1년 열두 달 매시간, 매분, 몇 초 계속 방사선을 뿜는 거잖아요. 그리고 방사선은 골에 굉장히 민감하다면서요. 골에 가까울수록 세포가 파괴되는 에너지가 훨씬 더 크다고 하니 내부 피폭이 들어오면은 그게 100개 들어오면 더 위험하겠지마는 한 개 들어왔다고 해서 그게 안전하다 이렇게 말할 수 있을까?

정범진: 그건 저를 보고 여쭤봤으니까 제가, 네. 일단 방사선이라는 거는 우리 생활에 늘 있는 거죠. 그러니까 지금 우리가 햇볕 쬐도 햇볕 쬐는 것처럼 뭐 방사선은 늘 있죠. 이렇게 뭐 그건 어쩌다가 한 번 맞는 거. 음식에도 바나나에도 있고 뭐 쌀에도 있고 방사선이 있는 거구요. 이 공기 중에도 지금 라돈이라는 방사선이 있는 거구요. 그러니까 방사선이라는 걸 늘 받고 있는 것이고 그 양이 1년에 보통 한 3밀리시버트 정도를 맞게 됩니다.

홍사훈: 그러니까 그거하고 먹는 거하고 먹는것하고 같냐 이거지.

정범진: 그런데 밀리시버트라는 단위는 먹었건 외부에서 쬈건 인체에 영향 주는 영향으로 한 거기 때문에 똑같은 겁니다. 근데 이제 1년을 살아가면 3밀리시버트를 받게 돼 있구요. 법률적으로 이제 제안치가 그러니까 1밀리시버트입니다. 그러니까 지금 제안치보다 이내로 방사선을 받는다. 그럼 우리가 안 받던 방사선을 받는 게 아니라, 3밀리시버트라는 건 늘 받고 살고 있는데, 그거에서 무슨 0.001밀리시버트가 늘었다 줄었다 이 상황이거든요. 그렇게 이해하셔야지 희석이라는 것들을 이해하실 수 있는 것이고요. 또 하나는.

홍사훈: 그러니까 내부 피폭이든 외부 피폭이든 그게 마찬가지인 거죠.

정범진: 마찬가지입니다. 그래요. 그리고 이제 또 한 몸 안에 들어오든 그냥 밖에 있죠. 이제 예컨대 이런 건 있어요. 알파나 베타라는 방사선을 내는 동위 원소가 있고 감마를 내는 동위 원소가 있는데, 알파나 베타는 종이 한 장으로 막을 수가 있어요. 그러니까 그런 것들은 몸 밖에 있을 땐 아무 영향이 없습니다. 대신 감마는 영향이 있죠. 투과력이 있으니까. 거꾸로 먹었을 때는 알파나 베타가 중요해지는 거죠. 못 나가니까. 그런

가요? 그렇죠. 그래서 근데 하여튼 그런 것까지 다 저기 해 가지고 조직 계수랑 다 곱해 가지고 나온 게 이제 시버트라는 거기 때문에 뭐 몇 시버트를 받았느냐 했을 때 그거 그것이 얼마 이하다. 그러면 괜찮은 거고요.

그다음에 또 하나는 방사선을 우리가 이제 방사선 동위 원소를 포함된 걸 뭐 먹었다. 그럼 이제 두 가지 입지 메커니즘으로 방사선이 없어집니다. 하나는 뭐냐 하면, 방사선 붕괴를 하면 붕괴한 원소는 다른 원소가 되어 있으니까. 반감기, 그렇죠. 그게 없어지는 게 있고요. 또 하나는 우리가 이제 무슨 소화 안 되는 물질을 먹게 되면 그냥 대,소변으로 나가게 되는 경우가 있잖아요. 그런 것들이 있는데, 그렇게 해서 나간 그건 물질마다 틀립니다. 잘 나가는 물질이 있고 잘 안 나가는 물질도 있습니다. 두 개를 합쳐서 이제 유효 반감기라는 걸 하고 있죠. 우리가 관심 있는 방사선 물질은 유효 반감기까지 고려하면 그렇게 걱정할 필요는 전 없다고 생각합니다.

홍사훈: 정 교수님 말 들으면 내부 피폭이나 외부 피폭이나 똑같으니까 그거 뭐 그렇게 정도로 한두 개 정도 먹어서는 뭐 사는 데 지장 없다는 거 아니에요.

한병섭: 에너지양은 말씀하신 대로 맞습니다. 그러니까 내부든 피폭 외부든 간에 에너지양이 똑같으면 똑같은 효과를 나타내는 건 맞지만 마치 이런 예를 들 수 있죠. 담배 열 갑 피우는 사람하고 한 갑 피우는 사람하고 발암률이 10배가 되느냐. 그건 아니거든요. 그렇기 때문에 사실은 우리 과학적으로 인자 우리는 공학적인 수치를 이야기하는 거고. 과학적인 생명에 관련된 문제들은 명확성이 지금 드러나 있지 않기 때문에, 아직도 지금 추정하는 거고 연구하고 있는 부분이거든요. 그래서 인자 우리가 어떤 기준을 잡아 놓고도 항상 미만을 만족하려고 애를 쓰고

원자력계에서도 그렇게 애쓰고 있는 거기 때문에 어느 기준치 미만이면 아무 상관없다라는 거는 잘못된 표현입니다.

정범진: 그게 음모론입니다.

한병섭: 음모론이 아니고 그게 도덕을 벗어난 표현이 과학의 도덕을 개입시키는 것도 잘못된 거. 실제로 도덕이 있어야 돼.

정범진: 보시면요. 이미 1960년대 이전에 1938년대부터 방사선 영향이라는 것들을 평가를 했습니다. 의사 선생님들이 그래서 두 개의 사람 그룹을 놓고 한 그룹은 방사선을 주고 한 그룹 안 줬을 때 뭐 백혈병 이건 뭐건 차이가 유의미한 차이가 언제 나타나는가라는 걸 딱 봤더니, 100밀리시버트더라. 100밀리시버트를 받은 그룹은 안 맞은 그룹과 다르더라. 뭐 암이 더 많다. 이런 건 아닙니다. 뭔가 다르더라는 겁니다. 그래서 100밀리시버트 이하를 맞으면 이건 괜찮을 것 같다. 이것들이 이제 1938년부터 이미 알려진 사실이고요.

홍사훈: 그게 그냥 임상적으로, 그러니까 1930년대부터 이 정도는 괜찮더라.

정범진: 근데 이제 100인데, 그래서 1930년 한 30가지도 안 됐고 100년도 안 지났는데 300 밀리시버트를 받아. 받으면 유의미한 변화가 있다 하는 건데 우리 관리 기준은 그거의 1%인 1밀리시 버트거든요. 근데 그 1밀리시버트 미만의 방사선 피폭으로 무슨 문제가 있다라고 생각하는 건 이건 뭐 이렇게 생각하면 세상 살기가 어려워지는 거죠.

한병섭: 그러니까 과학적 맹신론이죠. 우리가 정량화시킬 수 있는 건 다 정답이다라고 생각하는데 그렇지 않은 부분이 자연계인 존재하고 실제 있기 때문에 그런 부분에 대해서 좀 겸손할 필요가 있죠.

홍사훈: 어쨌든 한 가지만 좀 정리를 하고 제가 그러니까 여태까지 궁

금했던 것 중의 하나가 이걸 갖다 밖에서 엑스레이 찍듯이 어쩌다 한 번 내가 방사선을 갖다가 이렇게 투과되는 거하고 이 그게 몸 안에 들어와서 아무리 희석됐다 하더라도 핵 종류가 핵물질이 한 개라도 한 입자가 하나가 들어와서 몸 안에서 반감기가 뭐 몇만 년 되는 것도 있다면서요. 그러면 내 평생 반 이걸 갖다 내 몸속에서 붙어서 이게 빠져나가지 않는다면은 계속 맞는 거하고 큰 차이 없다는 거잖아요, 그러니까.

정범진: 반감기라는 게 지금 우리 내가 연료가 있는데, 이 연료가 조금만 그만한데 금방 타 버리고 없어진다 하는 게 있고.

한병섭: 물론 그렇죠. 되게 오래 탄다는 건 되게 오래 탄다는 건 열을 적게 낸다는 뜻이죠. 열을 적게 내고 오래 가는 거고 열을 많이 내고 빨리 반감기가 없어지는것이고 그러니까 반감기가 긴 물질은 긴 대신에, 에너지가 더, 사실 적게, 나오는 적게 나오는 거죠. 예.

홍사훈: 알겠습니다. 그러면은 지금 사실 우리나라는 이렇게 좀 위험성을 많이 위험성이 굉장히 많이 지금 국민들이 걱정하고 있지만 미국이나 유럽 같은 데는 오히려 환경적인 면에선 더 그쪽이 더 난리 쳐야 될 것 같은데, 그쪽 그렇게 생선을 많이 먹지 않아서 그런가. 덜 민감하게 생각하는 것 같거든요. 그 부분은 왜 그런 거예요?

한병섭: 사실 좀 말하기 곤란한 이야기지만 원죄 의식을 가지고 있죠. 왜냐면은 인자 우리가 이제 원자력이랑 방사선이란 걸 접해 보기 시작한 게 이제 일반 그 전 세계인들이 1950년대 60년대 그때 인자 핵실험을 했고 그때는 지금 현재보다 거의 10배가 높았어요. 방사능이 핵실험 때문에.

홍사훈: 아니, 그러니까 태평양에서만 핵험을 태평양 아니고 뭐 대서양 할 것 없이 다 높았습니다. 지금도 거의 10배가 높았다가 그러다가

이제 거의 10분의 1 미만으로 줄어들어 가지고 있다가 이제 최근에 인자 후쿠시마에서 터지면서 조금 상향 좀 올라갔다 말았는데 어찌됐든요. 오염이란 측면에서 보면 뭐 강대국들이 원죄를 가지고 있기 때문에 해양 오염이나 이런 거에 대해서 딱히 말할 수는 없죠. 왜, 최소한 일본보다 수십 배 이상의 영향을 준 건 확실하니까요.

홍사훈: 원죄 때문에 그것만으로는 좀 약할 것 같은데.

정범진: 중요한 포인트를 말씀하셨다고 생각하는데 우리 국민들이 이거 좀 아셔야 될 게 지금 한 박사님 말씀하신 대로 1960년대에는 지상 핵 실험을 했어요. 지상 핵 실험을 하면서 세슘이나 삼중수소 같은 것들이 대기 중으로 나갔거든요. 물론 그래서 이제 방사선 피폭들을 사람들이 많이 받았는데 물론 그것도 1밀리시버트 미만입니다. 그래도 1960년대에 우리 일반인들이 받던 자연 방사선 피폭이 지금보다 10배 이상 많은 거예요. 이제 그것들이 사실이고요.

근데 미국이 지금 뭐 원죄 때문에 안 하고 있느냐. 그게 아니고 저는 영향이 없으니까 안 하고 있다고 생각합니다. 아무리 뭐 원죄가 있다 하더라도, 예, 영향이 있고 이것이 위험한 상황이라 그러면 다 조치를 취해야죠. 근데 지금 뭐 미국 유럽에서 조치를 취하지 않고 특별한 언급이 없는 거는 영향이 없다고 보는 겁니다.한병섭반대로 취할 조치가 없다라는 말도 같은 이야기죠. 조치가 방사능을 다 거둬들이겠습니까? 정화를 시키겠습니까? 불가항력적인 상황이고 그다음에 영향도 작았던 거도 맞죠. 하지만 어찌 됐든 저는 핵실험의 영향이 전 세계 직원들에게 긍정적이지는 않았다라고 판단하고요. 있고요. 어느 정도는 좀 위험은 있었을 거라고 생각을 하고 있습니다.

홍사훈: 사실 지금 자연계, 아까 말씀하신 대로 자연계에 있는 방사능

그러니까 삼중수소라든가 뭐 세슘이라든가 이런 거는 원래 자연계에 없는 거잖아요. 그런데 그게 핵은 있고 세슘은 없고요. 역소량 있죠. 삼중수소.

그러니까 지금처럼 이렇게 자연계에 존재하는 거는 당시에 핵실험하고 그러면서 그게 막 퍼져나갔던 것 아니에요 리고 원제를 말씀하는 거고 자 그러면 어쨌든 저희가 오늘 경제 쪽에서 이 프로그램 이 주제를 논하는 거는 아까 앞서도 말했지만 우리 국민들이 워낙 걱정하고 특히나 우리 경제계에도 수산업계 그리고 요식업계도 매우 큰 직접적인 이해관계가 달려 있기 때문에 어떻게 보면 어민들이나 이쪽에서는 생존의 문제가 달려 있기 때문에 정확한 정보를 좀 알아야만 이게 진짜 위험한 건지 아닌 건지 그걸 떠나서 정확한 정보를 좀 전문가들한테 취득할 필요가 있다고 해서 저희가 좀 하는 거니까 그렇게 좀 이해를 해 주시고 우리 지금 시찰단이 현지에 있잖아요. 그런데 사실은 저는 그 왜 거기서 시료를 갖다가 채취하지 못할까. 물론 IAEA 국제원자력기구에서 우리 대신해서 지금 검사를 하고 있다고 하잖아요.

그러면은 일본은 지금 이거 그 먹어도 될 정도로 안전하다고 하는 거잖아요. 그러면 그렇게 안전합니다. 의심하는 나라들 특히 최소한 주변국들 뭐 한국이나 중국이나 러시아나 이쪽한테는 의심하니 우리 바로 옆에 있으니까 그거 불안하다. 우리 어민들이 지금 국민들이 생선 안 먹겠다고 그러는데 그러면은 제가 만약 일본 정부라면은 OK. 그럼 마음대로 퍼 가서 다 한번 검사해 봐 봐. 우리 자신 있으니까. 그럴 텐데 왜 이걸 못 퍼가게 왜 우리가 검사하지 못하게끔 할까요? 나 같으면 내가 일본 정부라면은 얼마든지 퍼가서 검사하라고 할텐데.

정범진: 기본적으로 어느 나라나 방사성 물질이나 무슨 오염 물질에

대한 배출 기준이라는 게 있잖아요. 그러니까 예컨대 우리나라 배, 우리나라가 무슨 그 공업용수에 대한 뭐 오염 물질을 배출 기준이 있다라고 치면 배출 기준이 국제적으로 인정되는 배출 기준 저희 나라는 너무 높다 이게 아니라, 어느 나라도 정도 배출 기준이면 인정이 된, 괜찮다 하는 배출 기준이고 그거 이하로 방류하겠다는데 옆에 나라에서 뭐라고 한다는 건 이상한 일이에요. 엄밀하게 따지면 그건 이상하진 않죠

예컨대 우리나라도 월성에서 방사성 물질 방류하거든요. 그리고 뭐 무슨 삼성에서 핸드폰 반도체 만드는 공장에서도 방류를 하거든요. 근데 그 양이 방류 기준이 국제적으로 인정되는 기준, 우리나라가 특별히 높은 것이 아니다. 그리고 이제 우리나라도 딴 나라 기준하고 비슷한 수준이거나 오히려 낮다. 근데 그거보다도 낮게 우리가 방류를 한다. 이거에 대해서 갑자기 일본이 약간 한번 검사해 보자. 난 못 믿겠다. 이거랑 똑같은 상황이거든요.

홍사훈: 월성이나 삼성에서 하는 거는 양이 비교가 안 되는 거잖아요.지금 월성에서 1년에 배출하는 삼중수소의 양이나 양이 후쿠시마의 양보다 작지 않아요. 아니, 여기는 130만 톤인가요?

정범진: 물의 양이 많은 거고 방사선 농도를 따지면은 방사선양으로 따지면 그렇게 높지 않습니다. 예, 그리고 한 의사님은.

한병섭: 상식과 도덕의 문제라고 아까 말씀드린 게, 이 제가 뭐 막연한 이야기가 아니고 일본이 지금 이야기하신 게 지금 근원적으로 일본이 후쿠시마 원전이 터져 가지고 북태평양의 기저 방사능을 거의 반, 그러니까 50년대 60년대에 3분의 1 반 정도 수준을 올릴 정도로 지구상에 현격한 위험을 줬는데 그 준 거는 잊어버리고 지금 방류하는 게 낮기 때문에 문제가 없다는 접근은 무슨 이야기냐 하니까 폐암 환자한테 담배 한 대 펴 가

지고는, 즉각 사망 안 하니까 펴도 된다라고 하는 이야기거든요. 이게 인자 소위 말하는 도덕의 문제인 거예요. 이게 왜냐하면, 일본을 왜 일본에 대해서 이렇게.

정범진: 잠깐만요. 태평양의 방사선량 높였다는 건 틀린 말입니다. 그런 건 없습니다. 왜요. 해류가 돌았는데 세슘이, 해류가 돌아도 양이 그렇게 많지 않습니다. 바닷물이 얼마나 넓은 건데요.

한병섭: 많든 작든 양을 하는 게 아니고 어찌 됐든 지구상의 위험을 줬다는 건데 보여준 부분은 그니까 전부 그거는 분명히 법적으로.

정범진: 아니요. 잘못된 메시지를 전달을 하고 있는데, 1995년도 이전에 동해에다가 러시아에서 200만 큐리만큼의 방사선량을 뿌렸음에도 불구하고, 우리나라에선 아무 검출이 안 됐습니다. 당시에 무슨 누리호 만들어 가지고 해양 표층수도 검출했고요. 지금 뭐 세슘이 태평양의 3분의 1 증가했다는데 저는 그런 얘기 들어 본 적 없습니다.

한병섭: 그런 얘기를 못 들으셨으니까. 인자 캐나다 정부가 발표한 자료가 있거든요. 왜냐하면, 이게 무슨 이야기냐면 어찌 됐든 일본이 버린 거는 확실한 팩트인데 그걸 갖다 없었다라고 이야기하는 거 잘못됐다.

홍사훈: 쉬는 시간에 부분을 집중해서 하는 건 그렇게 뭐 그렇게까지 중요한 건 아닌 것 같은데, 아니 근데 아까 제 정 교수님, 아까 제가 좀 궁금한 게 그게 일본이 알아서 기준치 이하로다가 버리는 건데 다른 그건 주권의 문제니 다른 나라 간섭할 필요가 없다. 그러는데 그럼 IAEA도 검사할 필요 없는 거 아니에요.

정범진: 그러니까 일본이 공개적으로 요청을 한 거죠. 예컨대 주변 국가들이 걱정을 하니까 그럴 경우 예컨대 지금 원래 규제라는 거는 통치권의 영역입니다. 그러니까 예컨대 과거에 이제 어떤 나라가 완전 규제

를 하는데 야 너희 기준이 너무 높다, 낮춰라 하면서 옆 나라가 왈가왈부할 수가 없었어요. 그러다 이건 문제가 있다. 특히 이제 어떤 사고의 영향이 다른 나라로 영향 끼칠 수 있다면 이거는 대책을 가져야 된다 해가지고 IAEA에서 안전협약이라는 걸 만들어서 국가 간의 간섭을 할 수 있는 근거를 만드는 겁니다. 그러니까 그전엔 근거를 못 했죠. 그러니까 IAEA가 개별 국가들이 가 가지고 관여하는 것을 대신해서 IAEA가 가서 확인을 해 주는 거거든요. 그러니까 그게 사실은 정상적인 어떤 제도권 내에서의 국가 간섭인 것이고요. 예컨대 우리가 난 못 믿겠다. 그래서 이제 우리나라 국민이 가 가지고 뒤지고 보고 시찰하고 샘플링하고 검사 검출하고 이것들은 사실은 주권 침해 소지가 있어요.

홍사훈: 저는 그러니까 뭐 주권 침해 소지는 뭐 당연히 있을 수도, 뭐 그렇게 생각할 수도 있겠지만 그러니까 한국이 하도 불안하다고 하니 뭐 한국은 어쨌든 일본이 인접국이잖아요. 가장 가까운 나라잖아요. 그러니 아니 우리를 우리가 이렇게 안전하다고 하는데, 정 못 믿겠으면은 그러니까 제가 일본 총리 기시다 총리라면은 퍼 가서 당신들 이거 검사할 수 있는 기술들 있잖아. 그러면 이거 갖고 가서 해 봐. 그래서 만약에 안전하다고 나오면 다음부터 찍소리 마. 그렇게 하면 되는 거 아니에요. 왜 그걸 굳이 못 하게 하니까는 그냥 일반 사람들 국민들 생각이야. 저거 안전하지 않으니까 검사 못 하게 하네. 이런 의심이 그러니까 괴담이 나오는 거잖아요.

정범진: 감정이죠. 감정이죠. 그러니까, 예, 감정이죠. 직성이 풀리기 위해서는 그렇게 해야 되는 건데 문제는 국가 간의 감정으로 해결할 문제는 아니고요. 실은 이런 거죠. 그 지금 일본 정부에서 삼중수소가 얼마큼 보관되어 있다라고 공개하고 있는 사실들이 있잖아요.

그리고 이제 방사능 물질이 얼마큼 보관되어 있다라고 공개하고 있는 사실들이 있고 그다음에 앞으로 어떤 식으로 방류하겠다라는 것들도 공개를 하고 있죠. 그리고 뭐 정보가 없다고 그러는데 제가 최근에 무슨 자료 만들려고 일본 경제산업성 홈페이지에 들어가 보니까, 자료를 한글로 만들어 놨더라고요. 그리고 이제 동경전력 홈페이지에도 한글로 우리가 신경 쓰여, 중국 홈페이지도 중국말도 있구요. 공개되어 있는 방사성 농도 그리고 배출 계획에 따르면 이건 확실히 안전한 거거든요.

근데 문제는 뭐냐. 정말 그게 맞느냐라는 것들을 확인해야 되는 거잖아요. 그죠. 그러면 예컨대 안에 지금 저장 탱크의 배출 농도가 있고 그다음에 기록된 농도가 있는데, 그것이 같으냐 다르냐를 확인하면 되는 것이고요. 그다음에 걔네들 방류 계획이 이렇게 되어 있는데, 그것이 실제로 그렇게 이루어지는지를 확인하면 되는 것이죠. 근데 확인하는 방법이 꼭 우리가 직접 가서 샘플링을 하고 이런 방법이 아니어도 뭐 IAEA를 통해서도 할 수 있고 충분히 할 수 있는 것들인데 굳이 저는 오히려 거꾸로.

홍사훈: 저는 그런데 그냥 일반적인 상식으로 그렇게 뭐 홈페이지에 한국말로 서비스하고 이런 거 할 필요 없이 그냥 일본 말로만 써 놔도 되니까. 갖고 가서 검사해 봐. 그렇게 의심하면 이런 간단한 문제일 것 같은데. 일단은 시찰단을 받아 줬다는 것만 해도 굉장히 서비스를 한 거라고 저는 생각을 하거든요.

한병섭: 저는 많이 모지라다고 보고 있는데, 최근에 이제 IAEA가 4차 보고서를 낸 게 있는데, 일본 정부랑 해 가지고 그 내용을 보면 저는 이제 방사선 환경 영역 평가를 이제 전문으로 하던 입장에서 보니까, 이상한 맥락을 하나를 발견했어요. 그러니까 IAEA한테 일본 정부가 요구한 거는 요번

방류하는 거에 대한 시스템하고 보안 계획 이런 거. 그리고 최종 결론은 거기에 대한 안전성 평가를 내 가지고 결과로 안전하기 때문에 방류하겠다라는 내용인데 사실 인자 그걸 갖다가 나중에 일본 정부가 흔히 한 것처럼 IAEA가 작은 일부분은 했지만, 이거를 가지고 전체 안전성을 갖다 보증해 줬다라고 이렇게 주장을 하겠지만, 근데 내용에서 빠져 있는 게 제가 말씀드린 것처럼 요번에 IAEA가 최종 결론은 안전성 평가를 해서 안전하다예요.

그런데 안전성 평가가 무슨 내용이냐 하면 '번 방류에 대한 안전성 평가'예요. 기저에 나가 가지고 일본 후쿠시마 앞바다 많이 오염돼 있죠. 있거든요. 그런데 놓은 거 기저 효과에는 빼고 제가 말씀드린 거 요번에 나가는 게 안전하기 때문에 기존의 거하고 상관없이 안전하다라는 거로 오용할 수 있도록 그렇게 사용을 하고 있더라고요. 그래서 부분에 대해서 최종 5차 보고서가 어떻게 나오는지 모르겠지만, 정말 별 기대는 안 합니다마는 글 전체적인 맥락은 거의 변화가 없을 걸로 저는 생각하고 있습니다. 좀 잘못 오용하고 있다. 일본이 어떤 계획을 가지고 그렇게 지금 판단하고.

정범진: 저는 후쿠시마 앞바다가 오염됐다라는 사실을 인정하지 못하겠습니다. 저는 작년 12월에 갔다 왔구요. 해산물도 먹었구요. 뭐 어로 활동이나 농사 활동을 하는 것들을 제가 확인하고 왔구요. 호텔에서 후쿠시마산 쌀로 또 따로 지은 밥도 주고 있구요. 그것도 먹었구요. 그래서 뭐 앞바다가 오염되어 있다. 과거의 오염수가 나간 건 사실이지만 그래서 오염되어 있다라고 할 수 있는 근거는 전 없다고 생각을 하구요.

또 하나는 지금 방류 계획을 보시면, 배출 기준이 6만 베크렐/리터예요. 삼중수소가 우리나라는 4만입니다. 그런데 그럼 6만으로 배출하겠다는 게 아니라, 1,500으로 낮춰서 배출하겠다는 거거든요. 바닷물을 더 섞어서, 400배로 섞어서, 1,500 그건 뭐냐 하면, 이제 어차피 바다로 나가면 희석될 거지만 희석되기 전에 어떤 물고기가 잡아먹어 버리면 안 되니까. 희석을 식혀 가지고 내보내는 거죠. 예, 그래서 이제 고농도의 겉들이 노출되지 않도록 하기 위해서 물고기가 예를 들어서, 핵물질을 100개를 먹으면 안 되니까 10 먹어도 10개만 먹겠죠. 계속을 희석을 해서 하는 겁니다. 그래서 이제 1,500으로 낮춰서 이제 방류를 하겠다는 거고요.

우리 그 WHO의 음용수 기준이 10,100그램이에요. 그러니까 우리가 먹어도 되는 양보다도 낮은 수준으로 이제 배출하겠다는 것이고 그 배출구가 바로 이제 연근해이면 이제 바다가 깊지 않잖습니까? 그러니까 한 1킬로 정도 깊은 데로 가 가지고 이제 거기다 방류 거기서 방류를 하면은 2킬로에서 3킬로 정도가 지나고 나면 이게 100베크렐/리터 수준으로 떨어집니다. 안 받아야 하는, 안 하는 건 왜 안 하려면 안전한 멀리 가서 물 많은 데서 가면 훨씬 더 희석이 빨리 되니까요? 근데 이제 1베크렐 정도로 2~3킬로가 지나가면 베크렐이 돼요. 그러면 우리나라 한강 물이 1베크렐/리터 정도거든요. 그러니까 이제 후쿠시마 앞바다에서 뭐 1킬로 나간 데서 고 지점에서 한 2~3킬로 지나면 1베크렐 수준으로 떨어진다. 근데 우리나라가 그걸 걱정한다. 이건 이상한 일이거든요.

한병섭: 뭔가 정보에 좀 착오가 있는 것 같은데, 최근에 일본에서 인자 뭐 각 대학에서 연구한 내용을 보면 일본의 2킬로 안쪽하고 요쿠시마 발현지서는 10킬로에서 20킬로였는데 오염 방사능 오염 수준이 생각보다 상당히 높아요. 말씀하신 것처럼 그렇게 낮지 않아요.

정범진: 그렇지 않습니다. 거기 30 두 개의 모니터링 포스트를 두고 모

니터링 포스트에서 나온 인포메이션을 제공을 하고 있거든요.

홍사훈: 나중에 확인하셨고 두 분이 단으로 한번 확인해 보시면, 될 것 같구요. 또 이 부분 지금 유튜브 지금 채팅 창에 이 부분 좀 물어봐 달라고 하는 부분들이 많거든요. 이게 해양에 방류하는 게 가장 싸게 먹히기 때문에 이렇게 하는 거 아니냐. 다른 방법이 정말 없는 거냐. 뭐 예를 들어서, 요즘 많이 나오는 게 석촌호수보다도 지금 한 이거 석촌호수만큼 인공호수 파면은 이거 140만 톤은 담수량으로 보면 4분의 1밖에 안 되는데 앞으로도 네 배는 더 이거 담을 수 있는 거 아니냐. 그럼 거기에 후쿠시마에 지금 못 쓰는 땅도 많을 텐데 뭐 인공호수 파는 게 훨씬 경제적으로도 좀 싼 거 아니냐 이런 얘기도 나와요.

정범진: 뭐 그런 말도 나오고 많은 말이 나오죠. 뭐 맥주 만들어 뭐 그런 얘기도 나오고 뭐 영국하고는.홍사훈그냥 뭐 제가 감정적으로 하는 말일 테고 그런 얘기까지 하실 필요는 없습니다.정범진일단 기본적으로 그, 그렇게 위험한 수준의 고농도의 방사성 물질이 아닌 거에 대해서 지금 어쨌건 12년 동안 방류를 안 하고 킵하고 있거든요. 거기 이제 그림 보시면, 후쿠시마 부지 근처에 더 이상 저장 탱크를 갖다 놓을 공간이 없을 정도로 꽉 차 있단 말이에요. 12년 동안 계속 저장 탱크를 증설해 가지고 계속 거기다 보관을 하고 있는데, 이 층으로 쌓아라. 뭐 더 깊이 파라. 이것도 사실은 무리한 요구라고 생각합니다. 지금까지 12년 동안 안 보내고 킵하고 있었던 것만 해도 많은 노력을 한 것이고 또 일본 그러니까 우리가 흔히 일본 정부는 일본 사람은 방사선 영역 받아도 상관없다고 생각하는 거냐. 그건 아니잖아요. 자국민 보호를 해야죠. 그래서 이제 자국민 눈치도 보고 그다음에 우리나라나 중국 눈치도 보고 그러면서 이제 어떤 어떤 자기네 입장을 갖다 대변하기 위해서 혹은 확인하기 위

해서 IAEA도 부르고.

홍사훈: 이러면은 예를 들어서, 내부의 인공호수 같은 걸 놔서 거기다 보관하면 자국민들이 그럼 위험한 겁니까?

정범진: 아니요. 아니 사실은 우리가 어떤 공장에서 폐기물이 나오는데, 야, 내보내지 말고 좀 뭐 저기 수조를 파 가지고 좀 더 오래 보관해라. 그게 필요한 수준이라면 그렇게 얘기할 수 있는데, 필요 없는 수준이면 그렇게 요구할 수가 없는 거죠. 예.

한병섭: 2016년도에 일본이 사실은 이 문제에 대해서 인자 심각하게 고려하다가 이제 자기네들 그때는 인자 100만 톤 안 된 정도로 추정을 하고 첫 번째 먼저 고려한 안이 있었어요. 뭐냐면 새로 이제 튼튼한 탱크를 만들어서 한 100만 톤 정도 보관하자 했더니, 인자 그게 뭐 돈이 한 3000억 든다라고 나와 있네요. 근데 인자 그게 안을 빼고 5개 안을 실질적으로 채택이 됐는데 그중 하나가 방류하면 한 300억 든다. 300억 정도 들고 그다음에 인자 증기로 끓여 가지고 방출하면 고거보다 좀 많은 한 3000억 정도 비용이 들어간다. 전기로 끓여서 물을 끓여서 증기로 방류하면.

홍사훈: 이중으로 방사선 물질이 나가는 거 아니에요.

한병섭: 그 일부 기체는 나가겠지만, 대부분의 경우는 이제 고화돼 가지고 떨어지니깐요. 그래서 그다음에 이제 정기 분해하면은 그거보다도 한 두세 배 정도 그러니까 일조 정도 들어간다. 그다음에 인자 뭐 땅속에 묻는다. 뭐 이러면은 인자 그거보다도 더하게 2조, 3조 들어가는 거로 이렇게 안이 있었는데, 인자 그냥 최종 결정하는 해양 방출로 갔죠. 여기서 봤을 때는 인자 액수 차이가 너무 많이 나니까 가장 경제적인 옵션을 골랐을 거다.

홍사훈: 그럼 바다에 방류하는 게 가장 돈이 싸게 먹히긴 싸게 먹히는 거. 제일 싸게 먹히죠. 맞습니다.

정범진: 일본이 가장 싼 방식을 택했다라고 얘기하면 반일 정서에는 아주 부합을 하죠. 굉장히 얄밉고 그렇죠. 근데 실은 해양 방류라는 것이 환경 영향이 가장 적습니다. 그니까 예컨대 아까 말씀하신 대로 대기 중으로 증기를 만들어서 방류를 한다거나 이런 것들이 환경 영향이 더 커요. 그래서 사실은 싼 것이 사실입니다. 그런데 이제 해양 방류가 환경적으로도 가장 낫다라는 것이 일본의 판단이었고 IAEA 전문가들도 인정을 한 겁니다. 근데 이제 해양방류가 싸다는 얘기를 강조하면은….

한병섭: 기술자들이 제일 선호했던 안은 안전성 측면에서는 튼튼한 탱크 만들어서 한 100년 정도 보관했다가 내는 걸 갖다가 가장 최적안으로 제안을 했었습니다. 저는 제가 봐도 좀 무리한 요구는 기술자들이 할 만한 얘기가 아니고.

홍사훈: 봤을 때는 내륙의 후쿠시마의 어차피 못 쓰는 거기, 지금 사람이 살 만한 여건이 안 되는 사람 많잖아요. 저기, 그 후쿠시마 원전 부지에서 한.

정범진: 2~3킬로 빼놓고는요. 지금 다 사람 들어서 살고 있어요.

홍사훈: 2~3킬로 내부에 석촌호수 같은 인공호수 크게 파서 차수벽 설치해서 다 넣어두면 될 텐데 부분을 왜 생각을 안 할까. 물론 부분이 아까 일본 내부의 여론도 있을 수 있고 일본 같은 섬나라가 제가 그래서 아까 고 부분을 좀 말하려고 예를 들어서, 해양 방류가 가장 경제적이고 안전한 방법이라고 하면 그럼 다른 나라도 그러면 그렇게 해도 되는 겁니까? 그러면은 예를 들어서, 러시아가 1930년대 전까지 30년대 전까지인가요? 고준위 대에 80년대까지인가요? 그때까지는 바다에 다 버렸잖

아요. 그러다가 어느 순간은 '야, 바다가 다 죽게 생겼으니 버리지 말자.' 해서 각 나라가 버리지 않고 지금 폐기물들을 발전소 안에 쌓아 두고 재처리하고 그러는 거잖아요. 그럼 다 갖다 버리면 이런 거 아니에요.

정범진: 80년대 이전까지는 해양 방류라는 게 기본 공식이었고요. 그래서 이제 뭐 러시아뿐만 아니라 미국 뭐 일본 다 방류했습니다. 근데 그래도 이제 해양 방류하지 말자. 이런 이제 협약이 맺어지면서 그다음부터 이제 해양 방류는 제한적으로 하고 있는 거죠. 그런데 지금 우리나라도 원자력발전소에서 고체, 액체, 기체 폐기물들이 나오면 일부는 이제 보관하는 것이 있고 일부는 뭐 또 방사선이 붕괴될 때까지 기다렸다가 내보내는 게 있고 희석해서 내보내는 게 있고 해서 지금 방류를 하고 있습니다.

우리나라도 그러니까 지금 방류라는 것들에 대해서 전 세계 아무 나라도 안 하고 있고 일본만 하려고 있는 것이다라고 생각하시면은 굉장히 양의 문제라서 그렇죠. 양도 아까 말씀드린 것처럼 일본이 지금 방류하겠다는 양이 우리나라에서 원자력발전소에서 늘 일상적으로 방류하겠다는 수준 이하예요. 그러니까 사실은 그런 것들에 대해서 양을 생각한다면.

홍사훈: 그런데 제가 그냥 일반, 잘 모르는 상식선에서 원자력발전소가 터져 갖고 거기가 지금 다 정상적이 아니고 핵폐기물들이랑 뒤범벅이 돼 있는 상태에서 그걸 갖다가 냉각시키는 데 쓴 물이 정상적인 발전소 우리나라 월성이나 이런 데 정상적인 발전소에서 냉각시키다가 오염 일부 오염된 물하고 양이 똑같다는 게 제가 그게 납득이 안 간다.

정범진: 걸렀잖아요. 걸렀고요. 첫 번째로, 걸렀다고 걸렀으니까. 두 번째로는 뭐냐 하면, 방사능 오염수가 왜 생기는가를 좀 생각해 보셔야 되는데….

홍사훈: 우리나라는 그럼 안 거릅니까.

정범진: 그러면은 지금 와 우리나라도 거르죠. 우리나라도 거르죠. 예, 무슨 차이예요. 그래서 사실은 지금 양으로 보면 우리는 이제 매년 한수원이 이제 얼마만큼의 방사성 물질을 방류했습니다 해 가지고 이제 규제기관에다 매달 보고를 해요. 매달 보고를 하는데 양과 지금 일본에서 보관하고 있는 양을 비교해 보면 큰 차이가 없습니다. 예, 그리고 이제 방사성 오염수가 왜 느냐. 아까 석촌호수 말씀도 하셨는데 그 방법이 사실 계속 생각은 났더라고요.

이미 이제 디컨테미네이션해 가지고 오염된 흙 같은 것들을 떠내 가지고 제거를 다 했구요. 지금 이제 제일 문제가 뭐냐 하면, 원자력발전소 지하가 지하에 이제 과거에 사고 났을 때 핵연료 부스러기나 이런 것들이 아직도 있어요. 그래 갖고 이제 그걸 다 끄집어내지 못한 것들이 있거든요. 그런 것들이 아직도 열과 방사선을 내고 있습니다. 그러다 보니까, 이제 걔네들을 식히기 위해서는 물이 필요한 거죠. 그러니까 이제 물이 차 있고 일부 물을 빼내고 일부 물을 또 집어넣고 해 가지고 하는 과정에서 물을 빼낸 것들은 이제 핵연료를 한 번 씻었으니까 이제 방사성 오염이 된 거죠.

그리고 또 하나는 거기 이제 지하수위가 있어요. 그러니까 지하수위 지하수를 타고 줄기를 타고 이 방사능 오물질이 빠져나가면 안 되니까 어떻게 하냐면 고 건물 내의 수위를, 예, 수위를 낮추는 거죠. 지하수위보다 그렇게 하려면 계속 물을 뽑아내야 되잖아요. 그게 이제 오염수 발생의 원인이거든요. 그러니까 핵 원자로 안으로 들어갔던 물 말고 밖에 있던 물도 오염수 밖에 있던 물 중에서 수위를 낮추기 위해서 쭉 뽑아냈던 것들 있잖아요. 원자로 안으로 들어가지 않았던 분이잖아요.

그렇지만 지하에 핵연료들이 조금있습니다그래서이제 그런 것들을 뽑아낸 거기 때문에 지금 한 12년간 계속 뽑아낸 거잖아요. 그러니까 안에 이제 파우더라이즈된 것들이나 이런 것들은 다 이미 뽑혀 나온 상태고 방사물 농도도 굉장히 낮아진 상태입니다. 근데 이제 그런 물은 지금 핵연료를 완전히 제거해 내지 않는 한은 계속 이제 나오는 거고 해체라는 작업은 뭐 이삼 10년 걸리는 작업이다 보니까, 지금 이제 오염수는 뭐 137만 톤이라고 하는데 이게 뭐 얼마 전까지만 해도 120만 톤이고 이제 계속 늘어나는 겁니다. 그래서 이제 이걸 갖다가 무한정 가지고 있으라는 얘기는 뭐 200만 톤, 300만 톤, 500만 톤까지 가지고 있으라는 얘기니까 사실은.

한병섭: 합리적인 주문은 아니죠. 재수상의 차이가 있죠. 지금 현재 130만 톤을 버리겠다 하는데 하루에 지금 100톤씩 생기기 때문에 사실은 30년 하면 이제 곱하기 2가 되는 게 맞거든요. 옆에 생기는 폐기물 곱하기 2가 되는 게 맞고 그다음에 아까 뭐 지하수 이야기를 하셨는데 우리나라 원전도 그렇고 토목공학의 상식입니다. 지하수는 통제가 불가능합니다.

그리고 지하수는 반드시 유출이 생기는데 유출분율이 통상적으로는 10 내지 20%라고 하는데 수위를 낮췄기 때문에 그래도 상당 부분은 어느 정도 리스크가 있을 거라는 이야기가 인자 후쿠시마 원전 처음에 사고 터지고 그랬을 땐 이야기가 나왔는데 그땐 30%라고 그랬거든요. 근데 최근 들어 가지고 지하수 유출 그러니까 다 통제하는 거로 나와요. 그래서 그 부분에서 지금 상당히 좀 차이가 있고 무슨 얼음벽을 갖다가 거기 성능 없다라는 게 이미 어느 정도 듣기에서 졌습니다. 그래도 얼음벽 밑으로 나가는 물이 있기 때문에 그리고 인자 부분에 대해서는 사실은 그런 거 있죠. 만약 10%가 있더라도 통상 이제 우리 방사성 폐기물을 갖다가 필터로 거르고 나면 10 내지 1,000배 정도 걸러 냅니다. 근데 10%가 그냥 그대로 나간다면 90%보다도 10배가 더 많은 양이 나가거든요. 그렇기 때문에 그런 부분에 대해서 각종 방사선이 될 수 있는 소스텀에 대해서 정확하게 정의가 되고 이래 공개를 해야 되는데 일본이 공개되는 자료에는 그런 내용들이 최근에 들어 있지 않아요. 그래서 저는 그런 부분에 대해서 왜 공개돼야 될 그런 현상에 관련된 내용들이 없는가. 그래서 일본에 대해선 여전히 신뢰를 두기 힘들다라는 입장을 가지고 있고 그렇기 때문에 좀 더 우리가 좀 더 의지를 가지고 강력하게 요구하고 평가하고, 조치를 취할 필요가 있다고 봅니다.

홍사훈: 이번에 사찰단이 이제 갔다 와서 자료를 보고 이거 방류하면 안 돼. 만약에 이런 결론이 나왔을 때 나왔다면 일본이 그럼 방류 안 합니까?

한병섭: 아니죠. 그건 상관없죠. 이건 시찰단이지 않습니까? 시찰단이 그걸 하라면, 그러니까 사찰단이 가서 어떤 법적인 권한이 있으면 가능할지 몰라도 시찰단이 갔다 와서 해라 말아라 할수 있는게 없죠.

홍사훈: 그럼 우리 의견하고는 상관없이 일단은 일본은 무조건 방류할 거고, 우리가 시찰단 이번에 간 거는 어쨌든 간에 문제가 있다 없다는 아직 그러니까 예단하기는 힘들지만은 만약에 이건 문제가 있어. 방류하는데 문제가 있어. 만약에 이런 결론이 나오면 어떻게 해야하는 겁니까?

정범진: 아마도 이런 얘기죠. 이번에 시찰단이 가면은 일본의 의도를 충족시켜 주려고 하는 것이다. 아니면 뭐 그런 일이 있죠. 근데 그것 자체가 이제 일종의 색안경을 끼우고 시기를 끼는 거죠. 우리는 시범에 가서 과학적으로 안전한지 안 한지만 확인하고 보고 오면 되는 거지. 우리에게 일본의 의도를 맞춰 주는 건지 아닌지에 대해서 확인하라 그러

면 그건 좀 잘못된 거죠. 그래서 이제 만약에 갔는데 뭐 어떤 문제가 있다. 그러면 이슈 제기를 하겠죠. 이슈 제기를 하겠죠. 그러면 이제 그렇죠. 그렇다면 일본도 그걸 무시할 수 없다고 생각합니다. 그러나 아마도 이미 IAEA에 의해서 충분히 검출을 했고 하기 때문에 이슈될 것이 거의 없을 것이다 하는 게 제 생각이고 가장 중요한 건 뭐냐 하면, 지금 뭐 기술적으로 뭐 지하수가 어떻고 알프스가 어떻고 이런 얘기들을 쭉 하고 있는데, 그 얘기에 포커스를 맞추다 보면 거기에 근원적으로는 지금 보유하고 있는 방사성 물질의 절대량과 방류하겠다는 방사성 물질의 절대량이 굉장히 작은 상태다. 그것들이 가장 기본입니다.

그러니까 제가 말씀드린 것처럼 2011년도에 방출했던 양보다도 1% 미만의 양을 가지고 있고 또 우리나라에서 꽤 좋은 시스템으로 해양에 대한 감시를 하고 있고 또 여러분들 뭐 잘 혹시 핸드폰 앱으로 전국토 환경방사능이라고 치면은 무료 앱 다운을 받으실 수 있어요. 거기 보면 실시간으로 우리나라 환경방사능도 측정한 결과도 올려 주고요, 해양방사능 측정한 결과도 핸드폰으로 다 받아 볼 수 있는 그런 시대입니다. 사실 그래서 사실은 가장 중요한 게 뭐냐 하면, 기술적인 디테일로 들어가다 보면은요, 문제를 헷갈릴 수가 있습니다. 근원적으로 방사선량이 작아요.

홍사훈: 뭐 어쨌든 저희가 오늘 경제처에서 이 두 분 양측의 의견을 들어도 결론을 오늘 여기서 내릴 수는 없습니다. 이게 워낙 전문적이고 과학적인 지식이 필요한 부분이고 양측에서 나름대로 논리적인 근거가 충분하기 때문에 다만 이 앞으로도 계속 이런 토론이 들어와서 국민들이 이걸 듣고 이제 판단하면 될 것 같은데, 사실 우리 수산업계나 요식업계 굉장히 지금 걱정하고 있잖아요. 이 부분은 좀 어떻게 해결을 해야 된다고 생각이 드십니까?

한병섭: 뭐 저는 일단 뭐 어관절이라고 했던 공학자로서 당장의 어떤 위협은 과거하고 다른 색다른 위협은 없을 거라고 저는 그렇게 추정을 하고 있습니다. 하지만 앞으로의 위협이 될 소지는 분명히 있다. 그리고 사실 지금 뭐 전반적으로 이 우리나라의 뭐 일부 친원자력 세력에서는 일본에 대한 무제한적인 허용이 나오는데 사실은 저는 일본에 대해선 그다지 걱정을 안 합니다. 근원적으로 왜냐하면, 돌아서 희석돼 가지고 온 것도 봤지만 우리 서해안에 우리보다 발전소가 2배가 많고 곧 4배, 5배 많아질 나라가 있는데, 좁은 해역의 어떤 방출이 일어났으면 과연 그랬을 때, 끝까지 하시고.

홍사훈: 정 교수님 마지막으로, 이제 시간이….

정범진: 어떤 뭐 우리 사실이라는 게 있고 인식이라는 게 있죠. 그래 갖고 이제 과학적으로는 안전하지만 인식으로는 안전하다고 안 느낄 수도 있어요. 사실 그런 차이를 우리가 전문가 집단이 자꾸 설명을 해 가지고 사실과 인식의 차이를 좁혀 드리는 것이 저희가 해야 될 일이구요. 사실 지난 12년 동안도 이제 생선 먹고 탈 나신 분이 없거든요. 그래서 이제 저는 앞으로도, 예, 방사능이 없다고 그렇게. 예, 알겠습니다. 예. 그 좀 농담으로 그런 얘기 했습니다. 이렇게 드시고 아무 문제 없으면 100원 주시고 문제 생기면 제가 100만 원 드리겠다.

홍사훈: 아이고, 오늘 어려운 주제였습니다. 하여튼 오늘 두 분 고맙습니다. 정범진 경희대 원자력공학과 교수 그리고 한병섭 원자력안전연구소 소장님과 함께했습니다.

KBS, 〈홍사훈의 경제쇼〉

후쿠시마 오염수 방류 반대 발언 도중 직원들에게 끌려 퇴장당한 시의원

이경원 의원님, 발언대로 나오셔서 발언하여 주시기 바랍니다.

사랑하는 경산 시민 여러분, 산업건설위원회 이경원 의원입니다. 사실 오늘 이 5분 자유 발언에는 여러 가지 사전에 의장님과 협의한 바가 있었습니다. 하지 말라고 하지 말아 달라고 부탁하신 것은 제가 충분히 수용하겠다. 협의하겠다. 다만 본 위원이 자료 화면으로 좀 띄워 달라. 그러면 낭독은 하지 않고 넘어가겠다 했던 것들이 본회의 바로 직전에 앞서 할 수 없다는 통보에 심히 유감의 말씀을 드립니다. 오늘 이 원고는 의미가 없게 돼 버린 것 같습니다. 그래서 일부 내용만 말씀을 드리고 발언을 마치도록 하겠습니다.

사실 원래 오늘 자료 화면으로 띄우려고 했던 내용은 2021년 우리 8대 의회에서 결의문을 채택한 당시의 사진과 자료문이었습니다. 그런데 여기 계신 많은 분들 그리고 시민들께 이 내용을 보여 드릴 수 없게 되었습니다. 그래서 나머지 발언은 당시에 결의문 내용을 낭독하고 5분 발언을 마치도록 하겠습니다. 경상북도 이경원 의원님.

경산시의회는 지난 4월 13일 일본 정부가 발표한 후쿠시마 원전 오염수 해양 방류 결정을 규탄하고 철회할 것을 엄중히 촉구한다.

이경원 의원님 마이크 끄세요.

일본 정부는 2021년 4월 13일 자국에서 발생하여 후쿠시마 제1원자력발전소에 보관 중인 방사능 오염수 약 125만 톤을 저장상 안 된다는 이유로 해양에 방류하기로 결정하였고.

이경원 의원님, 마이크 마이크 끄세요.

다핵종제거 설비(ALPS)를 통해 오염수를 기준치 이내로 낮춰 방류하겠다는 내용을 동시 발표하였다. 해양은 전세계 모든 인류가 공유하는 무한한 자원이다. 그리고 다음 후손들에게 안전하게 물려줘야 하는 공동의 자산이며 일본 정부의 무책임한 원전 오염수 방류의 결정을 즉각 철회하고 일본 정부가 국제사회의 책임 있는 일원으로서 주변국과 국제사회 의무를 적극적으로 수용할 것을 촉구하며 다음과 같이 결의한다.

이경원 의원, 본회의장에서 퇴장시켜 주십시오. 마이크도 끄고 퇴장시켜 주십시오.(의장)

뭐 합니까, 지금.

퇴장시켜 주십시오.

왜 5분 발언을 막는 것입니까?

퇴장시켜 주십시오. 퇴장시켜 주십시오.

제가 오늘 낭독문을 읽지 않는다고 했습니다. 그런데 본 회의장 입장 바로 직전에 입을 막아서야 되겠습니까?

앉아 보세요. 내가 해명할 테니까. 앉아 보세요. 퇴장시키세요. 일단 이 사안에 대해서 제가 설명을 드리겠습니다. 어제 5분 자유 발언 내용이 이렇게 저한테 도착했습니다. 확인을 해 본 결과 5분 자유 발언 최고 말미에 2022, 2021년도 5월에 제가 대표 의원으로 발의한 후쿠시마 오염수 방류에 대한 결의문 낭독을 한 내용이 있었습니다. 그 내용에는 우리 경산시의원 열다섯 명 모두가 이렇게 한마음 한뜻으로 이렇게 해서 결의문을 발의했던 거를 전문에다가 올렸습니다. 그래서 이 내용은 우리 의원들이 전부 다 동의를 하지 않았고. 우리 의원들한테 의견을 물어보지 않았기 때문에 이 전문을 5분 발언에 올리는 것은 맞지 않다. 여기에 계시는 동료 의원 열다섯 분도 결의문 낭독을 찬성하는 분이 계실 반면에 분명히 반대하는 의원이 계시리라고 생각을 합니다. 제가 혹시나 의장으로서 월권행위를했다면 차후라도 이 점에 대해서는 제가 사과를 드리지만 제가 만약 의원들 뜻을 물어보고 제가 월권행위가 아니라면 이경원의원은 본회의장 에서 난동을 벌인 윤리특별위원회에 회부를 해서 반드시 징계를 해 주시기를 윤리특별위원장님께 부탁을 드리겠습니다. 분명히 이 사안에 대해서는 그냥 넘어가지를 않겠습니다.

YTN 뉴스

일본 내의 시위

일본이 130만 톤에 달하는 방사능 오염수를 해양 방류하기로 결정했다. 후쿠시마 원자력발전소 사고로 발생한 방사능 오염수다.

토모코 이토 / 시위자

저는 용납할 수 없습니다. 진심으로 반대합니다.일본 당국은 '처리수'가 안전하다고 주장하지만 이웃 국가들과 환경운동가들은 이 계획에 반대하고 있다.

마오닝 / 중국 외교부

많은 전문가들과 과학자들이 일본의 계획을 강하게 비판해 왔습니다.

그렇다면 이 오염수엔 무엇이 들어 있고 정말로 안전할까? 강도 9.0의 지진과 이후 몰려온 쓰나미로 후쿠시마 제1원자력발전소의 원자로 3개가 녹아내렸다. 이후 녹아 버린 원자로 노심을 냉각시키기 위해 사용된 물이 거대한 탱크에 보관해 왔다. 원전을 운영하는 회사는 더 이상 오염수 저장 공간이 없다고 밝혔다.

켄이치 타카하라 / 도쿄전력

오염수를 한 번에 방류하는 게 아니라 하루에 최대 500톤 정도 방류할 계획입니다. 다핵종 제거 설비 알프스로 처리된 총 137만 톤 정도의 물이죠.

다핵종 제거 설비(ALPS)란 오염수를 바다에 방출하기 전 물에서 방사성 물질을 제거하는 설비다. 방사성 물질 중 특히 탄소-14와 세슘-137의 수치가 방류 전 안전 기준에 맞는 수준이 돼야 한다. 하지만 ALPS 처리를 거치더라도 삼중수소는 남게 된다.

짐 스미스 / 환경과학 교수

삼중수소는 다량 섭취하게 되면 몸에 해로울 수 있습니다. 하지만 방류 예정인 후쿠시마 원전 오염수의 농도는 리터당 1,500베크렐입니다. 그리고 세계보건기구의 식수 삼중수소 농도 기준은 리터당 10,000베크렐입니다. 즉, 이론적으로는 소금만 없다면 후쿠시마 원전에서 방류할 이 희석된 물은 마실 수도 있다는 거죠. 우리가 이미 경험하고 있는 것과 비교해 방출되는 것이 더 작다면 큰 영향을 미칠 수 있다고 보기는 어렵습니다.

일반 정부는 방류 계획이 안전하다고 주장한다. 국제 원자력 기구도 이에 동의한다. 하지만 환경운동가들과 일본의 이웃국가들은 이에 반대한다.

숀 버니 / 그린피스 수석 원자력 전문가

가장 근본적인 문제 중 하나는 그들이 오염수 처리에 성공할지 아닐지를 모른다는 겁니다. 즉, 오염 방류될 오염수에 남아 있을 최종 방사성 물질은 무엇일지 모른다는 걸 의미하죠. 모든 방사성 핵종은 환경 속에서 다르게 행동합니다. 각기 다른 수준으로 생체 내에 축적됩니다. 예를 들어 스트론튬은 칼슘을 따라 뼈에 축적되거나 해양 생물의 껍질에 축적이 될 수 있습니다. 스트론튬을 더 많이 섭취할수록 세포 조직에 더 많이 축적될 겁니다. 그렇다면 다시 이런 질문으로 되돌아가죠.

세포 조직에 축적되는 양이 위험을 크게 증가시키지 않을 정도로 적은가? 일부 단체들은 오염수 방류가 안전하다는 주장을 뒷받침할 더 많은 과학적 데이터를 요구하고 있다. 지역사회 또한 우려의 목소리를 내고 있다. 오염수 방류는 정화 작업의 시작일 뿐이다. 후쿠시마 원전의 폐로에는 수십 년이 걸릴 것이다.

BBC NEWS

한국과 일본 정부의 진실공방, 그 결말은?

박재홍(진행자): CBS 라디오 〈박재홍의 한판승부〉 문을 열었습니다. 후쿠시마 오염수 방류 문제. 오늘 또 우리 정부와 일본 언론이 진실 공방을 벌이고 있습니다. 일본 언론의 주장은 윤성열 대통령이 지난 방일 기간 중 우리 국민들의 이해를 구하겠다는 말을 했다는 것이고. 용산 대통령실은 사실무근이라면서 오늘 후쿠시마산 수산물 수입하지 않겠다는 입장을 다시 내놓기도 했습니다. 예, 전문가 모시고 과연 이 후쿠시마 오염수 방해 문제, 어떻게 생각하고 또 어떤 대안이 가능할지 짚어 봅니다. 서균열 서울대학교 원자핵공학과 명예교수님 모셨습니다. 어서 오십쇼 교수님.

서균렬(서울대학교 원자핵공학과 명예교수): 네, 반갑습니다.

박재홍: 진 작가님, 우리 김 소장님, 인사 나눠 주시고.

진중권(작가): 안녕하세요.

박재홍: 후쿠시마 원전 사고 인원이 12년째가 됐습니다. 그동안 발생한 오염수가 137만 톤이라고 하는데요. 이게 지금 가늠이 안 됩니다, 교수님.

서균렬: 137만 톤이면은 우리나라의 제일 큰 건물이 롯데월드타워죠.

그걸 가득 채우고 한 3분의 1이 남아요. 굉장히 많죠. 또는 뭐 올림픽 규격 수영장 650개 분량. 많은데 근데 문제는 실제로는 그거의 200배를 버린다는 뜻입니다. 거기 그 문제의 복잡성이 있어요. 왜냐면은 137만 톤이잖아요. 30년에 버린다고 하니까 계산을 해 보니까, 하루에 125톤이더라구요. 그런데 우연치 않게 125톤이 바로 밑을 관통해서 뚫고 지하수가 흘러요. 합해지겠죠. 이유는 둘 데가 없으니까 그렇죠. 그러면 금방 250톤이 되죠. 그런데 그걸 또 묽게 희석한다고 합니다. 그러려면 어떻게 해요. 바닷물 별로 깨끗하지는 않죠. 계속 부어 넣죠. 100배로 넣거든요.

2만 5000톤이에요. 하루에 정확히 방류한다는 게 그래서 2만 5000톤이면 올림픽 규격 수영장 10개. 그래서 이 정도 되면은 제가 보기에는요. 방류가 아니고 투기 수준이죠.

김성회: 오염수 투기다. 일단은 이 용어부터 좀 바로잡아야 되지 않을까 하는 생각입니다.

박재홍: 교수님, 지금 희석 말씀을 하셔서 저는 그게 제일 궁금하던데요. 어쨌거나 좀 표현이 좀 그렇긴 한데 예를 들어, 똥이 한 무더기 있는데, 이걸 그냥 버리는 거랑 여기다가 물을 100배 타서 버리는 거랑 100배 타서 버리면 좀 나아집니까.

서균렬: 그게 아주 예리한 질문이신데요. 어차피 1킬로미터 그리고 방출 통해서 나오잖아요. 바다는 무진장 뭐 한대잖아요. 그러니까 왜 100배를 굉장한 전력 소비되지 않습니까? 그러니까 이거는 아마도 립 서비스라고 해야 되겠죠. 괜히 어떤 우리 소위 홍보 차원이죠. 그러니까 거기에 들어 있는 건 변함이 없어요. 어차피 나갈 텐데. 그래서 이거는 아주 잘못된 편이고 그리고 아마도 제가 보기에는 길면은 한두 달, 짧으면은

한두 주 하다가 그만두겠죠. 왜냐하면, 실효성이 없으니깐요, 희석하는 자체가. 왜냐면, 어차피 바다로 가면은 희석되잖아요. 그렇죠. 그리고 삼중수소는 물이지 않습니까? 그러니까 물론 몸에 들어오면 좋을 건 없죠. 그렇지만 진짜 중요한 거는 삼중수소가 아니라는 거죠. 자꾸 우리 국제사회, 우리나라의 주목을 그쪽으로 돌리는 거예요.

삼중수소가 아니고 중요한 거는 방사성 물질 세슘 들어 보셨죠. 스트론튬, 요오드, 플루토늄, 탄소-13호 많아요. 거기 말고 바리움도 있고 뭐 코발 다 있거든요. 그거를 없애는 게 중요하지 삼중수소는 어차피 못 없애거든요. 왜냐하면, 처음부터 설계를 잘못해 가지고….

박재홍: 삼중수소라는 게 어떤 겁니까?

서균렬: 그러니까 방사성 물질, 그렇죠. 왜냐하면, 보통 우리 물에는 수소잖아요. 수소는 아시다시피 가장 간단하니까 양성자 하나, 전자 하나인데 여기에 중성자가 두 개가 붙어 있어요. 그런데 이제 후쿠시마 같은 원자력 좀 많이 나옵니다. 우리나라 원전보다는요. 월성보다 많이 나온다고 그렇잖아요. 후쿠시마가 많이 나왔거든요. 그러니까 물이에요. 물인데 조금 무거운 물이다. 세 배 더 무겁다. 그렇게 생각하시면 돼요. 조금 무거운 물. 그런데 이제 이게 몸에 들어가면 문제가 되는 거죠. 왜냐하면, 우리 몸은 거의 물이 60% 넘잖아요. 그렇죠? 그러니까 일단은 들어가게 되면은 그냥 흡착하게 되는 거라서 더욱이 우리가 생물체이기 때문에 이 유기 결합 삼중수소 그렇게 되면 몸 바깥으로 빠져나가지도 않아요.

박재홍: 어떤 부작용이 있습니까?

서균렬: 그렇게 되면은 이제 혈액 지금 당장은 아니죠. 그렇지만 뭐 혈액암일 수도 있고 백혈병일 수도 있고 이게 또 조금씩 베타선인데 전자

를 낸단 말이에요. 전기죠. 전기 자극을 계속 받는 거예요. 그럼 어떻게 되죠? 결국은 세포 전리가 일어나고 그리고 DNA 끈이 끊어지기 시작하고, 끈이 약하단 말이죠. 끊어지면 건강한 남성이면 다시 또 연결됩니다. 회복되죠. 아니면은 세포가 죽어 버리든지. 거기까진 괜찮은데 이 끊어진 건 하나만 있겠습니까? 또 다른 끈이 있죠. 잘못 연결되는 거죠. 그러면 이게 기형 변형이 되죠. 근데 이게 또 증식을 해요. 그게 바로 이제 암이 되는 거죠. 그래서 우리가 당장은 아니지만 5년, 10년 있다가 그때는 뭐 저기 대통령도 다 그만두셨고 원자력 학회장 다 그만둘 때 그때 결국은 각자 도전이 되는 거죠.박재홍근데 이제 일본 측 입장은 이제 2011년 후쿠시마 원전 사고로 오염된 물을 이제 부진에 수백 통 보유하고.

박재홍: 이 부를 다핵종 제거 설비 ALPS 등으로 대부분 방사성 핵종을 제거한 상태다.

서균렬: 네, 네.

박재홍: 그래서 이게 오염수가 아니라 처리수다. 이렇게 얘기하고 있지 않습니까? 그럼 이거 어떻게 이해해야 됩니까? 안전한 물이라고 지금 일본이.

서균렬: 이해를 잘 하셔야 되는데요. 잘 들어야 됩니다. 왜냐면은 전체가 다 걸러질 수가 없는 게요. 아까 말씀드렸죠. 137만 톤이면은 어마어마한 분량이죠. 이 정도를 공학적으로 기술적으로 현장에서 거른 적이 없습니다. 뭐냐면은 알프스라는 게 이름은 근사한데요. 그냥 정화 장치예요. 다핵종 제거 설비 정수기 있잖아요. 정수기, 그렇죠. 거기 뭐가 들어갈까요? 여과기 필터 같은 게 들어가죠.

25개가 굉장히 큰 게 들어가야 됩니다. 그런데 그러려면 조금 세계에서 제일 가는 기술을 써야 되겠죠. 세슘 같으면 우리 대한민국 기술 삼중수소는 캐나다 뭐는 또 미국 기술 써야 되는데 또 국위 또는 거기 국가 뭐랄까. 외신 때문에 자국 기술 쓰다 보니까, 전부 이류 기술이 된 거죠. 그러니까 여과기의 성능이 많이 떨어져요. 그러니까 보통 25개가 들어가는데요. 24개가 고장 난 상태에서 그냥 돌아가는 거죠. 그러니까 어깨너머로 보면 휙 잘 돌아가죠. 그런데 그냥 무사 통과, 그냥 공회전이 된다는 거죠. 그러니까 결국은 결론적으로 4분의 1 정도는 걸러진 것 같은데, 4분의 3이 남아 있다. 절반 이상이 아직 방사성 물질이요. 삼중수소는 다 남아 있구요. 나머지 세슘, 스트론튬 이게 4분의 3이 남아 있다면은 처리를 했지만, 처리수인가요? 그래서 저는 오리수라고 합니다. 오염된 처리수, 오리수. 오염된 말이긴 한데 어쨌든 갈 길이 멀다는 것이죠.

김성회: 사실 세슘 등이 반감기가 있긴 해서 한 100년, 150년 정도 놔뒀다가 그때 가서 방류하면 될 것 같은 생각도 들구요. 그리고 조금 전에 말씀하신 137만 톤이라고 하면, 이제 137만 평방, 입방미터의 크기인 거면 대략 111미터짜리 정사각형 운동장 1미터짜리를 100개만 만들면 이 물을 다 담을 수 있어 뭐 크게 뭐 일본이 담아내기엔 크게 문제가 있는 것 같지도 않아서 조금 더 갖고 있어도 될 것 같은데요.

서균렬: 맞습니다. 아주 좋은 말씀이신데요. 이게 30년쯤 되면 세슘, 스트론튬이 절반으로 줄어들어요. 이제 12년 됐죠. 그리고 후도 만들어졌지만 그때 만들어지고 지금 기다리고 있다면은 이제 앞으로 18년이면 절반으로 떨어져요. 절반이에요. 아직 남아 있죠. 말씀하신 대로 또 60년이 간다 그러면 이제 4분의 1로 떨어져요. 90년 간다. 8분, 한 90년 가면은 괜찮아요. 그러니까 아주 좋은 말씀인데요. 거기서 앞으로 30년, 60년 더 기다리면 되는 거예요. 지금 방사선에 관해서는 세월이 약입니다. 다른 게 없어요. 정화 안 되고 양이 너무 많구요. 희석이라는 건 바보

같은 생각이죠. 바닷물에 걸린다면 뭐하게 희석해요.

진중권: 비용 문제 때문인가요?

서균렬: 맞습니다. 비용 때문에 그래서 이제 더 이상 탱크를 만들기 힘들다. 근데 이건 핑계죠. 그거는 그쪽 도쿄전력 사정이고요. 근데 이제 민영기업이다보니깐 탱크마저도 좀 싸게 만든 거죠. 탄소관으로 그러면 우리 수도관도 녹슬면 녹물 나오잖아요. 그러니까 녹이 많이 슨 거예요. 그리고 거기다가 제가 후쿠시마 가지는 않았지만 또 이제 녹수니깐 부식해 가지고 균열이 가는 거예요. 금이 가기 시작하죠. 그래서 그 현장에 갔을 때 또 그런 건 다 뒤로 밀어 놔요. 앞에는 새로 만든 거.

진중권: 그래서 그러지 말고 좀 저기 필요하면 우리 대한민국이 만들어 줄 테니까 좀 특수강 스테인레스스틸로 지으면 되잖아요. 1,066개가 있는데, 곱하기 2,000개 못 만들어요. 그리고 1주일에 하나씩만 만들면 되거든요. 그러면 앞으로 10년도 버틸 수 있어요. 그렇죠. 그럴 정도 되면은 기본적으로 절반 정도는 떨어져요. 상황이 훨씬 더 좋아지는 거죠.

서균렬: 그래서 아까 말씀드린 것처럼 확실한 방법은 반감기란 게 있으니까 세월이 기다릴 수밖에 없고 그렇다면은 앞으로 12년만 또는 더 좋았, 18년만 기다리면은 딱 되잖아요. 30년 되기 때문에 절반이라는 건 훨씬 나은 상황인데 그걸 기다리지 못하고 버린다는 거니까 그거는 참 애석하죠. 잘못된 결정입니다.

진중권: 근데 뭐 이상한 것은 왜 국제원자력기구나 미국 정부에서도 지금 해양 방류를 승인하지 않았습니까?

서균렬: 승인이라고 보는 묵인이라고 해야 되겠죠. 첫 번째 미국을 볼까요? 미국은요, 원죄가 있죠. 원자탄 두 방을 날렸죠. 입이 두 개라도 할 말이 없죠. 일본이 뭐 어떻게 한다는데 또 한 가지는 태평양을 후쿠시마

못지않게 원자탄 수소탄 시험을 수백 번 했거든요. 그쪽 태평양 환초가 사라지고 주민이 아직도 못 돌아갑니다. 원죄가 있는 것이죠. 그런데 원죄가 있습니다. 그렇기 때문에 뭐라고 말 못 하죠.

그런데 뒤로는 전부 다 수입 수산물 검역하고 있습니다. 알래스카까지도 그러니까 우리가 절대 껍질만, 덕담만 보면 안 되구요. 뒤에 실물을 봐야죠. 다 보고 있는 겁니다. 국제기구 말씀하셨는데요. 국제기구라고 사실은 강자의 논리입니다. 분담금을 누가 많이 내느냐. 미국 일본 하면은 3분의 1이 넘어요. 분담금이요. 거기다가 사고 당시부터 4년 전까지 순직할 때까지 아마노 유키야 동경법대 법학 교수가 사무총장이었습니다. 사고 당시부터 차곡차곡 해양 방류를 위해서 홍보하고 연구하고 자료를 축적하고 그게 오늘에 온 겁니다. 갑자기 버린다는 게 아니구요. 그동안 우리는 숙제를 안 했기 때문에 그냥 무방비 상태가 된 거죠.

박재홍: 오염수가 이제 교수님 말씀 들어 보면 좀 정해진 양입니까? 계속 발생하는 게 아닙니까. 재처리하게 되면 계속 나오는 거 아닌가요.

서균렬: 계속 나옵니다. 지하수도 나오구요. 일본 정부하고 도쿄전력이 속이는 또 하나 앞으로 원자로, 거기 다 깨져 있잖아요. 핵연료도 같고, 그럼 어떡해요. 씻어야죠. 제염 해체라는 게 있거든요. 그걸 하면 진짜 독한 물질들이 나오는데.

박재홍: 앞으로도 나올 수 있다.서균렬그렇죠. 그보다 더 독한 물질이 지금은 거기 쌓여 있거든요. 체르노빌은 콘크리트 봉해 버렸어요, 아예. 근데 여기서는 안 했잖아요. 그러니까 이게 다 노출된 상태에서 이제 그거를 앞으로 하겠다는 건데 거기에 대한 일언반구도 없지 않습니까? 그러니까 아마도 이제 방류하게 되면은 살짝 같이 얹혀서 버리겠죠. 그게 아주 무서운 대목이고 그래서 아까 말씀드린 것처럼 137만 톤 곱하기

200을 하는 게 맞습니다. 왜냐면은 첫 번째 하루에 두 배 그리고 100배로 희석하니까. 그러면 2억 7000만 톤 하면은 롯데월드타워가 137개. 이거는 인공위성 사진으로 잡힐 만큼 큰 거라서 그래서 이제 투기를 앞서고 있는데, 우리나라에서는 이 문제의 심각성을 잘 모르고 있는 것 같구요. 일본 자국에서도 모르는 것 같아요.

박재홍: 그 버리면 우리에게도 문제지만 본인들에게도 문제 아니에요? 일본, 그러니까.

서균렬: 그들은 참 신기한 게요. 일본 국민은 우리보다 훨씬 더 순종적인 것 같기도 하고요. 물론 어민들은 반대가 심하죠. 그렇지만 어찌 보면 이거 버리는 데 한 340억 원쯤 든다고 할 때 제일 싸죠. 다른 방법은 조 공이 하나 붙고 앞에 숫자가 2, 3, 4, 5 올라가거든요. 뭐 수소로 방출한다. 증기로 방출한 지하 매립한다. 근데 그거는 들러리를 했다가 그냥 쑥 들어가고 버리는 게 340억 원이란 말이죠. 근데 그게 한 20배쯤 되는 돈을 가지고 이제 어민의 입을 막고 생계 수단 그러니까 생계 보조가 되겠죠. 그리고 이제 후쿠시마 돌아가지 않고 다른 데 전업할 수 있게 그래서 그런지 그냥 형식적인 것 같고, 제가 보기에는 만약 우리나라였다면 용산공원 광화문이 아마 시끌시끌했을 건데 일본은 그렇지는 않은 것 같습니다.

진중권: 다른 나라들의 대응은 어떻습니까? 사실 우리나라만의 문제가 아니라 중국도 문제가 되고 또 러시아 같은 경우에도 문제가 되고 또 밑에 호주나 뉴질랜드까지는, 태평양 연안 국가들 등.서균렬태평양 연안 국가들이죠. 그래서 그렇지 않아도 지금 말씀하신 호주, 뉴질랜드 포함해 가지고 투발루까지 해 가지고 피지 섬 포함해 가지고 18개 국가가 이번에 과학자 5명 불렀지 않습니까? 거기서 나온 게 지금 일본 정부 도쿄

전력이 제공한 자료는 그야말로 빙산의 일각이다.

그리고 아주 유리한 자료만 일단 탱크가 있잖습니까? 하나가 이제 10미터쯤 높이가 되거든요. 자, 그러면 그동안 이렇게 오래됐으니까 침전물이 더 가라앉아 있겠죠. 위에선 맞습니다. 밑에 있는 찌꺼기들은 손도 대지 않는 거예요. 자, 그러면 결과가 과연 대표적일까요? 그래서 저기서 이제 저지를 하려고 하는데 국력에서 밀리죠.

김성회 교수님, 제가 잘 이해가 안 되는 건 이게 어쨌거나 태평양에 푸는 거라서 말씀하신 대로 여러 나라가 관심을 가지는 사안이고 일본 입장에서도 풀긴 풀어야 되니까. 그러면 기초적으로 할 수 있는 사람들, 그러니까 전 세계 관련 과학자들을 모아서 검증단을 구성하고 안의 내용들을 들여다보게 하고 자기들의 주장과 일치함을 증명하면 그러니까 우리나라 원자력 학계도 그렇고 일본의 주장은, 야 이거 우리도 원자력 할 때 냉각수 쓰는데 그거나 오염도가 비슷하기 때문에 우리도 냉각수 내보내는 입장에서 일본 이거 막을 수 없어. 이렇게 얘기를 하는 이런 상황, 이걸 좀 그러면 검증 단계를 좀 확실히 할 필요가 있지 않느냐. 첫 번째 질문이 두 번째는 정말 냉각수랑 비슷한지 이것도 궁금하구요.

서균렬: 두 번째가 좀 쉬운 것 같습니다. 두 번째 절대 같지 않습니다. 왜냐하면요, 우리 자동차 엔진을 예로 들까요? 자동차 엔진, 그냥 보통 세차하죠. 보통 엔진도 세차합니다. 그 물하고 우리나라 원전 보통 원전 운전할 때 나오는 물 이거는요, 엔진이 해체돼 버렸습니다. 안에 들어 있는 엔진 오일 찌꺼기 뭐 저기 탄소, 이산화탄소 찌꺼기, 숯 덩어리 뭐 다 있거든요. 그게 쓸려 나온 거예요. 그리고 규모로 보면 우리나라나 이런 정상 원전 개울 물 정도, 여기는 폭포수예요. 그러니까 두 번째 주는 같지 않습니다. 근데 그런데 누가 논리를 펴지도 않고 오히려 우리나라 원

자력계는 동조를 합니다. 우리가 더 많이 그렇지 않아요. 왜냐면은 중수로 월성에서 나오는데 더 많이 나온 게 아니구요. 여기는 후쿠시마는 비등로거든요. 제어 물질에서 삼중수소가 많이 나와요. 근데 왜 그걸 몰라서 그러는지 아니면 알고도 숨기는 건지 모르겠습니다. 훨씬 더 많이 나오는 후쿠시마는 우리하고 원자로형이 달라요. 그다음 첫 번째 질문이 뭐였죠, 저는.

김성회: 검증단을 왜 못 들어오게 하는지?

진중권: 네, 맞습니다. 일본이 검증단을 못 들어오게 하는 건가요? 아니면 검증 엉터리로 하고 있는지, 이게 궁금합니다.

박재홍: 대통령도 이제 객관적인 우리 한국인 전문가를 소청해 갖고 함께 검증 작업을 하게 하면 좀 믿을 수 있지 않겠느냐?

서균렬: 그렇습니다. 근데 여태까지 한 게요. 너무 소극적이고요. 우리가 그렇게 하려면 우리가 우리나라는 12년 동안 무언가 축적된 데이터가 있어 가지고 하나씩 들이대면서 이걸 반박해라 하면은 일본의 정부가 도쿄전력이 겁을 내겠죠. 근데 그냥 덕담만 하죠. 우리 정부, 저기, 전문가 딱 한 사람이 들어가 있습니다. 원자력안전기술원에 부족하고요. 그리고 그들도 그냥 도쿄전력이 퍼다 준 물을 그냥 보는 겁니다. 저는 그거는 껍질만 무늬만 검증이 저는 아니라고 본다.

박재홍: 샘플링이, 물 샘플링이 굉장히 중요한데 샘플링을 적극적으로 우리가 할 수 없는 현실도 있네요.

서균렬: 갖다 준 걸 보니까, 그거는 글쎄요 누가 밑에 찌꺼기까지 주겠습니까? 그래서 제가 드린 말씀은 그게 아니고 장화 신고 들어가서 해조류를 걷어 내고 멍게도 걷어 내고 갑각류 걷어 내고 우리 전부요. 그렇죠. 저밑에 걷어 내고 생체에 쌓여 있는 것까지 진흙 덩어리 있는 것까지

가져와야지, 우리가 진실을 파악할 수 있다는 거예요. 그냥 그들이 떠 주는 깨끗한 물 뭐 관방장관이 나와서 마셔도 된다는 물은 필요가 없다는 겁니다. 그래서 이번에 그 태평양 연안 국가들이 고용한 다섯 과학자들이 한 게 그거지 않습니까? 엉터리다. 부분적이고 일관적이지도 않고 이거 가지고는 전체를 볼 수가 없다. 그리고 기껏해야 1%도 안 되는 거란 말이에요. 137만 톤인데 기껏해야 만 톤도 안 되거든요. 몇백 톤이에요. 1%가 안 되는 거예요. 그걸 가지고 어떻게 전체에서 산을 볼 수 있을까요? 전체 빙산을? 아니죠.

일각밖에 안 돼서 그래서 그런 점에서는 우리도 그 소홀히 했던 게 잘못인데 우리가 그걸 저기 후회한다고 뭐가 해결되지 않으니까 지금이래도 우리가 해서 당분간 일단은 이게 모든 게 해결될 때까지는 멈춰라. 적어도 방류 중지 임시 구제방법을 제소하는 거죠. 가처분 신청 1주일이면 된다고 해요. 그런데 문제는 우리 대통령 의지가 없는 것 같아요. 예를 들어서, 일본 정부를 설득하는 게 아니고 예를 들어서, 이게 만약에 사실이라면 국민을 설득하겠다. 시간을 들여서라도 그러면 게임 다 끝난 거죠.

진중권: 이미 정해진 것과 없고 좀 이해를 구하겠다. 문화 초청해서 참여시키는 거 이런 것도 사실 알리바이를 쌓겠다는 의도이지 않느냐.서균렬이상으로는 안 들리거든요. 그래서 지금 우리가 기댈 데는 아무것도 없어서 참 안타깝습니다. 저도 전문가 한 사람으로서 그리고 또 제 주변에 이런 전문가가 없습니다. 저는 사실은 왕따가 돼 있다시피 하거든요. 왜냐하면, 학계에서 그렇죠. 왜냐하면, 깨끗하다는데, 거기. 근데 저는 합리적인 의심을 하는 거죠. 왜냐하면, 자 4분의 3 이상이 나왔다고 하는데, 어떻게 거기 전체가 없어졌다고 그대로 믿고 그냥 삼중수소만 보느냐. 저는 그게 아니고 남아 있는 4분의 3도 굉장히 중요하다. 그

걸 볼 때까지, 우리 눈으로 확인할 때까지 그리고 흑백 TV 말고 잡티까지 볼 수 있는 총천연색 초고화질 LED TV로 볼 때까지는 미뤄야 된다. 또는 아까 말씀드렸잖아요. 1주일에 하나씩 탱크 만들어 주겠다. 우리가 한일 협력 차원에서 그렇죠. 그리고 거의 옆에다 귀한 곤란 구역, 굳이 주민 다시 집어넣지 말고 국유화한 다음에 석촌호수정도 만들면 650만 톤이란 말이에요. 앞으로 90년 버틸 수 있어요. 정확히는 120년 버틸 수 있습니다, 석촌호수정도면.

네, 왜 그게 그렇게 어려워요. 그거 우리나라 저기 우리 일꾼 보내면은 금방 할걸요. 몇천 억은 들겠지만, 저는 돈이 문제가 아니고 그렇잖아요. 세계 시민 안전 그리고 우리 저녁 밥상 안전이 그리고 국민 건강이 더 중요하다고 봅니다. 경비보다는요. 그래서 저는 그런 차원에서 이번에 대통령 좋은 말씀하셨는데, 한일 협력의 또 앞으로 관계 개선의 첫 번째 사업으로 이걸 해도 좋겠다. 대신 우리가 막아 주겠다.

박재홍: 저작용 탱크를 더 만들어 주거나 인공호수를 만들어.

서균렬: 우리 정말 잘 만들 수 있습니다. 아닙니까?

박재홍: 예, 잘 건설을 잘하죠. 되게 빠르게.

서균렬: 석촌호수 보세요. 그리고 저기 한번 기념비적으로 하나 후쿠시마에서 만들고 물이 깨끗하다면 농업용수, 공업용수, 특산 맥주, 수산 공원 승화시키는 거죠. 그러면 저기 국제사회에 대한 사죄도 되는 것이고. 저는 그게 바른길이라고 봅니다. 오염수 방류를 위한 그냥 인공호수 하나 파 주라, 그냥. 그럼 문제 해결되는 겁니다.

박재홍: 그렇군요. 자, 그러면 이게 이제 과연 이 방류를 지켜보고만 있을 것이냐. 빠른 단기 처방도 중요하지 않습니까? 제소 말씀하셨잖아요. 어디에다 제소를 해야 되는 겁니까?

서균렬: 국제해양법 재판소. 제가 이런 말씀을 드린 이유는 30년 전에, 그때 1993년이니까. 소련이 붕괴된 지 딱 1년 있다가.

박재홍: 핵 잠수함 폐기할 때.

서균렬: 핵 잠수함 폐기할 때 그게 1,000톤, 1300톤 정도 됐거든요. 지금 버리려고 하는, 거의 1,000분의 1을 버리려고 했는데, 그리고 버렸어요. 그게 그린피스하고 일본 정부에 걸렸죠. 그렇죠. 러시아, 그때 어떻게 했느냐. 일본 총리가 누군지 잠시 기억은 안 나지만 대통령은 보리스 옐친이었습니다. 옐친을 불러 가지고 버리지 못하게 그리고 법에 허점이 있다. 국제해양법을 뜯어고쳤어요. 그래 가지고 다시는 버리지 못하게 한 일본이 오늘 거울 앞에 섰는데 우리 한국 정부는 그냥 수수방관. 저는 이거는 아니라고 봅니다. 아니지 않습니까? 네, 그래서 정부 차원에서 해야지. 저 같은 사람이 또는 환경 시민단체가 이거는 효력이 없어요. 그래 가지고 단계적으로 일단 막을 수 있답니다.

가처분 신청이 된대요. 그래서 일단 이런 게 될 때까지 그리고 우리 이런 대안, 일본의 출구 전략 줬잖습니까? 그냥 미는 게 아니고 출구 전략. 그래서 터널 한껏 막아 버리고 거기다 자국 내 그리고 또 하나 선례가 있다. 그러면 중국에서 원자력 발전 사고 나지 않겠습니까? 앞으로 200기가 되거든요. 우리보다 훨씬 원전 실력이 더 낙후되어 있는데 당연히 나겠죠, 사고가. 그때 버리지 않을까요? 그렇죠. 그걸 좀 생각해 봐라. 그러니깐 일본이 선례를 남기진 마라.

박재홍: 아하, 알겠습니다. 오늘 교수님께서 역사 그리고 과학적 모든 분석을 함께 해 주시면서 여러 가지 정부의 적극적인 대응을 촉구하셨는데, 자, 저희도 좀 지켜보면서 계속 또 언론으로 소리를 내도록 하겠습니다. 교수님, 오늘 말씀 여기까지 듣도록 하겠습니다.고맙습니다. 서균

열 서울대학교 원자핵공학과 명예교수였습니다.

CBS, 〈박재홍의 한판승부〉

제주 해녀, 제돌이도 나섰다
"후쿠시마 오염수 막아 달라" '고래'도 헌법소원

일본 후쿠시마 오염수 방류를 막아야 한다며 해녀와 어부 등 4만여 명이 정부를 상대로 헌법소송을 냈습니다. 소송인단에는 불법 포획됐다가 바다로 돌아간 돌고래 제돌이 등 우리 바다에 사는 고래와 돌고래 164마리도 함께 이름을 올렸습니다. 사람만 피해자가 아니라는 겁니다. 김상훈 기자입니다. 제주 바다에 뛰어든 스쿠버 다이버들이 후쿠시마 오염수 방류 결사 반대 현수막을 펼칩니다. 바다가 삶의 터전인 해녀들은 공포감이 더욱더 큽니다.

김은아 / 제주도 해녀

바다가 죽으면 우리도 죽는다. 국가는 방임을 넘어서서 더 적극적으로 안전하다고 지금 홍보를 하고 있는데.

제주도 해녀와 어부, 스쿠버, 다이버, 생선회를 파는 상인들까지 4만 명이 넘는 시민이 정부를 상대로 헌법소송에 나섰습니다. 후쿠시마 오염수 방류를 막지 않아 기본권이 침해당했다는 겁니다. 소송인단에는 제돌이,, 태산이 복순이도 이름을 올렸습니다. 불법 포획돼 돌고래 쇼에 투입됐다가 바다로 돌아간 남방큰돌고래들입니다. 동해와 후쿠시마 바다를 오가는 남방큰돌고래 110마리, 밍크고래와 큰돌고래 54마리 등 각자 개체를 구별할 수 있는 164마리가 포함됐습니다.

김소리 / 변호사

다 국제협약상 보호종이고 우리 이제 국내법, 해양생태계법상 해양보호생물에 해당하기도 합니다.

소송 쟁점은 두 가지 먼저 우리 정부가 오염수 방류를 막기 위해 일본을 해양법 재판소에 제소하는 등 외교적 조치를 제대로 했는지 여부입니다. 소송인단은 또 정부가 국민들에게 제대로 설명조차 하지 않아 행복추구권과 건강권 등을 침해당했다고도 주장하고 있습니다. 헌법재판소가 고래의 소송 자격을 인정할지는 미지수입니다. 2004년 경남 밀양 천성산 터널 공사 당시 도룡뇽이, 2018년 설악 케이블카 설치 때는 산양 28마리가 소송인단에 이름을 올렸지만 각 법원은 소송 자격을 인정하지 않았습니다.

반면, 1996년 미국 캘리포니아 법원은 멸종위기종인 바다쇠오리가 낸 소송에서 바다쇠오리에게 위험한 방식으로 벌목을 하지 말라고 판결한 바 있습니다. MBC 뉴스 김상훈입니다.

MBC 〈뉴스데스크〉

"후쿠시마 오염수 방류 사생결단해야죠"

송년홍 / 신부

오염수 처리수 이렇게 얘기하는 것보다 제가 가끔 이렇게 생각하는 건 핵폐기물 처리수인데 핵폐기물인데 그것도 고준이 핵폐기물이거든요.

고준위 핵폐기물을 담아 놓을 수 있는 곳은 지구상에 하나도 없고 기술도 없고 그리고 그것도 계속해서 바다에 버린다면 바다는 다 연결이 되어 있는데, 지구 전체 바다가 몇십 년에 걸쳐서 다 오염이 되면 그걸 기대해서 사는 우리는 먹는 것 자체의 문제가 아니라 계속 세세 대대 이어지는 건데 유전적으로 이어지고 그걸 그냥 괜찮다 가서 보고 왔으니 괜찮다 그러니 믿어라 이렇게 얘기하는 거 자체가 모순의 문제가 아니라 이거는 말이 안 되는 거예요. 말이 안 되는 건데 그걸 자꾸 정치라는 말로 이슈를 끌어내서 우선은 뭐 어떻게든 꼭 막아야 된다는 생각이고요. 7월 월부터 배출을 시작한다고 하면, 그때는 사생결단 해야지요.

김혜영의 뉴스공감

평화방송

우리는 몰라도 너무 모른 것인지 알면서도 침묵으로 일관하는 것인지?

침묵하면 대한민국의 미래는 없다고 단언합니다. 담벼락에 대고 소리라도 외치라고 하신 김대중 전 대통령님의 말씀처럼 우리는 소리쳐야 합니다, 일본에 방류하지 말아 달라고, 그것은 인류의 죄악이라고, 소리치고 소리쳐 외쳐야 합니다. 목이 터져라 외치고 외쳐야 합니다.

우리의 미래는 우리 스스로가 만들지 않는다면 미래는 희망 또한 보이지 않을 것이고 암울하기만 할 것입니다. 이 글이 세상의 빛이 되기를 간절히 소망합니다. 많은 뉴스는 외침이 될 수도 있다고 보기에 이 글을 올립니다.일본이 핵폐기물 방사능 오염수를 바다에 방류했을 때 생각만했습니다...

나는 그렇게 신경 쓰고 싶은 마음이 없었기 때문이다. 그다음에 그들이 방류했을 때는 하나둘 회를 안 먹기 시작했다. 건강을 위해서. 수산업으로 먹고사는 이들은 청천벽력과 같았다.

어부의 삶은 어떠한가? 어부들 또한 잡으면 팔아야 하는데 살려고 하는 사람들이 없어서 바다에 나갈 엄두가 나지 않았다. 해녀들 또한 물질을 할 이유가 없어졌다. 우리의 삶이 하나둘 뒤죽박죽되기 시작했다.

갈수록 사회는 어지럽게 되고야 말았다. 어업, 수산물, 축산업, 노지 채소, 마시는 물, 등 하나둘 수입에 의존할 수밖에 없는 구조. 이 책임, 누구에게 있다는 말인가?

독도는 우리 땅, 대한민국의 영토이다.

동해는 한국해이다.

후쿠시마 너는 알고 있지

1판 1쇄 발행 2023년 9월 13일
지은이 박기문

펴낸곳 (주)하움출판사 **펴낸이** 문현광

이메일 haum1000@naver.com **홈페이지** haum.kr
블로그 blog.naver.com/haum1000 **인스타** @haum1007

ISBN 979-11-6440-365-3(03330)

좋은 책을 만들겠습니다.
하움출판사는 독자 여러분의 의견에 항상 귀 기울이고 있습니다.
파본은 구입처에서 교환해 드립니다.